MYSTÈRES

DES

VIEUX CHATEAUX DE FRANCE.

PARIS. — TYPOGRAPHIE DE E. ET V. PENAUD FRÈRES,
10, RUE DU FAUBOURG-MONTMARTRE.

MYSTÈRES

DES

VIEUX CHATEAUX DE FRANCE

OU

AMOURS SECRÈTES

DES ROIS ET DES REINES,

DES PRINCES ET PRINCESSES, AINSI QUE DES GRANDS PERSONNAGES DU TEMPS.

AVENTURES MYSTÉRIEUSES, SCÈNES DRAMATIQUES,

FAITS MERVEILLEUX, APPARITIONS, REVENANTS, FANTÔMES, ETC.

PAR UNE SOCIÉTÉ D'ARCHIVISTES

SOUS LA DIRECTION DE

A. B. LE FRANÇOIS.

TOME SIXIEME.

PARIS.

EUGÈNE ET VICTOR PENAUD FRÈRES, ÉDITEURS

10, RUE DU FAUBOURG-MONTMARTRE.

UN RAYON LUMINEUX ÉCLAIRAIT CETTE SCÈNE DE DOULEUR.

Mystères des Vieux Châteaux de France

MYSTÈRES

DES

VIEUX CHATEAUX DE FRANCE.

CHENONCEAUX

« Marie Stuart composoit de beaux et gentils vers; elle écrivoit fort bien en prose; elle étoit de fort doux et mignon langage, même dans sa langue naturelle, qui de soi est fort rurale, barbare et malsonnante. »

BRANTÔME.

CHATEAU DE CHENONCEAUX

(Mystères des Vieux Châteaux de France).

CHENONCEAUX.

Le château de Chenonceaux fut fondé à la fin du quinzième siècle, et précéda de quelques années le siècle de François Ier, époque si fertile en monuments. Placé dans la situation la plus heureuse, au milieu des riches paysages de la Touraine, il est jeté à travers le Cher, s'appuie sur un îlot, et embrasse de son étendue l'une et l'autre bord de la rivière. Sa masse, imposante et irrégulièrement façonnée, présente à l'œil une sorte de confusion qui n'est pas sans agrément. C'est un amas de pavillons, de tourelles, de piliers épais, d'arches pratiquées pour le passage des eaux, de fenêtres à formes saillantes et élevées, de cheminées dessinées avec recherche, et de façades à lignes partout interrompues et brusquement coupées. Dans l'avant-cour et près du pont-levis, on aperçoit une vieille tour à ornements gothiques, au haut de laquelle est une grande cloche dont la destination était de réunir autrefois tous les gens du château. Cette tour, qui rappelle les constructions bizarres du moyen âge, remonte à une époque encore plus reculée que celle où Chenonceaux fut bâti. Cette espèce de beffroi faisait partie d'un donjon féodal qui occupait primitivement la place du beau monument que nous voyons aujourd'hui. Le donjon appartenait à la famille de Marques, originaire d'Auvergne, famille puissante alors, et qu'on disait alliée à la maison de France.

« Jean de Marques, premier du nom, seigneur de Chenonceaux, prit parti, sous le règne de Charles VI, contre le Dauphin (depuis Charles VII), et reçut garnison anglaise dans son château. Le maréchal Laval de Bois-Dauphin, pour le punir de sa félonie, rasa les fortifications de Chenonceaux et fit couper les bois qui en dépendaient, à hauteur d'infamie. Jean de Marques, deuxième du nom, abjurant les coupables sentiments qui avaient égaré son père, guerroya vaillamment contre l'Anglais, et, ayant fait hommage au roi, le 11 mai 1431, de sa seigneurie de Chenonceaux, il obtint des lettres patentes qui l'autorisaient à relever les fortifications de son château, à raison, y est-il dit, de ses bons et loyaux services, et de sa parenté avec la maison de France. Jean de Marques mourut en 1460, chargé d'ans et d'honneur.

« Son fils, Pierre de Marques, troisième du nom, qui lui succéda, jugea qu'il n'avait rien de mieux à faire que de marcher sur les traces de son père. Aussi bien Louis XI régnait alors, et, du fond de son château de Plessis-lez-Tours, il avait l'œil incessamment fixé sur la conduite de tous ses grands vassaux, tout prêt, au moindre soupçon, à leur dépêcher son terrible compère Tristan l'Ermite. Peu soucieux de s'attirer une pareille visite, Pierre de Marques, pour faire sa cour au roi, ne manqua jamais de se présenter bien accompagné de grosses troupes de gens de guerre, dans toutes les occasions où Louis XI crut devoir faire appel à sa brave noblesse. Or, au temps de Charles le Téméraire, ces occasions étaient des plus fréquentes, et il convient d'ajouter que Louis XI laissait volontiers à ses feudataires le soin de pourvoir aux frais plus ou moins considérables que pouvait nécessiter son service. Ces frais furent tels, qu'au moment où le cauteleux monarque rendit son âme à Dieu, Pierre de

Marques se trouvait en grand renom de fidélité sur les tablettes du roi, mais complétement ruiné; sans compter que son manoir présentait, sous ce dernier rapport, une grande analogie avec lui. Harcelé par ses créanciers, qui, au seizième siècle, étaient loin d'être aussi accommodants qu'on le pense généralement, alors même qu'ils avaient affaire à de hauts et puissants seigneurs, le châtelain de Chenonceaux s'en alla trouver un sien ami, comme lui *gentilhomme auvergnat*, mais dont la position de fortune était bien loin d'être la même, et à la bourse duquel il avait eu souventes fois recours.

« Ce gentilhomme, qu'on appelait Thomas Bohier, était alors général des finances de Normandie; et il paraît que tout était bénéfice dans le commandement d'une pareille armée, car il était fort riche. Son compatriote s'étant ouvert à lui sur l'extrême pénurie dans laquelle il se trouvait, et sur la nécessité où il était d'avoir de nouveau recours à son assistance, le général des finances de Normandie le prit par la main et le conduisit dans un endroit écarté de sa demeure. Là, il lui montra un grand coffre-fort garni de solides ferrements, et clos par une infinité de cadenas et de serrures, puis il se mit en devoir de l'ouvrir. Cette opération fut assez longue, et, lorsqu'elle fut terminée, Pierre de Marques demeura quelques instants tout ébahi de ravissement, en voyant luire sous ses yeux un amas énorme de pièces d'or et d'argent de tous les pays et de toutes les époques. Après avoir joui de sa surprise, Thomas Bohier lui dit, d'un air profondément narquois : « Compère, vous n'avez qu'à puiser dans ce « coffre tant que bon vous semblera, je vous y autorise... » Et comme Pierre de Marques, dans l'effusion de sa reconnaissance, s'apprêtait à se jeter entre ses bras, il ajouta : « C'est à une condition, pourtant. Vous me « donnerez en échange un bien auquel vous ne sauriez attacher mainte- « nant une grande importance. — Quoi donc? — Votre domaine de Che- « nonceaux. »

« Thomas Bohier eût demandé à son compatriote de lui céder une maîtresse adorée, qu'à coup sûr ce dernier n'eût pas fait une plus laide grimace. A l'époque dont nous parlons, un seigneur ne pouvait aliéner sa terre sans qu'il en rejaillît sur lui une sorte de déshonneur; car c'était aliéner à la fois son berceau et le tombeau de ses pères. La propriété alors, sous l'influence du droit absolu et exclusif de succession dévolu à chaque aîné de famille noble, était devenue presque immuable. Pierre de Marques essaya de faire comprende à Thomas Bohier que le sacrifice qu'il réclamait de lui était impossible. Ce fut en vain. En ce temps-là, les gens de finance n'étaient guère accessibles aux plus saintes considérations. Thomas Bohier, pour toute réponse, se contenta de refermer les cadenas et les serrures de son coffre-fort; puis il prit congé le plus tranquillement du monde de son compatriote.

« Le malencontreux châtelain de Chenonceaux rentra dans son donjon démantelé, où la grêle et la pluie vinrent l'assaillir avec fureur, à travers la toiture dégradée en maint endroit (on était alors au cœur de l'hiver); et lorsque, par aventure, le ciel devenait plus clément, c'étaient ses créanciers qui venaient hurler aux portes du château, en compagnie de messieurs les officiers de justice. L'histoire ne dit pas si la patience était un des attributs distinctifs de notre gentilhomme qui, suivant toute apparence, avait sans cesse présent à la mémoire cet immortel proverbe, *qu'il faut vouloir ce qu'on ne peut empêcher*. Cependant un beau matin, force lui fut de déguerpir au plus vite de son manoir, attendu que la bise de mars avait achevé de renverser la toiture, et peu s'en était fallu qu'il ne demeurât enseveli lui-même sous les débris.

« Thomas Bohier, qui s'en allait rendre ses comptes au roi en son palais de Loches ou de Chinon, — nous ignorons lequel, — vint à passer par là dans ce moment, avec ses pages et varlets, et quelques gens d'armes, qui escortaient trois beaux mulets, chargés chacun de son pesant d'or. Le général des finances jugea le moment propice pour renouveler ses offres; mais Pierre de Marques fit à son tour la sourde oreille, et lui ayant montré du doigt, au milieu du Cher, un moulin qui faisait alors partie du domaine de Chenonceaux, il lui tourna le dos, et monta dans un batelet amarré au rivage. Quelques instants après, le batelet, poussé au large par un vigoureux rameur, s'en allait aborder au pied du moulin, où le châtelain avait résolu désormais d'élire son domicile. Il y a des gens qui sont nés sous une étoile vraiment fatale. Il n'y avait pas huit jours que Pierre de Marques était installé dans son moulin, que survint une violente crue du Cher, qui emporta le dernier asile du pauvre châtelain, et qui l'eût, sans nul doute, englouti lui-même avec les ruines de son moulin, s'il n'eût été passé maître dans l'art de la natation. Trempé jusqu'aux os, dorénavant sans abri pour reposer sa tête, Pierre de Marques, le désespoir dans le cœur, s'en alla trouver le général des finances de Normandie, et lui vendit son domaine de Chenonceaux; puis, après en avoir touché le prix, dont la majeure partie passa entre les mains de ses créanciers, il disparut, sans qu'on ait jamais su depuis lors ce qu'il était devenu. Peut-être l'infortuné châtelain est-il mort de douleur, comme ce doge de Venise qui expira sur les degrés du palais ducal, en entendant sonner la cloche qui annonçait l'avénement de son successeur.

« Quoi qu'il en soit, Thomas Bohier, devenu possesseur incontesté du domaine de Chenonceaux, commença par prendre toutes ses sûretés pour que nul ne vînt le lui disputer, et, à cet effet, il le fit ériger à son profit en châtellenie par lettres patentes du roi Louis XII, en date de 1513. Ce préliminaire accompli, il résolut de faire reconstruire le manoir qui, comme on l'a vu, n'était guère qu'un monceau de ruines; et, comme il était fort riche, il ne voulut rien épargner pour en faire une habitation digne de lui et de sa fortune. Par une bizarrerie qui fait encore aujourd'hui du château de Chenonceaux une construction unique en son genre, Thomas Bohier ordonna de jeter les fondements de son nouveau manoir sur ceux du moulin que son prédécesseur avait fait construire au milieu du lit du Cher, et que les eaux avaient emporté. Dans cette pensée, il sollicita et obtint du roi François Ier, qui venait de succéder à Louis XII, l'autorisation d'établir un pont sur le Cher pour aller jusqu'au château. » (1)

La construction du château de Chenonceaux absorba des sommes énormes, tellement que le financier, qui voyait chaque jour diminuer ses trésors, désespéra à la fin de voir achever sa demeure seigneuriale. En soldant chaque mémoire, il poussait un gros soupir, en prononçant ces paroles d'un air piteux :

« S'il vient à point, m'en souviendra ! »

Cette exclamation, répétée si souvent, fut gravée en forme de devise sur les murs du château en construction ; et aujourd'hui, cette devise, qu'on lit encore dans le vieux manoir, initie les visiteurs aux doléances économiques du financier architecte.

Les craintes que Thomas Bohier avait si souvent manifestées n'étaient que trop fondées : il mourut grevé de dettes nombreuses, et en laissant son château inachevé.

A sa mort, le général des finances se trouvait redevoir au roi la somme de cent quatre-vingt-dix mille livres : son fils Antoine, l'aîné de ses enfants, fut obligé d'en tenir compte au trésor royal, et la terre de Chènonceaux fit partie ou fut peut-être le prétexte de cette restitution. François Ier, ayant ainsi acquis ce beau domaine, en donna l'usufruit au connétable Anne de Montmorency, qui en vint prendre possession pour le roi en 1535.

Aussitôt après la mort de François Ier, Henri II fit présent de Chenonceaux à Diane de Poitiers, sa maîtresse (2). Celle-ci inaugura ses droits

(1) *Châteaux et ruines de France*, par Alexandre de Lavergne.

(2) Une particularité fort remarquable, et qui est assez peu connue, c'est que Diane était petite-fille naturelle de Louis XI, et qu'elle eut pour époux un petit-fils naturel de Charles VII. Diane, en effet, était fille de Jean de Poitiers. Celui-ci avait

de propriété en faisant abattre et reconstruire la façade du bâtiment qui regardait le midi, et qui avait été faite d'après le goût de Thomas Bohier. Elle fit également exécuter les neuf arches du pont projeté trente-huit ans auparavant, et qui, du corps de logis, conduit sur la rive gauche du Cher. C'est dans les premières arches de ce pont, qui sont creuses, que sont pratiquées les cuisines du château, qui, par conséquent, plongent constamment dans l'eau. Diane fit, en outre, exécuter divers embellissements dans l'intérieur des appartements; et de nos jours, on remarque encore çà et là, gravé sur la pierre et la boiserie, son chiffre surmonté d'un croissant, et s'entrelaçant avec celui du roi. La belle favorite avait l'intention de faire de sa nouvelle propriété une résidence aussi délicieuse que celle d'Anet, mais elle n'eut pas le temps de donner à ce séjour autant d'éclat et de magnificence qu'elle l'aurait désiré. Henri II ayant été tué dans un tournoi au palais des Tournelles, Diane ressentit le contre-coup de la lance de Montgommery : en perdant son amant, elle perdit son appui, sa défense, sa fortune; et bientôt Catherine de Médicis, la veuve de Henri, levant la tête, qu'elle avait toujours tenue baissée devant sa rivale, exigea d'elle l'abandon de sa propriété de Chenonceaux, et lui donna en échange la triste et modique seigneurie de Chaumont-sur-Loire. La ratification de cet échange forcé fut faite à Chinon, le 10 mai 1560.

Dès que Catherine fut en possession de Chenonceaux, elle en fit l'objet d'une prédilection particulière. Elle imagina de faire couvrir le pont que Diane avait fait construire, et de former ainsi une belle et longue galerie, à l'aide de laquelle on est porté, sans s'en apercevoir, sur la rive opposée. Les travaux d'agrandissement et d'embellissement furent poussés par elle avec vigueur; mais les considérations pécuniaires, qui avaient si fort agité

pour père Aymar de Poitiers, et pour mère Marie, fille bâtarde de Louis XI. L'époux de Diane était Louis de Brézé, dont la mère, tuée pour cause d'adultère par son mari, était fille d'Agnès Sorel et de Charles VII.

Thomas Bohier, vinrent aussi arrêter Catherine, et le château de Chenonceaux ne reçut pas tous les développements projetés.

Néanmoins l'ancien domaine des seigneurs de Marques devint, sous la veuve de Henri II, l'une des maisons de plaisance les plus splendides et les plus agréables du royaume. La reine, qui l'aimait au-dessus de toutes les autres maisons royales, y résidait pendant une grande partie de l'été. Elle n'y paraissait jamais qu'escortée d'un essaim de jeunes nymphes, beautés séduisantes et faciles, qu'elle produisait à l'occasion, et dont le rôle mystérieux était d'enflammer le cœur de ceux que Catherine voulait attacher à ses intérêts. Ces sirènes politiques, troupe légère et guerroyante, étaient appelées à la cour l'*escadron volant de la reine.* C'est par le moyen de son escadron que l'artificieuse fille de Laurent de Médicis cherchait à exercer son autorité dans le gouvernement, à captiver tour à tour les huguenots et les catholiques, à dominer à la fois les chefs des partis les plus opposés, enfin à faire réussir les trames coupables que son ambition, cette soif du pouvoir, lui faisait sans cesse imaginer.

Catherine vécut constamment au milieu des troubles et des dissensions civiles. Elle eut trois fils qui s'assirent successivement sur le trône de France; et on peut dire que, pendant la vie de ces faibles monarques, ce fut elle qui, retenant entre ses mains les rênes de l'autorité, gouverna et régna en leur nom. Le règne de François II, le premier de ses fils, fut le moins agité. Ce fut aussi sous ce règne que Catherine fit exécuter le plus de travaux à son château favori, qu'elle y puisa le plus d'agrément, qu'elle y fit le plus de visites. Dans ces visites nombreuses rayonnait, au milieu des beautés qui l'entouraient, une jeune princesse, l'héritière des rois d'Écosse, la belle, l'infortunée, la poétique Marie Stuart. Elle avait été appelée en France pour partager la couronne et la couche de François II.

« Elle a sans doute, dit un auteur moderne, dormi, prié, aimé dans ce château, où ses yeux, habitués aux landes sauvages et aux pâles bruyères des Highlands, saluaient avec ravissement, à son réveil, les bois, les prairies qu'arrose le Cher, et les merveilleux aspects de ce palais enchanté, qui avait remplacé pour elle le sombre manoir d'Holy-Rood. »

De toutes les femmes qui ont visité ou habité Chenonceaux, Marie est certainement la plus intéressante, comme la plus distinguée, la plus gracieuse; aussi allons-nous un instant nous arrêter dans l'une des allées du parc qu'affectionnait plus particulièrement la princesse, pour nous rappeler ses qualités aimables, sa charmante physionomie, et surtout quelques détails sur sa vie, d'abord si belle, si douce, et bientôt après si triste et si malheureuse.

Marie Stuart, fille unique de Jacques V, roi d'Écosse, et de Marie de Lorraine, était petite-fille de la très-vertueuse Antoinette de Bourbon. Il semble que la vie de cette princesse ne fût qu'un théâtre tendu de deuil et couvert de sang, où les révolutions humaines se plaisent à jouer les tragédies les plus sombres et les plus étranges.

Jamais la nature ne rassembla plus de beautés, de grâces et de merveilles dans une personne de ce rang. Jamais le sort ne traita plus rigoureusement une tête que le ciel avait formée pour porter deux couronnes.

Née en Écosse, le 13 décembre 1542, elle perdit son père huit jours après sa naissance, fut amenée en France à l'âge de cinq ans, et élevée à la cour de Henri II et de Catherine de Médicis. C'était encore un petit bouton de rose, qui tenait ses grâces enfermées dans la première jeunesse; mais quand l'âge eut développé les germes précieux de ses qualités, on vit une princesse douée de toutes les perfections, possédant un esprit net, un jugement sain, une haute vertu, et une élocution des plus agréables.

« Étant encore à l'âge de quatorze ans, dit Brantôme, elle déclama devant le roi Henri et toute la cour, publiquement, en la salle du Louvre, une oraison en latin, soutenant, contre l'opinion commune, qu'il étoit bienséant aux femmes de savoir les lettres et les arts libéraux. Elle composoit de beaux et gentils vers; elle écrivoit fort bien en prose; elle étoit de fort doux et mignon langage, même dans sa langue naturelle, qui de soi est fort rurale, barbare et malsonnante. »

Toutes ces qualités, qui faisaient l'admiration et les délices de Henri II, le déterminèrent à la marier à l'âge de quinze ans, à son fils François, dauphin de France, qui n'était guère plus âgé qu'elle.

Tout riait à nos jeunes époux; il semblait que le bonheur le plus pur devait sans cesse les favoriser; mais, hélas! le bonheur fut court; un mal d'oreille enleva, après seize mois de mariage, un monarque aux Français et un époux à Marie.

La jeune reine ressentit dans ce moment les peines les plus cuisantes. Sa douleur s'exhala en pleurs, en gémissements et en paroles touchantes. Brantôme nous a conservé une ode qui fut composée par elle dans cette circonstance funèbre, ode qui respire la sensibilité la plus exquise, et qui révèle une imagination brillante et un talent remarquable pour la poésie. Nous donnons ici cette ode, en rappelant à nos lecteurs qu'à la mort de François II, la poésie française était encore au berceau :

En mon triste et doux chant
D'un ton fort lamentable,
Je jette œil languissant
Sur perte incomparable,
Et en soupirs cuisans
Passe mes plus beaux ans.

Fut-il un tel malheur,
Plus dure destinée,
Et plus âpre douleur
De dame fortunée,
Qui mon cœur et mon œil
Contemple en un cercueil!

ARRIVÉE DE MARIE STUART A LA COUR DE FRANCE

(Mystères des Vieux Châteaux de France.)

Ah! dans mon doux printemps,
Et fleur de ma jeunesse,
Toutes les peines sens
D'une affreuse tristesse.
Plus en rien n'ai plaisirs
Qu'en regrets et désirs.

Ce qui m'étoit plaisant
Ores (maintenant) m'est peine dure,
Le jour le plus luisant
Me paroît nuit obscure,
Et rien n'est tant exquis,
Qui de moi soit requis (désiré).

J'ai au cœur et à l'œil
Un portrait, une image,
Qui prolonge mon deuil,
Et mon pâle visage
De violette est teint,
Qui est l'amoureux teint.

Pour mon mal étranger,
Je ne m'arrête en place,
Mais j'en ai beau changer,
Ma douleur ne s'efface.
Car mon pire et mon mieux
Sont les plus déserts lieux.

Si dans quelque séjour,
Soit en bois, soit en prée,
Soit vers l'aube du jour,
Ou soit sur la vesprée (le soir),
Sans cesse mon cœur sent
Les regrets d'un absent.

Si parfois vers les cieux
Viens à tourner ma vue,
Le doux trait de ses yeux
S'offre à moi dans la nue;
Soudain, je vois en l'eau,
Comme dans son tombeau.

Si je suis en repos,
Sommeillant sur ma couche,
J'ois (j'entends) qu'il me tient propos,
Je le sens qui me touche;
En travail, en reçoi (dans la solitude),
Toujours est près de moi.

Je ne vois nul sujet,
Pour beau qu'il se présente;
Je ne vois nul objet
Auquel mon cœur consente.
Plus de perfection (satisfaction)
Dans mon affliction!

Dans l'ombre des forêts,
Mon désespoir extrême
Ne m'offre plus d'attraits
En biens, en diadême;
Et tout mon réconfort (toute ma consolation)
Est d'appeler la mort.

Mais je mets ici fin
A si triste complainte,
Dont sera le refrain:
Amour vraie et non feinte!
Par séparation
N'a diminution. (1)

La trop grande jeunesse du roi, sa faible et maladive complexion n'avaient point permis à Marie d'être mère. Quoiqu'une couronne l'attendît en Angleterre, elle aimait bien mieux rester à la cour de France, dont les mœurs policées et chevaleresques lui plaisaient beaucoup, que d'aller vivre au milieu des frimas et des montagnes, et commander aux sauvages habitants de son pays natal. Aussi, ce ne fut qu'à la sollicitation de Catherine de Médicis, sa belle-mère, qu'elle consentit à recevoir une couronne qui lui pesait, en échange d'une patrie qui était devenue la sienne et qui lui rappelait tous ses plaisirs d'enfance.

(1) Brantôme, *Vies des dames illustres.*

Lorsque Marie Stuart quitta la France, toute la cour l'accompagna jusqu'à Saint-Germain. C'est là qu'elle fit ses adieux à tous ses anciens amis et serviteurs, et leur donna à la plupart quelques marques légères de son souvenir. Elle passa par Abbeville et Calais ; un cortége brillant l'accompagna jusqu'à la mer. Au moment où elle monta sur le vaisseau qui devait l'emmener, ses larmes coulèrent avec abondance ; les pleurs de ceux qui l'avaient suivie contribuèrent à augmenter sa douleur. Quand son vaisseau fut en pleine mer, elle fit préparer son lit sur le tillac, afin d'apercevoir les côtes de France aussi longtemps que sa vue pourrait y atteindre. Lorsque enfin l'éloignement les eut fait disparaître entièrement à ses yeux, elle versa de nouvelles larmes, et on l'entendit à plusieurs reprises manifester ses regrets en ces termes :

« Adieu, adieu, plaisant pays de France ! je ne te reverrai jamais... »

Bientôt Marie exprimait ses douloureuses impressions dans des vers charmants, que nous transcririons ici avec plaisir s'ils n'étaient dans la mémoire de tout le monde.

Le premier épisode de son règne fut un fait assez singulier. Plusieurs chevaliers français avaient voulu l'accompagner jusque dans ses États. De ce nombre était un gentilhomme du Dauphiné, un nommé Châtelard, descendant du *Chevalier sans peur et sans reproche*. Ce jeune homme n'avait point hérité de la modération de Bayard. Une figure agréable, des manières gracieuses, le désir de plaire, le talent de faire de jolis vers, attirèrent sur lui l'attention de la reine. Marie lui avait accordé la faveur de l'admettre dans toutes ses parties de plaisir, où il avait su, du reste, se rendre nécessaire. Châtelard était poëte, et souvent il avait adressé des vers à Marie, sur sa beauté, ses grâces, ses talents admirables. Tout en se livrant sans réserve à la reconnaissance, le jeune gentilhomme sentit bientôt que ce sentiment n'était que le voile d'une violente passion. Il s'abandonna avec toute l'ardeur de son âge à son penchant téméraire, et osa même s'introduire un soir dans la chambre à coucher de la reine et se cacher derrière son lit, pendant que Marie se déshabillait. Une des femmes de chambre de la princesse ayant aperçu l'audacieux jeune homme, donna une alarme générale par ses criset sa frayeur, et l'amant mystérieux fut chassé aussitôt du palais. La disgrâce de Châtelard ne fut pas de longue durée ; la reine crut devoir pardonner à une action, coupable à la vérité, mais dont elle avait été la cause occasionnelle. La clémence royale, loin d'inspirer au gentilhomme plus de circonspection, ne fit au contraire que lui donner plus de témérité. Croyant voir dans cette bonté quelque signe d'une faveur particulière, il se cacha une seconde fois dans l'appartement de la reine, où il fut de nouveau découvert. Cette récidive ne méritait point de grâce, et n'en obtint pas. La reine le fit arrêter, et l'abandonna à la rigueur de la justice. Il fut condamné à mort ; Marie sentit que la position délicate où elle se trouvait, le bruit qu'avait fait cette aventure, et le respect qu'elle se devait à elle-même, ne lui permettait pas de le sauver. La grâce qu'elle lui accorda lors de la première faute a fait répandre sur elle quelques soupçons injurieux ; mais il est certain qu'à cette époque, Marie méritait et avait l'estime de ses sujets, et que ni les clameurs ni les fureurs de leur parti ne pouvaient alors porter atteinte à sa réputation.

Élisabeth, reine d'Angleterre, ne put, sans être dévorée de jalousie, voir une princesse plus belle et plus aimée qu'elle, appelée par l'amour et l'encens de tout un peuple sur un trône auquel elle se croyait elle-même les plus grands droits. Elle forma le dessein de fermer à sa rivale l'entrée de ses possessions. Mais Marie, accompagnée de la plus courageuse noblesse de France, entra triomphante dans ses États, avant qu'Élisabeth en fût instruite, et fut reçue de ses sujets avec les témoignages les plus flatteurs d'ivresse et d'amour.

Il n'en fallut pas plus pour exciter dans l'âme d'Élisabeth cette jalousie cachée adroitement, et dont l'expression fut si terrible par la suite. Élisabeth, déjà consommée dans l'art de dissimuler, et dévorant la rage et la honte d'avoir manqué son coup, feignit de l'amitié, envoya à Marie des ambassadeurs chargés de lui porter des présents, de lui exprimer la joie que son arrivée causait à leur reine, et de lui jurer une alliance éternelle. L'âme de Marie, naturellement aimante, crédule et généreuse, disputa de caresses et de magnificence avec l'artificieuse Élisabeth.

Marie choisit parmi ses bijoux un diamant taillé en cœur, auquel étaient joints des vers de Buchanan (1), dont elle était la protectrice, et en fit présent à Élisabeth. Ses prévenances ne purent détruire les germes de jalousie qui fermentaient déjà dans l'âme dissimulée de sa rivale. Semblable à ces lamies qui se plaisent à troubler la sérénité d'un beau jour en chargeant l'atmosphère de vapeurs noires et pestilentielles, elle ne cessait de semer sous main des troubles et des divisions dans le royaume d'Écosse, voulant obtenir par ce moyen ce qu'elle n'osait entreprendre à force ouverte. La reine d'Écosse, à son arrivée, trouva son royaume déchiré par les factions des calvinistes, qui troublaient alors tous les États de la chrétienté.

Veuve depuis cinq ans, trop jeune encore pour porter seule le poids d'une couronne, elle chercha à modérer, en les partageant, les malheurs qui avaient accompagné son premier mariage. Les conseils de ses proches parents, qui la détournaient de s'allier avec étrangers, lui firent jeter les yeux sur Henri Stuart, comte de Lenox, son cousin, l'un des plus beaux princes du royaume ; et l'hymen fut célébré avec les dispenses du pape. Ce choix innocent, qui n'avait pas été assez subordonné aux intérêts de la politique, attira sur la tendre Marie la jalousie de tous les princes qui prétendaient à sa main, et qui désiraient la gouverner. C'est à cette première démarche qu'il faut attribuer les malheurs qu'elle éprouva ensuite, et qui n'eurent de terme que sa mort.

Du nombre de ces ambitieux était le comte de Murray, frère naturel de la reine, homme dangereux et dépravé, l'organe et l'esclave d'Élisa-

(1) Poëte écossais.

beth. Destiné par son père (Jacques V) à une dignité ecclésiastique, il avait pris le nom de prieur de Saint-André; mais bientôt endoctriné par Knof, patriarche des protestants en Écosse, il prétendit à la qualité de régent ou de roi, et résolut de n'épargner ni méchancetés ni séductions pour parvenir à son but.

Voyant sa sœur, jeune encore, d'une beauté parfaite, et recherchée par le roi d'Espagne pour son fils, et par l'empereur pour son frère, prévoyant que l'une ou l'autre de ces alliances tendait à lui faire perdre toute son autorité, il ne négligea rien pour persuader à Marie qu'elle n'aurait ni paix ni bonheur dans son royaume, en épousant l'un de ces deux princes; et pour l'en détourner, il affecta d'élever fort haut les qualités du jeune Stuart Lenox, moins pourtant à l'effet de consommer cette union, que pour enflammer et amuser le cœur aimant de la jeune reine, dont les soins qu'elle donnerait à l'amour devaient laisser le champ libre à son ambition.

Marie, peu défiante, se livra entièrement aux suggestions de Murray. L'amour et la beauté du comte de Lenox firent le reste. Murray, ne voyant dans Stuart aucune des qualités nécessaires à protéger la reine son épouse, crut qu'il régnerait lui-même, au nom du roi, dont il ferait l'instrument de ses volontés. Murray ne tarda point à voir qu'il s'était trompé dans ses combinaisons ambitieuses; Henri voulut régner seul, et le fit avec une fermeté, une autorité plus absolue que Murray ne l'avait jamais pensé. La fureur et la haine furent ses dernières ressources, et il préféra une rupture ouverte à une dissimulation infructueuse. Il forma donc un parti, déclara la guerre au roi; mais son entreprise échoua et il fut forcé d'aller cacher en Angleterre son courroux et la honte d'un crime sans succès.

Henri Stuart, le nouvel époux de Marie, avait assez peu d'esprit et d'intelligence, et ses passions étaient des plus impétueuses. Il joignait à ces défauts toute l'insolence qu'une figure avantageuse peut inspirer, lorsqu'elle n'est point accompagnée de qualités essentielles. Enivré du haut degré de faveur où il était parvenu auprès de la reine, il commençait à prendre avec tout le monde un ton de hauteur et un air impérieux que la majesté même du trône peut à peine rendre supportables. La petitesse de son génie et son peu d'expérience étaient accompagnés d'une présomption ordinaire aux gens bornés et d'une confiance ridicule dans sa propre capacité. Ses extravagances et son ingratitude lui firent perdre le cœur d'une femme qui avait tout sacrifié à la folle passion qu'elle avait conçue pour lui ; son insolence et sa légèreté éloignèrent bientôt de lui tous les nobles qui avaient le plus contribué à son agrandissement ; ses caprices ne tardèrent pas non plus à l'exposer à la haine du peuple, qui d'abord avait vu en lui, avec vénération, le descendant des anciens rois et des plus fameux héros de l'Ecosse.

Voilà quel était l'époux de la plus aimable des reines. Henri, étant devenu maître, de sujet qu'il était, se conduisit avec une impudence orgueilleuse, et crut pouvoir obtenir, par des manières impérieuses, tout ce qu'il aurait pu ne devoir qu'à la complaisance d'une femme qui l'idolâtrait. Marie, qui avait été l'instrument de sa fortune, ne voulait pas qu'il lui disputât cet honneur et ce plaisir; d'un autre côté, elle voulait encore moins recourir à son propre empire : aussi se dégoûta-t-elle de faire des sacrifices pour un homme qui, loin de les sentir, se les croyait dus, et voulait les multiplier. Elle différa donc le couronnement de son mari, et affecta de ne lui donner que très-peu de part aux affaires du gouvernement. De là naquirent le mécontentement, l'indifférence, les regrets, et un éloignement total. Le moment était favorable aux desseins du perfide Murray ; il le saisit avec empressement.

Murray avait à la cour d'Écosse un homme fait pour sympathiser avec lui et servir ses projets ambitieux : c'était le comte de Morton. Il le chargea d'augmenter, par tous les moyens, la désunion qui existait entre les deux époux. Le comte n'eut pas de peine à seconder de pareilles vues.

Il possédait la confiance intime du roi et de la reine; il profita de cette haute faveur pour arriver au but qu'il désirait. Morton persuada aisément à Henri Stuart qu'il n'était roi que de nom, puisque la reine signait les édits, et ne permettait pas qu'une autre image que la sienne fût gravée sur les monnaies; qu'il devait nécessairement se soustraire à la domination honteuse d'une femme, et la forcer de descendre à l'état de nature, qui ne permet pas à une épouse de commander à son mari. D'un autre côté, Morton conseillait à la reine de châtier son mari, ce jeune téméraire, qui affichait l'orgueil le plus outré, qui avait la prétention de régner seul, et qui avait oublié les bienfaits qu'il avait reçus et la position inférieure d'où il avait été tiré. Que l'on se représente une jeune reine sans expérience, entourée de conseillers perfides, obligée de lutter sans cesse entre le devoir et son cœur, chargée seule du poids d'une couronne que lui envient tous ceux qui l'entourent, forcée d'ouvrir son âme aimante et franche aux sentiments pénibles de la défiance, et l'on sentira combien il lui importait de s'attacher un homme probe, un conseiller habile, inaccessible à l'intrigue et aux mauvais desseins. Cet homme selon ses vœux, elle crut le trouver dans David Rizzo.

Rizzo était né à Turin, en Piémont. Fils de musicien et musicien lui-même, il plut à l'ambassadeur de Savoie en Écosse, qui le prit à son service, et l'amena avec lui dans ce dernier pays. Marie, qui excellait dans la musique, fut d'abord enchantée des talents du Piémontais; elle l'attira à la cour, lui donna une position dans son palais; et, par la suite, ayant découvert en lui des talents plus utiles pour conduire les affaires, elle se servit de lui dans les négociations les plus importantes.

S'il n'est pas permis à une reine d'avoir un ami, sans être en butte à tous les traits de la satire et de la calomnie, c'est un bien plus grand crime encore pour celui que la faveur a élevé à ce poste désiré; Rizzo en fit l'épreuve cruelle. Son premier tort fut celui d'une obscure naissance, celui que l'orgueil des cours ne pardonne jamais; on ne lui accorda point de vertus, et les envieux ne virent qu'avec des convulsions de rage un musicien en possession des bonnes grâces et de l'entière confiance de la reine.

Marie fut bientôt accusée d'un commerce coupable avec un homme dont la vieillesse, la laideur et la conformation vicieuse, contrastant avec les grâces touchantes de la femme la plus belle de l'époque, devaient repousser jusqu'à la plus légère pensée d'une union aussi monstrueuse. Ce soupçon outrageant, formellement démenti par les historiens les plus dignes de foi, et qui ne fut enfanté que par le cerveau du comte de Morton, dans la vue de produire le divorce entre les deux époux, fut bientôt accrédité par la médisance des puritains (1).

La jalousie de Henri est à son comble : ambitieux, il se regarde comme un fantôme de roi ; époux, il voit sa couche royale souillée par une femme dont les attraits, plus forts que sa jalousie, maîtrisent encore son cœur déchiré par mille passions à la fois. Les retards que met Marie à le déclarer roi, ses entrevues fréquentes avec Rizzo, qu'elle avait fait son secrétaire, tout allume dans le cœur de Henri un incendie terrible, que le sang désormais peut seul éteindre.

Marie redoutait, en couronnant son mari publiquement, d'exciter chez lui plus d'orgueil et de prétentions, et d'avoir plus de peine à combattre les caprices de sa vanité. Aussi, importunée par les demandes réitérées qu'il lui faisait, elle fait tous ses efforts pour l'éloigner d'elle et l'envoyer à la campagne. Henri croit voir dans ce dernier moyen la preuve la plus infaillible de son déshonneur, et la perte du secrétaire est jurée. Il communique ses projets de vengeance à quelques-uns de ses amis, il les anime contre l'infortuné Rizzo, et ils conviennent de saisir la première occasion qui se présentera.

Le 9 mars 1566, Marie soupait dans son appartement avec la comtesse

(1) On appelait en Angleterre *puritains*, les protestants fanatiques et animés par un zèle outré de prosélytisme.

d'Argyle et quelques personnes de son intimité, parmi lesquelles se trouvait le favori. Le roi s'introduit au palais avec Morton, Douglas, Ruthwen et plusieurs autres conjurés.

Après s'être assurés de tous les passages avec des gens armés, au nombre de cent soixante, ils se dirigent tous ensemble vers l'appartement de Marie. Le roi entra d'abord seul chez la reine et se plaça auprès d'elle. Un moment après, Douglas et Ruthwen parurent, un poignard à la main. Ce dernier, sortant d'une longue maladie, pouvait à peine soutenir le poids de ses armes. Le casque en tête, le teint blême, les traits altérés, la figure amaigrie, il imprimait comme un spectre la crainte et l'horreur. Ses complices le suivaient, la fureur dans les yeux. Il s'avance dans la chambre royale d'un air sombre et sépulcral, et s'adressant à Rizzo, il lui dit qu'il a besoin de lui parler particulièrement. Marie, effrayée, demande au roi quel peut être l'objet d'une pareille entreprise. Henri répond qu'il n'en sait rien. La reine ordonne alors à Ruthwen, sous peine de trahison, de sortir de sa présence, et lui dit que s'il a reçu quelque offense de Rizzo, il doit l'appeler en justice réglée, et non se venger comme un assassin. Malgré cet ordre, Ruthwen saisit le Piémontais avec tant de brutalité, que dans la lutte qui s'engage, la table qui portait le souper de la reine est renversée. Rizzo, rempli de terreur, se réfugie auprès de Marie, embrasse ses genoux en demandant grâce. La reine, malgré la frayeur qu'une pareille scène lui inspire, donne des ordres menaçants qui sont méprisés, et fait un rempart de son corps à celui qui est venu chercher un asile à ses pieds. Douglas arrache la reine de son siége, la prend dans ses bras et la remet dans ceux du roi. Pendant ce temps, Ruthwen, qui avait laissé tomber son arme, arrache un poignard des mains de Henri, et le plonge à plusieurs reprises dans le corps de l'infortuné favori. Bientôt celui-ci est entraîné dans l'antichambre ; là les conjurés achèvent de le tuer et assouvissent leur rage en perçant le cadavre de cinquante-six coups de poignard. Le sang de

Rizzo avait jailli sur la robe de la reine. Marie, pour se soustraire à cette scène d'horreur, se disposait à sortir, lorsque Ruthwen la retenant :

« Madame, dit-il, si vous faites un pas pour sortir et haranguer le peuple, je vous mettrai en pièces, et ferai tomber les murailles sur vous!

— Faites-moi mourir, si vous voulez, dit-elle à Ruthwen et à son mari dont elle apercevait bien la complicité; mais j'ai la satisfaction de laisser après moi des vengeurs : le roi d'Espagne et l'empereur, mes bons amis, le roi de France, mon beau-frère ; mes oncles de Lorraine, le pape lui-même, tous ces princes tireront de ce crime une juste punition qui s'étendra sur vous et sur votre postérité. »

Les deux conjurés devinrent pâles de colère. Ruthwen accabla la reine de reproches.

« Vous avez, dit-il d'une voix lugubre, agi d'une manière intolérable. Par les conseils de votre *mignon,* vous avez refusé la couronne matrimoniale à votre mari ; vous avez établi la religion romaine une seconde fois ; vous avez résolu de punir Murray et ses amis ; enfin vous avez accordé votre confiance à des traîtres, parmi lesquels figure Bothwell, contre qui cette entreprise est dirigée autant que contre votre favori. Demain, ceux que vous avez exilés d'Écosse reparaîtront ici, triomphants, graciés par le roi, et ils s'uniront contre vous, si vous ne changez pas la direction que vous avez donnée jusqu'ici aux affaires. Nos vœux à tous est que votre mari ne soit plus désormais éloigné de l'administration ; qu'il ait, comme roi, sa part de gouvernement, et qu'il n'ait plus la honte de se voir remplacé, auprès de vous et dans votre conseil, par des étrangers perfides, haïs de la nation entière. Sachez enfin, madame, que le roi, par l'ordre de qui nous avons agi aujourd'hui, est décidé à régner avec vous ; sachez encore qu'il ne cessera de s'insurger et de réclamer que lorsque vous aurez fait droit à ses justes demandes, que vous l'aurez fait couronner publiquement, et que vous lui aurez cédé la moitié du trône et sa part légitime d'autorité souveraine. »

Dès que Ruthwen eut cessé de parler, le roi prit la parole pour reprocher à Marie sa mauvaise foi, ses bontés pour Rizzo, et sa froideur pour lui-même. Il renouvela toutes les plaintes qu'avait exprimées son complice, et termina par des protestations d'amour et de dévouement envers celle qu'il venait de faire outrager si honteusement.

La reine, mortellement blessée des soupçons et de l'ingratitude de son mari, indignée de sa liaison avec les assassins de Rizzo et avec les rebelles bannis par les lois du pays, alarmée d'ailleurs pour sa propre vie, n'eut point la force de répondre à tant d'outrages. La scène qui venait d'avoir lieu lui avait presque ôté tout sentiment ; elle leva seulement les mains au ciel en s'écriant :

« Seigneur, sauvez-moi !... »

Elle fut alors conduite dans un appartement reculé du palais, où elle fut gardée à vue et retenue dans une étroite captivité.

Marie, lors de cette scène sanglante, était enceinte de sept mois. Cette circonstance fait penser que le but de Morton et de Murray n'était pas seulement la mort du favori ; ils espéraient sans doute que l'effroi, le trouble, la colère, le désespoir, porteraient à la reine un coup mortel. Ils auraient pu facilement faire périr Rizzo sans tumulte, sans éclat ; ils auraient évité pour eux-mêmes les dangers d'une conspiration, et pour Henri, celui de devenir à jamais pour sa femme un objet d'horreur. Henri ne voulait que la mort de son ennemi ; mais il est probable que la scène avait été calculée par Morton, de manière à faire périr sans crime apparent le seul obstacle qui se fût toujours opposé à la grandeur de son ami.

Le royaume d'Écosse fut bientôt le théâtre de toutes les calamités et les horreurs de la guerre civile. Des compatriotes, des amis, des frères, attachés à des factions différentes, allaient d'eux-mêmes se ranger sous les étendards des divers partis. Dans chaque comté, dans presque toutes les villes, *l'homme du roi, l'homme de la reine,* étaient des noms distinctifs. La haine politique avait rompu tous les liens de la nature, éteint cette bienveillance réciproque qui entretient l'union parmi les hommes, et qui est l'âme de la société. Le zèle de la religion se mêlant à la fureur des factions, entretenait le feu de la discorde et formait un embrasement général. Il n'y avait en apparence que deux partis dans le royaume, mais ceux qui les composaient avaient entre eux des vues et des principes différents qui formaient encore des subdivisions.

Les uns, principalement occupés de l'objet de la religion, étaient partagés en deux classes : l'une comptait ceux qui étaient attachés au parti de la reine, dans l'espérance qu'en la sauvant ils pourraient ensuite rétablir le papisme; et l'autre, ceux qui soutenaient l'autorité du roi, comme le plus fort appui de la religion protestante. L'opposition entre eux était si forte, qu'elle ne laissait entrevoir aucun espérance de conciliation. Les réformistes ne cessaient de souffler par cent mille bouches le feu de la discorde, et d'exciter à la rébellion, au meurtre, au carnage. Ils disaient hautement qu'il ne fallait pas faire à demi une affaire de cette importance; que puisque la reine, qui était le plus ferme appui du papisme en Écosse, était chancelante sur son trône, il la fallait abattre tout à fait et la perdre, en confirmant les bruits calomnieux qui circulaient déjà contre elle. Rien n'était plus aisé que de séduire le roi irrité. Ils lui promirent un trône; il consentit en retour à servir leur cause : et bientôt se forma une autre conjuration qui avait pour but de se défaire de tous les personnages les plus considérables de l'État, et d'envelopper l'innocente Marie dans le naufrage commun.

Sur ces entrefaites, Murray, qui, après avoir fait la guerre à son roi, avait caché en Angleterre l'opprobre d'un crime sans succès, ose reparaître en triomphateur; et son audace heureuse, insultant à la captivité de Marie, va méditer de nouvelles intrigues. Il n'ose pourtant se faire l'instrument d'une secte barbare et fanatique; il préfère aller tortueusement à son but, en jouant le rôle de médiateur. Il va trouver la reine en secret, lui demande pardon de sa faute passée, promet tout pour l'avenir, et lui conseille de ramener à elle tous les mécontents.

Marie, se soumettant aux circonstances, le reçoit avec bonté, et témoigne qu'elle est prête à faire ce qu'il lui conseille, quand elle sera mise en liberté, afin que ses démarches ne puissent être imputées à la contrainte.

« Vous devez savoir, ajoute-t-elle, que je suis incapable d'animosité, puisque jusqu'à ce jour j'ai toujours pardonné jusqu'à me perdre pour avoir été trop généreuse. Quoique vous m'ayez traitée moins en frère qu'en ennemi, je vous jure que je n'ai point cessé d'avoir pour vous de l'attachement, que j'ai beaucoup regretté vos conseils et votre appui, et que je souhaite de tout mon cœur que vous me connaissiez mieux et que vous reveniez entièrement à moi. »

Murray excusa la conduite passée le mieux qu'il put ; après avoir fait de nouvelles promesses protesté de son dévouement aux intérêts du trône, il prit la main de sa sœur, et la baisa en signe de réconciliation.

Murray était à peine sorti de la chambre que le roi y entra. La reine, d'abord étonnée, se remit peu à peu ; donnant à ses yeux et à sa voix cette expression de la douleur, si éloquente et en même temps si attendrissante chez une femme jeune et jolie, elle le supplia de faire cesser à son égard des mauvais traitements qui la conduiraient infailliblement à la mort, elle et l'enfant qu'elle portait dans son sein.

« Je crains, ajouta-t-elle, que vous ne reconnaissiez que trop tard les piéges que vous tendent ceux qui vous conseillent. Quand, par leurs trames perfides, ils m'auront dépouillée entièrement de ma couronne, ils vous enseveliront vous-même sous les ruines de ma royauté, et chercheront à se partager, comme une proie, les dépouilles qui seront en leur pouvoir. »

Ces dernières paroles donnèrent à réfléchir à l'ambitieux Henri. Les prétentions des conjurés ne lui faisaient déjà que trop apercevoir la légèreté avec laquelle il avait agi ; il était fâché de ce qui s'était passé, et il aurait voulu arrêter les effets d'une insurrection qui menaçait de lui être funeste. Touché par les larmes de la reine, il s'excuse autant qu'il peut au sujet de tout ce qui avait eu lieu, tombe aux genoux de son épouse, lui dévoile tous les mystères de la conjuration qui se tramait contre elle, et lui déclare qu'il vient pour vivre ou mourir avec elle. La première émotion passée, Marie, charmée de cette réconciliation, lui donna toutes les instructions qui pouvaient faire prendre le change aux conjurés. Sur ses conseils, il déclara à ceux-ci qu'il avait trouvé la reine dangereusement malade, et qu'il ne doutait pas qu'une mort prompte leur épargnât la peine de recourir aux ressources violentes du fer ou du poison ; qu'il n'était pas besoin de la garder davantage, et qu'il en répondait, sauf à prendre de meilleures mesures lorsque les circonstances l'exigeraient.

Cette déclaration persuada les rebelles. Les gardes furent renvoyés, et le roi rejoignit son épouse, qui l'attendait. Vers minuit, ils s'enfuirent tous les deux du palais avec une escorte de dix mille hommes que le comte de Bothwel avait rassemblés, et avec lesquels il parvint bientôt à dissiper tous ceux qui s'étaient rangés sous l'étendard de la révolte. Tous les conjurés ayant été dispersés et mis en fuite, Marie revint triomphante s'asseoir sur son trône, qu'elle avait craint pour un moment de perdre.

Peu de jours après, Marie allait résider au château d'Édimbourg pour y faire ses couches. Elle y mit au monde un fils. Comme cet événement intéressait l'Angleterre aussi bien que l'Écosse, elle dépêcha sur-le-champ sir James Melvil pour porter cette heureuse nouvelle à Élisabeth. Melvil rapporte que, le soir du jour de son arrivée à Londres, cette princesse donnait un bal à sa cour à Greenwich, et s'y livrait à toute la vivacité et la gaieté qu'elle faisait briller ordinairement dans ces occasions. Dès qu'il eut notifié la naissance du prince d'Écosse, la joie d'Élisabeth disparut : elle tomba dans une profonde mélancolie, et, appuyant sa tête sur son bras, dit douloureusement à quelqu'un de sa suite :

« La reine d'Écosse est mère d'un bel enfant, tandis que je ne suis qu'un arbre stérile ! »

Cependant, le lendemain, à l'audience de l'ambassadeur, elle reprit sa première dissimulation, affecta un air satisfait, remercia Melvil de la diligence qu'il avait faite pour lui apporter une aussi *agréable* nouvelle, et témoigna la plus grande amitié pour sa sœur. Quelque temps après, elle envoya le comte de Bedford, et George Cary, fils de lord Hundson et parent de cette princesse, pour tenir en son nom le jeune prince sur les fonts de baptême; elle les chargea aussi de présents magnifiques pour la reine d'Écosse.

Murray ne voyait qu'avec regret la réconciliation du roi et de la reine. Il aurait voulu évincer celui-ci du gouvernement, afin d'avoir en main une plus grande part d'autorité. Il avait conservé du reste un vif ressentiment contre la personne du roi, qui avait été la cause première de son exil. Murray, dans l'intention de se débarrasser de Henri, imagina une nouvelle machination plus perfide que les autres, et qui réussit au gré de ses désirs. N'étant pas satisfait de l'époux de Marie, qui mettait obstacle à son ambition, il résolut de se débarrasser de celui-ci et de le remplacer par un autre. Pour l'accomplissement de son projet, il jeta ses vues sur le comte de Bothwel.

Ce dernier était d'une des plus considérables et des plus puissantes maisons d'Écosse. Quoiqu'il ne fût distingué par aucun talent pour la politique ou pour la guerre, il avait acquis de la considération dans le parti de la reine, qu'il avait aidé de tout son pouvoir à soumettre les rebelles. Sans mœurs et sans conduite, accablé de dettes encore plus grandes que son immense fortune, Bothwel s'était plongé dans l'indigence par ses profusions, et semblait n'avoir plus de ressources que dans les entreprises désespérées. Murray, trouvant en lui l'homme qu'il lui fallait, lui fait part de son projet, et lui demande s'il veut être l'époux de la reine. Bothwel, que cette proposition surprend d'abord à cause des difficultés (car Bothwel était marié et la reine aussi), comprend bientôt toute la portée de l'entreprise, accepte l'offre qui lui est faite, bien décidé à employer tous les moyens capables de le faire arriver à son but.

La bonne harmonie qui existait entre les royaux époux n'était qu'apparente. Lors de leur fuite du palais, ils avaient consulté un intérêt commun, et c'est cet intérêt qui les avait rapprochés et unis quelques instants. Mais, aussitôt que Marie fut délivrée de ses oppresseurs et se crut bien rétablie dans son autorité, elle ne dissimula plus l'horreur que son mari lui inspirait, ne voulut plus vivre avec lui; et le faible Stuart, se voyant abandonné de tous les partis, eut plusieurs fois le dessein de quitter l'Écosse, et de se réfugier en France ou en Espagne.

Pendant ce temps, le comte de Bothwel faisait à la reine une cour assidue. A force de prévenances et d'attentions, il parvint à conquérir la faveur et la confiance de Marie. Il s'était tellement avancé dans les bonnes grâces de Sa Majesté, que rien ne se faisait plus à la cour que par ses conseils et sous son autorité. On citait des traits de familiarité la plus intime entre la reine et le comte. Les conjectures qu'on en tirait se confirmaient par la persévérance ou plutôt le redoublement de l'aversion de Marie pour son époux. D'un autre côté, quelques personnes de la plus haute noblesse, voyant que la haine que sa femme avait pour lui était insurmontable, proposèrent l'expédient d'un divorce. Malgré l'éloge que l'on a fait de la manière décente dont la reine se conduisit dans cette occasion, en ne voulant se prêter à ce moyen qu'autant qu'il se concilierait avec son honneur et la légitimité de son fils, bien des gens crurent que la difficulté d'y réussir l'empêcha seule de l'entreprendre. Les soupçons furent portés si loin contre cette princesse, que lorsque Henri, ne pouvant plus soutenir ses procédés outrageants, se retira enfin à Glascow, on attribua une maladie extraordinaire dont il fut attaqué, en y arrivant, à une dose de poison qui lui aurait été donnée.

Tandis que ces choses étaient dans cette situation, ceux qui s'intéressaient sincèrement à la gloire de Marie et à la tranquillité du royaume furent agréablement surpris d'apprendre qu'une nouvelle réconciliation s'était faite entre le roi et la reine; qu'elle avait été voir ce prince à Glascow pendant sa maladie; qu'elle s'était conduite avec beaucoup de tendresse à son égard; qu'elle l'avait ramené à elle, et qu'elle paraissait déterminée à vivre désormais avec lui d'une manière convenable au lien qui les unissait. Henri se laissait aisément séduire par les grâces de celle qu'il aimait encore; il se confia à elle et la suivit à Édimbourg. Elle habitait le palais de Holy-Rood-House; mais, comme cette maison était peu élevée; que la foule des gens qu'attire la cour occasionnait nécessairement du bruit, on prétendit que, dans l'état où était le roi, il en serait incommodé; et, sous ce prétexte, on le relégua loin du palais dans une maison isolée que l'on nommait Kirk-of-Field. Marie n'y démentit pas les témoignages de sa tendresse; elle s'entretint amicalement avec ce prince, et passa même quelques nuits dans un appartement au-dessous du sien. Mais, le 9 février 1567, elle lui dit qu'elle irait coucher au palais, où le mariage d'une de ses femmes demandait sa présence. Environ vers deux heures du matin, toute la ville fut alarmée d'une grande détonation qui se fit entendre. L'étonnement redoubla lorsqu'on apprit que cette détonation était l'effet d'une explosion de poudre, qui avait fait sauter la maison où logeait Henri; que l'on avait trouvé le cadavre de ce prince à quelque distance dans un champ voisin, et qu'il ne portait aucune marque de feu, ni de contusion, qui indiquât une mort violente.

Il ne fut pas possible de douter que Henri avait été assassiné; tous les soupçons se portèrent aussitôt sur le comte de Bothwel, comme l'auteur de ce crime. Mais la faveur dont Marie l'honorait était si déclarée, son crédit paraissait si redoutable, que personne n'osait dire son sentiment à découvert, et que tout le monde restait dans un morne silence. Cependant, quelques voix se firent entendre dans les rues pendant l'obscurité de la nuit, et crièrent que Bothwel et Marie elle-même étaient les meurtriers du roi. On afficha secrètement des placards qui portaient la même accusation. Des anonymes offrirent, par cette voie, de prouver ce crime si l'on voulait donner toutes sûretés convenables à ceux qui le dévoileraient. Mais la cour ayant publié une proclamation promettant une récompense et le pardon à quiconque ferait connaître l'auteur de cet attentat, on fit alors des recherches beaucoup plus exactes de ceux qui répandaient les libelles, que de ceux qui avaient provoqué le meurtre du roi et que des régicides même.

Le vieux comte de Lenox, père de la victime, qui vivait éloigné de la cour, dans l'oubli et la pauvreté, fut réveillé par la nouvelle de la mort de son fils. Il écrivit à la reine pour lui demander une prompte justice des assassins, parmi lesquels il nommait le comte de Bothwel, sir James Balfour, Gilbert Balfour son frère, David Chalmers, et quatre autres officiers de la reine, qui tous avaient été indiqués dans les placards affichés sur les murailles d'Édimbourg.

Marie prit à la lettre la demande d'une prompte justice, et, ne donnant que quinze jours à l'examen de cette affaire importante, elle envoya sommer Lenox de se rendre à la cour et d'administrer les preuves de son accusation contre Bothwel. Le favori et les seigneurs accusés par Lenox avaient pendant ce temps-là une liberté entière. Bothwel, continuellement escorté d'une troupe de gens armés, prenait sa place ordinaire dans le conseil; la reine continuait de le souffrir logé dans la maison qu'elle occupait, et il semblait jouir toujours de la confiance et de la familiarité de cette princesse. Le château d'Édimbourg, place si importante dans ces moments critiques, lui fut même confié, et sous lui à sir James Balfour, créature du comte, et qui était publiquement accusé du meurtre du roi.

Lenox, qui était venu jusqu'à Stirling dans l'intention de poursuivre cette affaire, y apprit toutes ces circonstances. Réfléchissant alors au peu de gens qui l'accompagnaient, il commença à craindre le pouvoir, l'insolence et la témérité de son ennemi. Il écrivit à Marie pour la supplier de prolonger le temps donné à l'instruction de ce procès, et pour la conjurer, par tout ce qu'elle devait à sa propre gloire, de délibérer plus mûrement sur une affaire de cette nature. On n'eut aucun égard à sa prière. Les jurés s'assemblèrent. Lenox, prévoyant cette précipitation, avait ordonné à Cunningham, l'un de ses serviteurs, de se présenter devant la cour et de protester en son nom contre la marche irrégulière du procès. Malgré cette protestation, les juges procédèrent au jugement. La sentence fut telle qu'ils devaient la rendre dans une affaire où il ne paraissait ni accusateur ni témoins. Bothwel fut absous du meurtre du roi. Cependant, les juges, alarmés de l'indignation que cette sentence pourrait exciter et du danger auquel elle pourrait les exposer dans la suite, firent eux-mêmes une protestation où ils rendirent compte de la nécessité qui les avait fait agir. Il est à remarquer que l'accusation portée contre Bothwel datait son crime du 9 février, au lieu du 10, jour que Henri avait été assassiné. L'interprétation générale que l'on donne à cette erreur, trop grossière, disait-on, pour venir d'une méprise, fut que le conseil secret qui gouvernait Marie, ne se confiant pas absolument à la précipitation, à la violence et à l'autorité, s'était ménagé ce moyen à tout hasard pour avoir un prétexte plausible d'acquitter Bothwel.

Deux jours après cette procédure extraordinaire, on tint un parlement. Quoique la sentence rendue en faveur de Bothwel eût été accompagnée de circonstances plus capables de confirmer l'opinion générale qu'on avait de son crime que de la détruire, ce seigneur fut néanmoins choisi pour porter le sceptre royal, à l'ouverture de cette assemblée nationale. Elle fit une loi rigoureuse contre ceux qui afficheraient des placards diffamatoires, mais il n'y fut pas question de l'assassinat du roi.

La faveur dont Marie comblait ouvertement Bothwel tenait tout le monde en respect; les effets de cette crainte se manifestèrent encore plus fortement dans ce qui se passa aussitôt la séparation du parlement. Il se se forma une association, dans laquelle ceux qui la signèrent, après avoir déclaré que l'absolution de Bothwel était conforme aux lois, qu'il avait en outre offert de prouver son innocence les armes à la main, s'engageaient à le défendre de tout leur pouvoir contre quiconque lui imputerait le meurtre de Henri : après cette promesse, qui ne supposait pas Bothwel très-tranquille lui-même sur son innocence, ils s'étendaient sur la nécessité où la reine était de se marier pour soutenir le poids du gouvernement, et lui recommandaient le comte comme l'époux qu'elle devait préférer. Cet écrit fut signé par tous les membres considérables de la noblesse qui se trouvèrent à la cour. Dans un pays divisé par des factions violentes, une association de cette nature, en faveur d'un homme qui n'était distingué de tous les autres que par sa conduite dépravée, ne se serait jamais formée sans la persuasion générale que la reine était bien résolue à l'épouser. Ce motif seul n'aurait pas même été suffisant pour déterminer des hommes ordinairement si opiniâtres et si intraitables, si l'on n'eût surpris leur adhésion, avant qu'ils pussent savoir l'opinion les uns des autres; s'ils n'avaient été subjugués par le pouvoir actuel de la cour, et s'ils n'avaient prévu les violences qu'ils auraient à craindre d'hommes si peu guidés par les principes de l'honneur et de l'humanité; mais malgré ces raisons justificatives, la souscription de cet écrit peut toujours être considérée comme une tache à la gloire de la nation écossaise.

La conduite subséquente de Bothwel ne fut pas moins violente et moins audacieuse. Pendant que la reine était allée voir son fils à Stirling, il assembla un corps de huit cents chevaux, sous le prétexte de donner la chasse à des brigands qui infestaient les frontières; il se mit en embuscade pour attendre Marie à son retour; il l'arrêta près d'Édimbourg, se saisit de sa personne, et la conduisit à Dunbar, dans l'intention de la forcer de remplir ses vues. Sir James Melvil, dont elle était accompagnée, et qui a décrit cette scène dans ses *Mémoires*, ne dit pas avoir surpris aucun signe de résistance ou de contrainte de sa part : il apprit même, à ce qu'il rapporte, par des officiers de Bothwel, que toute cette aventure avait été concertée avec cette princesse. Une femme aussi courageuse, aussi décidée que Marie, n'aurait pas, en effet, laissé sa résistance douteuse dans une semblable occasion et contre une violence réelle. Quelques seigneurs, pour éclaircir les véritables dispositions de la reine, lui dépêchèrent secrètement un courrier, et lui offrirent, si elle était vraiment opprimée, d'employer tous leurs efforts pour la délivrer. Marie leur répondit qu'à la vérité elle avait été conduite à Dunbar malgré elle, mais que les bons traitements qu'elle y recevait la déterminaient à rester volontairement avec son ravisseur. De ce moment, personne ne s'occupa plus de la tirer d'une captivité à laquelle on ne doutait pas qu'elle n'eût donné son consentement.

On attribua d'abord cette démarche de Marie au sentiment de honte qu'elle éprouvait en réfléchissant à l'infamie dont ce mariage allait la flétrir, et au désir de trouver quelque couleur qui couvrît l'irrégularité de sa conduite. Mais le public poussa ses conjectures plus loin lorsqu'il sut que, peu de jours après, Bothwel avait reçu sa grâce de la reine. Cet acte portait une rémission de l'attentat commis contre la reine, et de *tous les autres crimes :* clause par laquelle il était indirectement absous du meurtre du roi. Ce rapt ne fut plus considéré dès lors que comme un expédient imaginé pour fournir l'occasion de laisser dans l'ombre un forfait dont on n'osait pas faire mention à découvert.

Ces événements se succédaient avec tant de rapidité qu'on n'avait pas encore eu le temps de réfléchir sur l'un lorsqu'un autre, non moins étrange, venait étonner le public. Il restait cependant un obstacle si considérable à l'union de Marie et de Bothwel, qu'il n'était pas aisé de prévoir comment ils pourraient le franchir, quelque déterminés qu'ils pussent être à exécuter leur projet. Cet homme que Murray désignait perfidement à l'amour de sa sœur, que les grands du royaume présentaient à la reine par leur requête comme un époux qu'elle devait choisir ; cet homme qui avait joué le personnage de ravisseur pour la forcer de lui donner sa main, Bothwel enfin, était marié depuis deux ans et avait épousé une femme de mérite, d'une naissance illustre et sœur du comte Huntley. Mais des gens aveuglés par leurs passions et familiarisés avec le crime ne sont pas longtemps arrêtés par les bienséances. La poursuite d'un divorce entre Bothwel et sa femme fut commencée, et ce procès fut instruit en même temps en deux tribunaux différents, ou, pour mieux dire, opposés : la juridiction de l'archevêque de Saint-Andrews, dont les juges étaient catholiques et suivaient le droit canon ; et le nouveau consistoire, ou la cour des commissaires, dirigé par les principes des docteurs réformés. Le motif produit devant chacun de ces tribunaux était approprié aux maximes qui y étaient établies : on fit valoir à l'archevêché le prétexte de la consanguinité, parce que Bothwel était parent de sa femme au quatrième degré ; mais dans le consistoire, on mit en usage contre lui l'adultère. Les parties qui demandaient le divorce étaient différentes aussi dans les différents tribunaux : Bothwel s'était pourvu à l'archevêché ; sa femme l'attaquait devant l'autre cour ecclésiastique. Chaque question, dans chaque cour, fut établie, plaidée, examinée et jugée avec tant de célérité, qu'en quatre jours on obtint de toutes deux une sentence de divorce.

Ce divorce ainsi déclaré, on pensa qu'il était convenable que Marie revînt à Édimbourg ; qu'elle se présentât devant les cours de judicature, et qu'elle se reconnût elle-même rendue en liberté. Cette précaution avait sans doute semblé nécessaire pour prévenir dans la suite toute chicane sur la validité de son mariage. On donna l'ordre de publier dans l'église des bans entre la reine et le duc d'Orkney, titre nouveau de Bothwel. Craig, ministre d'Édimbourg, fut chargé de cette formalité. Non-seulement il refusa de la remplir, mais il désapprouva publiquement ce mariage dans ses sermons, et exhorta tous ceux qui avaient accès auprès de la reine de la détourner d'une alliance si scandaleuse. Cité devant le conseil pour y rendre compte de sa témérité, il y montra un courage qui devait faire rougir les grands du royaume de leur bassesse et de leur servilité. Il soutint que, selon les lois de l'Église, le comte Bothwel, ayant été convaincu d'adultère, ne pouvait se remarier; que le divorce entre lui et sa femme avait été évidemment obtenu par collusion, comme le prouvaient la précipitation de la sentence et la conclusion subite de son mariage avec la reine; que les soupçons du public sur l'assassinat du roi et sur l'intelligence de la reine dans son enlèvement recevraient par là force de démonstration. Il exhorta donc Bothwel, présent à ce discours, à ne pas persévérer plus longtemps dans une entreprise si criminelle; et, portant la parole aux conseillers d'État, il les somma d'employer tout leur crédit auprès de la reine pour la détourner d'un projet qui la couvrirait d'un opprobre éternel. Il ne s'en tint pas encore à cet avertissement : il saisit la première occasion qu'il eut de monter en chaire pour instruire le public de tout ce qui s'était passé; il manifesta la crainte qui lui restait qu'au mépris de toutes remontrances Marie ne persistât opiniâtrément dans sa résolution funeste.

« Pour moi, continua-t-il, j'ai déjà satisfait à ma conscience, et je prends encore le ciel et la terre à témoin que j'abhorre, que je déteste ce mariage aussi scandaleux qu'abominable aux yeux du genre humain; mais puisque les grands, comme je m'en aperçois, autorisent cette union par leurs flatteries ou leur silence, je conjure tous les fidèles d'adresser leurs prières ferventes au Tout-Puissant pour qu'une résolution formée contre les lois, la raison et la bonne conscience puisse, par la miséricorde divine, tourner à l'avantage du royaume. »

Ce discours irrita extrêmement la cour. Craig fut cité au conseil pour y rendre compte de l'audace avec laquelle il avait passé les bornes de son ministère. Il répondit que son ministère n'avait de bornes que la parole de Dieu, les bonnes lois et la raison naturelle; que si l'on jugeait le mariage de la reine conformément à l'une de ces trois règles des actions humaines, il paraîtrait infâme et déshonorant aux yeux du monde entier. Cette fermeté héroïque dans un simple ecclésiastique imposa tellement au conseil, que Craig fut congédié sans autre réprimande et sans aucun châtiment.

Tout ce qui se passait aurait dû tirer Bothwel et la reine de leur ivresse, et les instruire à la fois des dispositions du peuple et de leur impuissance à y résister; ils s'opiniâtrèrent à courir à leur ruine certaine. Le mariage fut célébré par l'évêque d'Orkney, protestant, que l'Église déposa dans la suite pour le punir de cette condescendance scandaleuse. Peu de personnes de qualité assistèrent à cette cérémonie. La plupart d'entre elles, cédant ou à la honte, ou à la crainte, s'étaient retirées dans leur terre. Le Croc, ambassadeur de France, homme déjà avancé en âge, plein d'honneur et de fermeté, refusa constamment, quoique attaché à la maison de Guise, de paraître applaudir à cette union par sa présence. La cour de France fit tous ses efforts pour s'opposer à ce mariage; mais la reine d'Écosse, jusqu'alors si docile aux conseils des parents qu'elle avait dans ce royaume, n'eut aucun égard à leur sentiment dans cette circonstance.

La nouvelle de cet événement s'étant répandue dans les pays étrangers, remplit l'Europe d'étonnement, et couvrit d'infamie non-seulement les principaux coupables, mais encore toute la nation, qui semblait, par sa soumission, son silence et son approbation même, autoriser ce lien scandaleux. Bientôt les premiers bruits répandus contre Marie, qui l'accusaient d'avoir eu part au meurtre du roi, se renouvelèrent avec plus de force que jamais; le nouveau mariage de cette princesse semblait les confirmer jusqu'à la démonstration : on disait hautement partout que, quoiqu'on n'eût encore produit aucune preuve directe et particulière de sa culpabilité, les dernières circonstances de sa conduite suffisaient non-seulement pour la rendre suspecte de ce forfait, mais même pour l'en convaincre; que sa réconciliation subite avec son époux, qu'elle avait haï si longtemps et à juste titre; la démarche de le ramener à la cour, après l'en avoir écarté à force de mépris et de mauvais procédés, et l'affectation d'avoir un logement près du sien, étaient des circonstances peu importantes en elles-mêmes, mais qui, comparées aux événements dont elles étaient suivies, formaient un corps de preuves contre cette princesse; qu'on s'attendait au moins qu'après l'assassinat du roi, elle aurait une conduite plus circonspecte, plus sévère qu'auparavant, et une extrême impatience de punir les assassins, afin de se disculper elle-même de tout soupçon et de se mettre à l'abri de tout reproche; qu'une femme qui se serait respectée n'aurait pas donné à un homme, publiquement accusé d'avoir assassiné son époux, accès auprès d'elle, et encore moins une place dans ses conseils, et ne l'aurait pas comblé de faveurs et revêtu d'autorité; qu'un acte d'absolution expédié dans l'absence des accusateurs était très-peu propre à satisfaire le public, surtout quand cette absence était l'ouvrage des manœuvres concertées pour précipiter ce jugement, et l'effet de la terreur dont son penchant déclaré pour le coupable avait frappé tout le monde; que la seule idée de son mariage avec un homme de ce caractère, et dans de pareilles conjonctures, était révoltante; que l'expédient qu'elle avait imaginé, d'extorquer le consentement de la noblesse et de se faire relever ensuite pour justifier le sien même, était un artifice grossier, plus capable de déceler son crime que de prouver son innocence; qu'une femme qui laisse apercevoir ainsi qu'elle se sent digne de reproche, et qui cependant, loin de rectifier une conduite inexcusable, ne cherche que des ruses pour y persévérer impunément, montre le peu d'égard qu'elle a pour sa réputation et laisse croire à des excès encore plus honteux; qu'épouser un homme qui, quelques jours auparavant, avait si scandaleusement fait divorce avec sa femme, et que l'on croyait le meurtrier du roi, était une action si contraire aux plus simples règles de conduite, qu'un aveu d'imprudence ou d'indiscrétion ne pouvait être une excuse pour la pallier; que l'on voulait bien encore supposer, à la justification de Marie, que Bothwel, présumant trop de ses préventions en sa faveur, avait consommé l'attentat sans lui en communiquer le projet; que cependant un amour si subit, si passionné pour un homme qu'elle connaissait depuis longtemps, ne pouvait guère se concevoir, sans qu'on supposât entre eux une intelligence antérieure et déjà criminelle; qu'en paraissant affronter ensuite les reproches les plus amers et le danger le plus redoutable sans être arrêtée par la honte ou par la prudence, elle forcerait le public à conclure que le devoir et l'humanité n'avaient plus d'empire sur elle.

Tel était le sentiment général de l'Écosse. Les ministres protestants, depuis longtemps ennemis de Marie, se servirent du crédit qu'ils avaient dans la nation pour y répandre la persuasion du crime de leur souveraine; ils parvinrent à donner contre elle les impressions les plus défavorables. La haute noblesse, et même une partie de celle qui avait été contrainte d'abord de signer la requête en faveur du mariage de Bothwel, s'assembla à Stirling, et forma une association pour veiller à la sûreté du jeune prince royal, et pour punir les meurtriers de son père. Le comte de Morton, lord Hume et beaucoup d'autres entrèrent dans cette association avec chaleur. Le comte de Murray ayant excité et prévu l'orage qui allait fondre sur sa patrie, et ne voulant s'engager dans aucune faction, avait demandé à la reine, et obtenu d'elle, quelque temps auparavant, la permission de se retirer en France.

Lord Hume prit les armes le premier : il rassembla un corps de huit cents chevaux, avec lequel il vint brusquement investir la reine et Bothwel, dans le château de Borthwic. Ils trouvèrent le moyen de s'échapper et de s'enfuir à Dunbar, tandis que les seigneurs confédérés assemblaient leurs troupes et concertaient leurs opérations à Édimbourg. Si Bothwel eût été assez prudent pour se tenir à couvert dans la forteresse de Dunbar, ses ennemis auraient été obligés de se disperser faute d'argent et de subsistances. Mais ayant appris que les lords, manquant de tout, étaient réduits à la dernière extrémité, il eut la folie de se mettre en campagne et de s'avancer sur eux. Les armées se rencontrèrent à six milles d'Édimbourg. Marie s'aperçut bientôt que ses propres troupes désapprouvaient sa cause, et n'étaient nullement disposées à verser leur sang pour la soutenir. Après quelques bravades de Bothwel, dans lesquelles il fit paraître peu de courage, Marie ne trouva d'autre ressource que d'entrer en pourparlers avec de Grange, et de se livrer elle-même entre les mains des confédérés, après en avoir tiré quelques promesses vagues. On la conduisit à Édimbourg à travers les insultes de la populace, qui lui reprochait toutes sortes de crimes. On eut même la cruauté de tenir sous ses yeux, qu'elle détourna de cet objet horrible, une bannière sur laquelle étaient peints le meurtre de son époux et le triste état de son fils malade. L'infortunée Marie, ne pouvant plus supporter tant d'outrages accumulés, eut recours aux larmes et aux gémissements.

Quant à Bothwel, il s'était enfui vers la mer. Ayant trouvé des vaisseaux qui allaient mettre à la voile pour les Orcades, il s'y embarqua, et vécut quelque temps dans ces îles du métier de pirate. Il y fut poursuivi par de Grange; celui-ci l'atteignit, prit le vaisseau qu'il montait, et quelques-uns de ses domestiques. Ceux-ci, après avoir révélé toutes les circonstances du meurtre du roi, furent exécutés pour ce crime. Il est à remarquer que, malgré les tortures qu'on leur fit endurer, ils persistèrent à nier la complicité de Marie dans cette malheureuse affaire. Bothwel, étant parvenu à se sauver dans une chaloupe, passa en Danemark. Il y fut jeté en prison : sa raison s'égara, et il mourut misérablement au bout de dix ans, digne fin d'une vie passée dans les forfaits.

La reine d'Écosse était au pouvoir d'une faction dont la fureur était encore augmentée par le fanatisme. On lui faisait endurer tous les mauvais traitements auxquels doit s'attendre un souverain dépossédé de son autorité et vaincu par ses sujets. Les rebelles, prévoyant le danger auxquels ils seraient exposés si Marie reprenait le dessus, se déterminèrent à procéder contre elle avec la dernière rigueur. Ils l'envoyèrent le lendemain, sous bonne escorte, dans le château de Lochlevin, situé sur le lac de ce nom. La maîtresse de ce château était mère du comte de Murray ; et, comme elle prétendait avoir été légitimement mariée au feu roi d'Écosse, père de Marie, elle haïssait naturellement cette princesse, et la traita avec toute la dureté possible.

Élisabeth, exactement informée de tous ces événements, parut un instant touchée de compassion pour le sort de l'infortunée Marie. Comme ses craintes et sa jalousie étaient un peu calmées par la ruine certaine de sa rivale et l'avilissement où elle était tombée, elle commença à réfléchir sur l'instabilité des choses humaines, sur le peu de solidité de la grandeur royale, et sur le danger de fomenter l'esprit de rébellion parmi le peuple. Elle eut peur que la contagion de la révolte ne gagnât ses propres sujets ; aussi résolut-elle d'employer son intervention pour diriger elle-même les troubles de l'Écosse, et tâcher de les apaiser à son avantage.

La reine d'Angleterre envoya un ambassadeur en Écosse pour faire des représentations de sa part aux confédérés ; elle lui ordonna en même temps d'aller trouver Marie, et de lui dire en son nom que la conduite de cette princesse lui avait paru si étrange et si odieuse à bien des égards, qu'elle n'avait pu s'empêcher d'en être révoltée, que, malgré les mouvements involontaires de sa pitié, elle avait d'abord résolu de ne se point mêler de ses affaires, de ne lui donner ni conseils ni secours, et de l'abandonner comme une personne dont la situation était entièrement désespérée et le déshonneur irréparable ; qu'elle était bien instruite que les princes étrangers et même les plus proches parents de Marie avaient tous pris une semblable résolution ; mais que les derniers événements l'attendrissaient et lui faisaient concevoir des idées plus favorables aux intérêts et à la liberté d'une reine infortunée, qu'elle ne voulait pas la voir opprimer plus longtemps par ses sujets rebelles; qu'elle emploierait au contraire sa médiation et même son pouvoir pour la tirer de sa captivité et la placer dans un état convenable à sa dignité et à la tranquillité de ses peuples; qu'elle invitait cette princesse à renoncer à tout sentiment de vengeance, excepté contre les assassins de son époux; qu'à titre de sa proche parente, elle était plus en droit que les sujets de Marie d'interposer son autorité sur cet article; qu'elle priait donc cette princesse, si elle était encore sensible à sa gloire et à sa sûreté, de ne point se refuser à une demande si juste et si raisonnable; qu'après avoir pourvu à ces deux grands objets, c'est-à-dire à sa liberté et à la punition des meurtriers du roi, on s'occuperait ensuite de la sûreté du jeune prince son fils; que le meilleur parti à cet égard serait de le faire élever en Angleterre; qu'indépendamment de ce qu'on le mettrait à l'abri des convulsions du gouvernement et des factions de l'Écosse, on lui procurerait d'autres avantages qu'il était aisé de prévoir comme une suite nécessaire d'avoir reçu son éducation parmi les Anglais.

Élisabeth, comme on le voit, se conduisait en politique aussi habile qu'artificieuse; sous le manteau de la compassion elle cachait des desseins perfides qu'elle finit par dévoiler.

Les démarches que l'ambassadeur anglais fit auprès des seigneurs confédérés ne furent pas bien menaçantes. Ceux-ci proposèrent quatre manières de traiter avec Marie : la première était de la rétablir dans son autorité, mais à des conditions qui en resserraient étroitement les limites; la seconde, de l'obliger à céder la couronne au prince son fils, de la bannir du royaume, de la confiner ou en France ou en Angleterre, avec l'assurance, de la part du souverain dans les États duquel elle résiderait, qu'elle ne ferait aucune tentative pour troubler le gouvernement établi en Écosse; la troisième, de lui faire son procès pour les crimes dont ses ennemis prétendaient avoir des preuves incontestables, et de la condamner à une prison perpétuelle; la quatrième, encore plus rigoureuse, de lui faire subir une peine capitale après son jugement.

L'ambassadeur se déclara pour la déposition de Marie et le couronnement de son jeune fils.

Dès que cette dernière mesure fut arrêtée de part et d'autre, on vit plusieurs concurrents aspirer à la régence. Le comte de Lenox réclamait cette place comme grand-père du prince mineur. Le duc de Châtellerault, alors en France, la demandait à titre de plus proche héritier de la couronne. Mais la plus grande partie des lords révoltés penchaient en faveur de Murray, qui avait eu le talent de se les attacher, et possédait la confiance de tous les ministres et de tous les protestants les plus zélés.

Lorsque toutes les mesures furent concertées, on dressa trois actes, qu'on envoya à la reine. Le premier était une abdication de la couronne en faveur de son fils; le second établissait le comte de Murray régent du royaume; et le troisième nommait un conseil pour l'administration du gouvernement jusqu'à l'arrivée du comte, qui se trouvait en France. Marie, ne voyant aucune apparence d'être secourue, craignant avec raison pour sa vie même, persuadée d'ailleurs que tout ce qu'elle ferait pendant sa captivité serait nul, signa les trois actes, qu'elle ne voulut seulement pas avoir la douleur de lire. En conséquence de cette abdication forcée, le jeune prince fut proclamé roi sous le nom de Jacques VI. Il fut ensuite couronné à Stirling; le comte de Morton prêta en son nom le serment qui se faisait à cette cérémonie, et la promesse d'extirper l'hérésie n'y fut pas oubliée. On favorisa aussi à cette occasion quelques prétentions du peuple assez républicaines. On frappa aussitôt une médaille, qui avait pour inscription cette fameuse devise de Trajan : *Pro me; si non merear, in me* : Pour moi; si je ne le mérite pas, contre moi.

Le conseil de régence n'exerça pas longtemps ses fonctions. Murray arriva bientôt de France, et se mit en possession de l'autorité. Il rendit visite à la reine captive, et lui parla avec une insolence, une dureté qui devenait cruelle et révoltante à cause de la triste situation de sa malheureuse sœur. Un traitement si barbare éteignit dans le cœur de cette princesse ce qui lui restait d'affection pour lui. Murray fit plus : rompant publiquement tous les liens que la bienséance conservait encore entre eux, il convoqua un parlement qu'il dirigeait et qui, après avoir déclaré que la reine était évidemment complice du meurtre de son époux, ratifia son abdication, reconnut son fils pour roi et Murray pour régent. Le comte, qui, du reste, était très-habile en matière de gouvernement, travailla efficacement à apaiser les troubles qui agitaient le royaume ; il gagna sir Jacques Balfour, qui lui remit le château d'Édimbourg ; il contraignit la garnison de Dunbar à lui ouvrir les portes de cette forteresse et la fit démolir.

En vain tout semblait favoriser le nouveau gouvernement et plier sous l'autorité de Murray ; une révolution de cette nature ne pouvait se faire sans causer de grands mécontentements. Il n'était pas vraisemblable qu'on pût, sans obstacle et sans trouble, établir une administration nouvelle dans un pays où le gouvernement, même le plus fixe, n'avait qu'une autorité désunie. Peu de grands s'étaient empressés à soutenir Marie tant que Bothwel avait été présent ; mais le départ de cet homme odieux avait changé les dispositions de la plupart d'entre eux. Le duc de Châtellerault, privé de la régence, n'était partisan ni de Murray, ni du conseil. Les créatures de ce duc et tous ceux qui lui étaient attachés, dont le nombre était considérable, adoptèrent ses sentiments : plusieurs des grands seigneurs confédérés, jaloux que leurs collègues se fussent emparés de toute l'autorité, formèrent une faction à part pour s'y opposer. Indépendamment d'un reste d'affection et de fidélité pour Marie, contre laquelle les lords mécontents trouvaient qu'on avait porté les choses trop loin, le désir de s'étayer eux-mêmes du nom de cette princesse acheva de les ramener à son parti. Tous ceux qui conservaient quelque penchant pour la religion catholique étaient inclinés à s'y joindre. Le peuple même en général, quoiqu'il eût d'abord détesté Marie ou blâmé son imprudence, commençait à s'émouvoir de sa situation présente; il s'attendrissait sur ses infortunes; il gémissait en voyant une princesse comblée des dons de la nature, placée au rang suprême, et cependant traitée avec tant de rigueur et de sévérité. Animés par tous ces motifs, plusieurs des principaux de la noblesse, alors zélés pour les intérêts de la reine d'Écosse, s'assemblèrent à Hamilton, et concertèrent les moyens de la servir.

Tous ces mouvements se faisaient en faveur de Marie sans qu'elle en pût être informée; car la surveillance qu'on exerçait autour d'elle était très-active, et c'est à peine si on lui permettait de se promener chaque jour quelques heures dans une petite cour qui donnait sur sa prison.

Marie était depuis deux mois plongée dans cette étroite captivité, lorsqu'un jeune fils du comte de Douglas, vivement touché des malheurs de sa reine, forma le dessein de les terminer ou de les adoucir. Un jour qu'elle versait des larmes, la tête penchée sur la fenêtre de sa prison, l'enfant s'approcha d'elle, et, lui donnant les marques de la plus grande sympathie :

« Écoutez, madame, dit-il, si Votre Majesté veut être libre, je puis lui en offrir les moyens. Nous avons ici, plus bas, une porte par laquelle nous sortons quelquefois, quand nous voulons nous promener sur le lac, il me sera facile de m'en procurer la clef; j'aurai soin de tenir une barque toute prête, et nous nous sauverons ensemble, car j'ai tout à craindre de la fureur de mon père, si je reste ici. »

La reine, étonnée, accepta avec transport la liberté qui lui était offerte; elle remercia son libérateur, lui recommanda le plus profond silence, et lui promit une fortune et des honneurs qui passeraient ses espérances, s'il parvenait à briser ses chaînes. Se servant ensuite de son mouchoir blanc pour écrire une lettre, elle instruisit de son projet le vicomte de Selon, l'un de ses partisans, et lui indiqua l'heure et le lieu où il devait l'attendre de l'autre côté du lac. Le jeune Douglas exécuta ponctuellement ce qu'il avait promis. La reine reçut la clef, ouvrit la porte de la tour, descendit vers le lac sans avoir été vue de personne, puis entra dans la barque avec son petit compagnon de fortune. Marie dirigea elle-même le frêle batelet, les mains de l'enfant étant encore trop faibles pour manier les rames. Déjà elle gagnait le large et s'éloignait du château, lorsqu'elle fut aperçue du haut de la tour par une de ses femmes, nommée Quenède. Celle-ci, ne pouvant se résoudre à perdre sa maîtresse, se précipita dans le lac, où elle trouva la mort, qu'elle jugeait, dans cette circonstance, préférable à la vie.

Marie, étant parvenue à l'autre rive, eut le bonheur d'y être reçue par le vicomte de Selon, qui l'accueillit avec les transports de la joie la plus vive et la plus respectueuse. Bientôt une troupe de guerriers, qui lui étaient restés fidèles, protégent sa fuite ; leur troupe se grossit en marchant, et, en peu de temps, la reine se trouve à la tête de sept à huit mille hommes pleins de valeur. Les cohortes des rebelles ne tardèrent pas à venir au-devant d'elle pour s'opposer à sa marche. Un combat terrible eut lieu. Les deux partis n'étaient pas seulement animés par des sentiments politiques, ils étaient encore excités par des haines religieuses. Les soldats de Marie étaient catholiques : ses ennemis étaient protestants. Ceux-ci, beaucoup plus nombreux et emportés par le fanatisme, eurent le dessus. Cinquante-sept seigneurs de la maison des Hamilton, et alliés de la reine, mordirent la poussière dans cette fatale journée.

La reine d'Écosse fut contrainte de prendre la fuite. Elle délibéra quelque temps pour savoir si elle dirigerait ses pas du côté de la France. Une mauvaise honte l'empêcha de choisir ce dernier parti. Elle ne voulait pas retourner, comme une criminelle et un objet de pitié, dans un pays où, quelques années auparavant, elle était entrée en reine, et où elle avait reçu les honneurs et l'encens dus aux mérites réunis de la naissance, de l'esprit et de la beauté. Marie se décida à se retirer en Angleterre, d'où elle espérait pouvoir se ménager les moyens de rentrer chez elle.

L'archevêque Hamilton, qui devinait les projets d'Élisabeth, conjura Marie, les larmes aux yeux, de gagner la France, et de ne pas se livrer de gaieté de cœur à ses ennemis.

Sur ces entrefaites, elle reçut dans une lettre quelques marques d'intérêt de la reine d'Angleterre. Marie alors n'hésita plus : elle entra dans un royaume où elle se croyait appelée, et se jeta dans les bras de celle qui tramait secrètement sa perte.

Marie, qui s'était embarquée sur un bateau de pêcheur, descendit le même jour à terre, non loin de Carlisle. Elle envoya sur-le-champ un courrier à Londres pour donner avis de son arrivée; elle fit demander instamment la permission de voir Élisabeth et d'implorer sa protection, en conséquence des protestations d'amitié qu'elle avait reçues de cette princesse.

Élisabeth était ravie d'avoir en son pouvoir celle qu'elle avait toujours considérée comme une rivale. Au sujet de cette rivalité, qui a été la cause de si grandes infortunes, arrêtons-nous un instant pour dire quelques mots. Marie Stuart avait, par sa naissance, des droits héréditaires à la couronne d'Angleterre. Lors de son union avec François II, elle avait été désignée dans l'acte du contrat de mariage comme reine d'Écosse et d'Angleterre. Cette désignation fut considérée par Élisabeth comme une prétention au trône qu'elle occupait, sa haine et sa jalousie datent surtout de ce moment-là. Melvil, qui fut plusieurs années ambassadeur d'Écosse auprès de la cour de Londres, a rapporté dans ses *Mémoires* divers traits de cette princesse, qui peignent assez bien le caractère frivole et jaloux que les historiens attribuent généralement à Élisabeth. Melvil était parvenu à s'insinuer dans la confiance de la reine d'Angleterre, et celle-ci s'oublia quelquefois en sa présence, au point de laisser lire jusqu'au fond de son cœur. Un jour, il causait avec elle de ses voyages; Melvil avait soin de mêler à son récit quelques mots sur les différentes parures dont les femmes faisaient usage dans les divers pays où il avait été, et de remarquer les avantages que chacune de ces modes ajoutait à la taille ou à la beauté. La reine se vanta d'avoir des habits à la mode de toutes les nations; et depuis ce moment elle eut soin de paraître tous les jours aux regards de l'ambassadeur avec un habit nouveau. Tantôt elle était vêtue à l'anglaise, tantôt à l'italienne et tantôt comme en France. Élle lui demanda une fois lequel de ces ajustements lui allait le mieux :

« L'italien, » répondit-il avec intention.

Melvil n'ignorait pas que cette préférence lui serait agréable, parce que la coiffure d'Italie laissait flotter les cheveux, et qu'Élisabeth croyait les siens extrêmement beaux, quoiqu'ils fussent d'un blond très-ardent. Elle voulut, en outre, savoir de lui quelle était la couleur de cheveux la plus estimée, et qui, d'elle ou de sa maîtresse, avait quelque avantage à cet égard. Melvil aurait bien voulu se soustraire à de pareilles questions, qui étaient assez embarrassantes pour lui; mais à peine avait-il répondu à l'une, qu'une nouvelle surgissait aussitôt, tout aussi difficile que les autres. Élisabeth, continuant à interroger l'ambassadeur, poussa la curiosité de l'amour-propre inquiet jusqu'à lui demander laquelle des deux reines il trouvait la plus belle. Melvil dut, en cette circonstance, faire usage de toute sa science diplomatique; il fit à une question aussi délicate, avec beaucoup de finesse la réponse suivante :

« Votre Majesté est la plus belle personne de l'Angleterre, et ma maîtresse, la plus belle personne de l'Écosse. »

Élisabeth s'informa ensuite du rapport qui existait entre leurs tailles. Melvil fut obligé de dire que sa maîtresse était la plus grande :

« Elle est donc trop grande, reprit la reine avec quelque dépit, car ma taille est dans les justes proportions. »

Elle sut de lui que Marie s'amusait quelquefois à jouer du clavecin, talent qu'elle-même possédait avec supériorité. Elle donna ordre à lord Hundson de conduire un jour Melvil, comme par hasard, dans un cabinet d'où il pût l'entendre jouer de cet instrument ; l'ambassadeur l'écouta quelque temps ; et comme s'il eût été transporté des charmes de cette harmonie, il entra brusquement dans l'appartement où était la reine. Elle feignit de se fâcher, mais elle ne laissa pas de l'interroger encore sur la différence de l'habileté de Marie à la sienne... Tous ces détails firent conclure à Melvil qu'à son retour en Écosse il pourrait assurer Marie qu'elle ferait bien de ne jamais compter sur l'affection d'Élisabeth, dont toutes les démonstrations d'amitié n'étaient que fausseté et dissimulation.

Lorsque Élisabeth vit Marie en sa possession, elle fut satisfaite intérieurement ; mais elle hésita sur la manière dont elle devait la recevoir et sur le sort qu'elle devait lui faire subir. Elle assembla son conseil pour s'éclairer à cet égard, ou plutôt pour se décharger en partie d'une responsabilité qui pesait à sa conscience. Cécil, l'un de ses conseillers, qui connaissait les opinions et les sentiments de la reine, alla au-devant de ses désirs, en lui parlant, en présence des autres ministres, de toute l'importance qu'il y avait de peser toutes les considérations qui se rencontraient dans une conjoncture si critique. Il lui représenta que la faction qui avait détrôné Marie, et qui s'était emparée du gouvernement de l'Écosse, était composée des partisans de l'alliance de l'Angleterre, tous engagés par la religion et l'intérêt à persévérer dans leur union avec Élisabeth ; que Marie, avant sa rupture violente avec ses sujets protestants, était absolument livrée aux conseils de la France ; qu'elle serait encore plus docile aux vues de cette puissance, lorsque son crédit et celui des catholiques zélés seraient les seules ressources que cette princesse se fût laissées, par sa conduite ; que la reine d'Angleterre ne pouvait procéder avec trop de circonspection, dans le dessein de rétablir sa rivale sur le trône; qu'il fallait surtout, si l'on faisait cette entreprise, que les Anglais seuls l'exécutassent, et que le fait de la réforme et des réformés fût assuré en Écosse; mais qu'il était encore plus essentiel de s'assurer de la personne de Marie; qu'on aurait lieu de craindre que cette princesse, trouvant dans la protection de l'Angleterre des réserves auxquelles elle ne se serait pas attendue, ne prît brusquement le parti de se sauver en France, et n'employât des forces étrangères pour remonter sur son trône; que, dans la position où elle était, ses affaires désespérées, sa réputation flétrie, elle ne serait pas délicate sur le choix des moyens; que le ressentiment qu'elle conserverait de s'être vue ainsi abandonnée d'Élisabeth, joint à son ambition et à son zèle outré pour sa religion, en feraient à l'Angleterre une ennemie implacable; qu'Élisabeth, dans une situation si critique, quand même on lui proposerait de garder la neutralité, ne pourrait y consentir sans s'exposer aux plus grands dangers; qu'il était indispensable d'arrêter Marie, soit que l'Angleterre voulût employer ses forces pour elle ou contre elle; qu'à la vérité la générosité était la vertu des grands princes, mais qu'il serait de la dernière imprudence d'en suivre les mouvements dans une circonstance aussi délicate que celle où la reine se trouvait actuellement; qu'elle ne pouvait prendre aucun parti auquel sa tranquillité et les intérêts de ses peuples ne fussent intimement liés; que si le spectacle d'une rébellion suivie de succès était désagréable à tous les souverains, et surtout à ceux des pays voisins, l'imprudence de Marie, et la légèreté de sa conduite, justifieraient le soulèvement des Écossais; qu'avec tant de raisons de se révolter, leur exemple ne serait pas regardé comme dangereux par les autres princes; qu'il fallait avant tout qu'Élisabeth constatât d'une façon régulière, et qui pût satisfaire tout le monde, l'étendue du crime imputé à Marie, pour déterminer en conséquence le degré de protection qu'elle devait lui donner contre ses sujets mécontents; que si la gloire la plus grande était de soutenir l'innocence opprimée, le plus grand de tous les abus était de protéger les vicieux et les assassins sur le trône ; que le crime de la reine d'Écosse se trouvant, après une recherche exacte, aussi certain, aussi énorme qu'on le publiait et qu'on le croyait, tous les partis que la politique pourrait dicter contre elle, seraient dès lors justifiés ; qu'au contraire, s'il était prouvé qu'elle fût innocente, tous les procédés dont l'amitié est capable deviendraient glorieux.

Élisabeth parut frappée de ces considérations. Elle manifesta l'intention de suivre l'avis de son ministre, et résolut, sous les dehors d'un sincère attachement, de prendre des mesures pour s'assurer de la personne de Marie. Elle envoya ordre sur-le-champ à lady Scrope, sœur du duc de Norfolk, d'aller rendre ses devoirs à la reine d'Écosse, qui était dans son voisinage. Quelque temps après, Élisabeth lui envoya lord Scrope lui-même, gouverneur des frontières, et sir François Knolles, vice-chambellan. Ils trouvèrent cette princesse déjà logée dans le château de Carlisle. Après l'avoir assurée du tendre intérêt qu'Élisabeth prenait à ses derniers malheurs, ils lui dirent qu'il était actuellement impossible à cette princesse de recevoir sa visite et de l'admettre en sa présence ; que, jusqu'au moment où Marie se serait entièrement justifiée du meurtre de Henri, dont elle était forcément accusée, Élisabeth ne pouvait décemment paraître insensible à l'assassinat d'un de ses plus proches parents. Un discours si cruel et si peu attendu arracha des larmes à Marie. Elle céda cependant à la nécessité de sa situation, et répondit que son intention était de se justifier aux yeux de sa sœur (1) de toutes les horreurs qu'on lui imputait, et qu'elle soumettait volontiers sa cause à l'arbitrage d'une si bonne amie. Deux jours après, elle envoya lord Herreis à Londres, avec une lettre où elle confirmait les mêmes sentiments.

Ce consentement, que Marie ne pouvait refuser à cause des circon-

(1) Le mot *sœur* ne doit pas être pris ici à la lettre. Les souverains de l'Europe, dans leurs rapports respectifs, se traitent de frères, comme les reines de sœurs.

stances où elle se trouvait, était le point attendu et désiré d'Élisabeth. Elle expédia sur-le-champ un messager au régent d'Écosse, pour lui dire de cesser toutes poursuites contre le parti de Marie, et d'envoyer quelqu'un à Londres pour faire connaître les charges qui pesaient contre cette princesse. Murray, très-content de la mesure que prenait Élisabeth, répondit qu'il se transporterait en personne en Angleterre, accompagné de plusieurs autres commissaires, et qu'il était bien aisé de pouvoir faire connaître la vérité devant un tribunal que l'on ne pouvait accuser de partialité.

Élisabeth et Murray avait le même intérêt à ce que le jugement eût lieu. La flétrissure publique de Marie consolidait le pouvoir de l'un, et satisfaisait la jalousie et les vues politiques de l'autre.

Lord Herreis aperçut bientôt que sa maîtresse s'était engagée trop loin en donnant sa parole; il s'efforça de prouver que Marie ne pouvait, sans déroger à la majesté du trône, descendre à une discussion avec des sujets rebelles devant un souverain étranger. Il demanda, ou que l'Angleterre accordât un secours présent à cette princesse, ou qu'il lui fût permis de passer en France. Cependant, pressé par le conseil anglais de tenir ses premiers engagements, Herreis fut obligé d'y acquiescer de nouveau; mais, quelques jours après, il se rétracta encore, et ce fut alors que le fidèle Écossais écrivit à la reine d'Angleterre la lettre suivante :

« La reine, ma maîtresse, qui ne vous est en rien sujette, si ce n'est par son malheur, vous supplie de considérer que c'est un fait sans exemple, et surtout d'une très-pernicieuse conséquence, que de laisser agir et plaider contre elle des sujets rebelles, qui, n'ayant pu s'en débarrasser par les armes, se permettent de l'assassiner sous l'apparence de la justice, dans vos propres États. Ayez compassion, madame, de celle qui a mis sa confiance en vous, en acceptant l'hospitalité que vous lui avez offerte; elle a éprouvé déjà tant de malheurs ! Après les tortures est venu le meurtre de son mari, et après sont encore venus la captivité et des outrages de toute espèce. Aujourd'hui, ce sont des rebelles qu'on entend contre leur reine, leur dame et leur juge légitime. Où sommes-nous et que faisons-nous? Si la nature nous a placés aux extrémités du monde, elle ne nous a pas confinés au delà de toute humanité: c'est pour votre sang, madame, pour votre parenté, pour l'une des meilleures reines du monde, que Votre Majesté fait préparer des échafauds sanglants, dans un pays où la reine d'Écosse n'attendait que des faveurs. Je n'ai point de paroles pour défendre convenablement celle que je vous supplie de sauver, mais je suis prêt à venir aux effets, et à prouver l'innocence de ma reine par des témoignages irrécusables, et par des pièces écrites et souscrites de la main des accusateurs eux-mêmes. Que si cela ne suffit pas, je m'offre, avec la permission de Votre Majesté, de soutenir un combat singulier contre le plus déterminé de tous ceux qui poursuivent ce jugement, osant réclamer de votre équité cette grâce en faveur de celle que l'on voudrait mettre dans la position de ne plus jamais rien espérer de votre bonté. »

La reine d'Écosse ne marqua pas moins d'aversion pour le jugement proposé. Élisabeth eut besoin de toute son adresse et de toute son astuce pour l'empêcher de rompre l'arrangement qui avait d'abord été consenti. Elle ne cessait de répéter à Marie qu'elle ne voulait évoquer cette affaire qu'avec son approbation et son consentement; qu'elle ne doutait pas qu'on ne détruisît aisément toutes les calomnies de ses ennemis; que même, quand sa conduite ne serait pas démonstrativement justifiée, ajoutait Élisabeth, elle n'en était pas moins déterminée à prendre son parti, et à lui ménager un accommodement convenable; qu'elle ne prétendait point la citer à un tribunal pour y être jugée contradictoirement avec des sujets rebelles; qu'au contraire, ce serait eux qu'on y citerait pour y rendre compte de leur conduite envers leur souveraine. La reine d'Écosse, séduite par ces discours spécieux, consentit enfin que ses commissaires établissent sa justification devant ceux qu'Élisabeth nommerait de son côté.

Pendant que toutes ces négociations se passaient, lord Scrope et sir François Knolles demeuraient à Carlisle avec Marie : ils avaient le temps d'étudier son caractère et de rendre compte à Élisabeth de leurs observations. Loin d'être abattue par ses malheurs, cette princesse, inébranlable dans ses projets, active dans ses entreprises, n'aspirait qu'à reconquérir le trône qu'elle avait perdu. Elle avait résolu de s'exposer à toutes les extrémités, de combattre tous les obstacles, de tenter tous les moyens, plutôt que d'abandonner sa cause et de céder le moindre avantage à ses ennemis. Éloquente, insinuante, affable, elle avait déjà convaincu tous ceux qui l'approchaient de l'innocence de sa conduite passée; comme elle annonçait hautement qu'elle aurait recours à tous ses amis, dans toute l'Europe, et même aux infidèles et aux barbares, pour la venger de ses persécuteurs, il leur était aisé de prévoir tout ce qu'ils avaient à craindre d'elle, si jamais ils laissaient agir contre eux, dans toutes leurs forces, ses charmes, son esprit et son courage. La cour d'Angleterre, qui, sous prétexte de pourvoir à la sûreté de sa personne, la retenait effectivement prisonnière, résolut de la faire surveiller avec plus de soin. Comme Carlisle, par sa situation sur les frontières, pouvait donner à Marie de grandes facilités pour concerter son évasion, on la transféra à Balton, terre de lord Scrope; et l'issue qu'aurait la contestation de la reine d'Écosse avec ses sujets, parut alors un objet plus important aux intérêts et à la sûreté d'Élisabeth, qu'on ne l'avait cru jusque-là.

Le gouvernement anglais nomma pour examiner cette grande affaire le duc de Norfolk, le comte de Sussex et un autre seigneur. Lord Herreis, Lesley, évêque de Ross, et six autres personnes, y parurent en qualité de commissaires de la reine Marie; le comte de Murray régent; le comte de Morton, George Buchanon, historien et poëte célèbre, et quatre ou cinq autres, furent ceux du roi et du royaume d'Écosse.

C'était un moment bien glorieux pour Élisabeth, de se voir l'arbitre entre les factions intérieures d'une nation voisine, dont, pendant plusieurs siècles, l'Angleterre avait eut à redouter les attaques et la puissance. Mais ce n'était pas un événement moins capable de satisfaire la vanité de cette princesse, que celui qui remettait entre ses mains le sort et la réputation d'une reine dont la rivalité dangereuse lui avait longtemps causé les inquiétudes les plus cruelles. Élisabeth, dans quelques circonstances précédentes, avait paru pencher en faveur de Marie; mais ses intérêts emportèrent enfin la balance du côté des ennemis de cette malheureuse princesse. Élisabeth avait fait si fréquemment des protestations d'impartialité, et ces protestations avaient si bien réussi, que chaque parti accusait ses commissaires de favoriser le parti contraire. Elle semblait même, par les instructions qu'elle leur avait données, n'avoir fixé aucun plan sur la décision de cette affaire; mais elle connaissait bien tous les avantages qu'elle pouvait recueillir de cet événement, quel qu'il fût. S'il arrivait que les crimes imputés à Marie fussent prouvés incontestablement, la réputation de cette princesse serait à jamais flétrie, et l'on pouvait en conséquence la retenir avec justice dans une prison perpétuelle en Angleterre. Si, au contraire, l'accusation portée contre elle tombait faute de preuves, on la rétablirait peut-être sur le trône; mais avec un pouvoir si borné, qu'Élisabeth se trouverait toujours nécessairement l'arbitre des différends qui pourraient s'élever en Écosse, et deviendrait en effet maîtresse absolue de ce royaume.

Les commissaires de Marie, avant d'entrer dans le détail des plaintes de leur reine contre ses ennemis, protestèrent que leur acte de comparution dans cette affaire ne pourrait être regardé en aucune façon comme un acte de dépendance ou de subordination de la couronne d'Écosse à celle d'Angleterre. Les commissaires anglais reçurent cette protestation, mais en faisant de leur côté la réserve des prétentions de l'Angleterre.

Les plaintes de Marie furent lues ensuite; elles contenaient le récit de tous les outrages qu'elle avait essuyés depuis son mariage avec Bothwel ; elle accusait ses sujets d'avoir pris les armes contre elle, sous prétexte de la tirer de captivité ; et lorsqu'elle s'était mise entre leurs mains, de l'avoir retenue en prison à Lochlevin ; elle leur reprochait encore d'avoir couronné son fils à sa place, d'avoir repris les armes de nouveau contre elle après son évasion, d'avoir rejeté toutes les propositions d'accommodement qu'elle avait faites, d'avoir livré bataille à ses troupes, enfin de l'avoir contrainte, pour la sûreté de sa personne, à se réfugier en Angleterre.

Le comte de Murray répondit à ces griefs par le récit sommaire et tronqué de ce qui s'était passé en dernier lieu. Il rappela que le comte de Bothwel, le meurtrier connu du feu roi, peu de temps après ce forfait, avait enlevé la reine et l'avait conduite à Dunbar ; qu'il s'était emparé de l'esprit de cette princesse, au point de la faire consentir à l'épouser ; qu'en conséquence il avait demandé et obtenu une sentence de divorce avec sa première femme ; qu'il avait osé célébrer son mariage avec la reine ; que le scandale de cette action, la honte qui rejaillissait sur toute la nation, le danger auquel le jeune prince était exposé, de la part d'un homme audacieux, avaient engagé la noblesse à prendre les armes pour s'opposer à ses desseins criminels et à ses entreprises ; que la reine, dans la seule intention de le sauver, s'était jetée elle-même entre les mains de ses sujets ; mais qu'elle avait continué de montrer un attachement si violent pour lui, qu'ils avaient cru nécessaire à la sûreté publique de s'assurer de la personne de leur souveraine, jusqu'à ce que Bothwel et les autres assassins du roi eussent été jugés et punis ; que cette princesse, pendant sa détention, avait volontairement et sans aucune séduction ou violence, mais simplement par dégoût pour les inquiétudes et les inconvénients de la royauté, résigné la couronne à son fils, et nommé le comte de Murray régent de la minorité.

Ainsi, le principal grief que le régent reprochait à Marie, était d'avoir épousé Bothwel. Il lui faisait un crime d'avoir accompli un mariage que lui-même avait médité, négocié et excité d'abord de toute son influence.

La réplique de la reine fut simple : elle assura qu'elle n'avait jamais su ni soupçonné que Bothwel, juridiquement justifié de toute accusation, et que la noblesse du royaume lui avait même proposé pour époux, fût l'assassin du roi ; qu'elle avait toujours désiré et qu'elle désirait encore qu'il fût puni comme il le méritait, s'il était en effet coupable ; qu'elle n'avait abdiqué la couronne que par la crainte des dangers trop réels auxquels sa vie était exposée, et même qu'après des menaces positives et des violences ; que Throgmorton, l'ambassadeur d'Angleterre, ainsi que tous ses autres amis, lui avaient conseillé de signer cet acte comme le seul moyen de se sauver, et qu'ils l'avaient tous assurée qu'un consentement donné dans de pareilles circonstances ne pouvait jamais être d'aucune autorité contre elle.

La reine d'Écosse paraissait avoir remporté un si grand avantage dans cette première discussion, que les commissaires anglais auraient pu être surpris de la faible défense de Murray, et de ce qu'il supprimait ou n'osait point aborder les imputations graves sur lesquelles son parti s'appuyait le plus contre cette princesse. Le régent, s'étant aperçu du désavantage qui résultait pour lui des premiers débats, fit une visite particulière à Norfolk et aux autres commissaires anglais ; il leur avoua ses inquiétudes, leur communiqua des papiers qu'il disait être les preuves du crime de Marie, et leur demanda l'assurance de la protection d'Élisabeth, si, à l'examen, ces preuves paraissaient entièrement convaincantes. Norfolk ne fut pas fâché intérieurement des inquiétudes du régent ; il avait toujours été le partisan de la reine d'Écosse : le secrétaire Lidington, homme adroit et habile, commençait aussi à pencher du côté de cette princesse ; il engagea Norfolk à s'intéresser en sa faveur, et lui suggéra même l'idée de l'épouser. Celui-ci fut cependant obligé de rendre compte à la cour des démarches du régent. Elles se réduisaient à quatre ;

savoir : Si les commissaires anglais étaient autorisés par leur souverain à prononcer une sentence contre Marie, au cas que son crime fût pleinement prouvé ; s'ils voulaient promettre d'exercer actuellement cette autorité, et de procéder à un jugement définitif ; si la reine d'Écosse, après le jugement, serait remise entre les mains du régent, ou du moins assez bien veillée en Angleterre pour qu'elle ne pût jamais troubler la tranquillité de l'Écosse ; enfin, si Élisabeth voudrait aussi s'engager à reconnaître alors le jeune roi, et maintenir le régent dans son autorité?

Lorsque Élisabeth fut instruite de ces demandes et de ce qui s'était déjà passé dans l'assemblée des commissaires, elle commença à comprendre que cette affaire tirait vers une conclusion plus définitive et plus avantageuse qu'elle ne l'avait attendue jusqu'alors. Elle résolut donc d'en mettre la discussion au grand jour. Sous prétexte que la distance retardait l'activité de la procédure, elle ordonna à ses commissaires de se transporter à Londres, et d'y continuer les conférences. A peine furent-ils arrivés, qu'elle leur associa quelques-uns des principaux membres de son conseil. La reine d'Écosse, qui ne pénétrait rien de ces motifs secrets, espérant toujours que la crainte ou le respect empêcherait encore Murray de porter quelque accusation violente contre elle, parut satisfaite que les conférences fussent transférées ; elle s'applaudit de ce que son procès était immédiatement sous l'inspection d'Élisabeth, et dit hautement que c'était ce qu'elle avait le plus désiré. En conséquence, du commun consentement, les conférences se continuèrent à Houxtoncourt, près de Londres, et les commissaires de Marie ne firent aucune difficulté d'y assister comme auparavant.

Dans cet intervalle, Élisabeth fit une réponse satisfaisante à toutes les demandes de Murray. Elle déclara que, malgré le désir et l'espoir qu'elle avait d'être convaincue de l'innocence de Marie par l'examen actuel du procès, s'il arrivait cependant que cette princesse fût trouvée coupable du meurtre de son époux, elle la regarderait comme à jamais indigne du trône. Le régent, enhardi par cette déclaration, ne garda plus de mesures avec la reine d'Écosse. Après avoir manifesté qu'il n'en venait qu'à regret à des moyens extrêmes, il accusa Marie, en termes précis, d'avoir consenti et participé à l'assassinat du roi. Le comte de Lenox parut aussitôt devant les commissaires anglais, et demanda vengeance du meurtre de son fils, contre Bothwel, auteur de cet attentat, et contre Marie qu'il accusa d'en être complice.

Les commissaires de Marie avaient appris qu'Élisabeth avait donné audience à Murray et à ses partisans. Présumant par là le désir secret de la reine d'Angleterre, et l'issue que l'on voulait donner au procès, ils refusèrent absolument de répondre aux nouvelles accusations de Murray, et fondèrent leur refus sur les raisons suivantes : Ils avaient ordre de leur maîtresse, dirent-ils, de n'opposer aucune défense à tout ce qu'on pourrait exercer contre sa gloire, les voies de justification étant au-dessous d'une princesse souveraine, qui ne dépendait d'aucun tribunal. Ils demandèrent qu'avant tout elle fût admise en présence d'Élisabeth, à qui seule elle consentait de prouver son innocence.

Le refus de la reine d'Écosse de répondre aux charges de Murray, semblait devoir nécessairement arrêter le cours de la procédure. Mais quoique ce silence pût être interprété comme une présomption contre elle, il ne remplissait pas encore l'attente de ceux d'entre les ministres anglais qui étaient ennemis de cette princesse. Ils voulaient avoir entre leurs mains les preuves annoncées de son crime ; et Élisabeth concerta avec Murray le moyen de les mettre au jour sous forme juridique. On somma le régent de comparaître devant les commissaires anglais, qui le réprimandèrent sévèrement, au nom de la reine, des imputations atroces qu'il avait eu la témérité de hasarder contre Marie.

« Quoique le comte de Murray, ajoutèrent-ils, et les autres commissaires aient si fort oublié le respect qu'ils doivent à leur souveraine, la reine ne perdra jamais de vue les sentiments qu'elle a voués à son *amie,* à sa voisine et à sa parente, et elle veut être instruite de ce qu'ils peuvent dire à leur justification. »

Murray, si vivement pressé, ne fit plus de difficulté de produire les preuves de ce qu'il avait avancé contre la reine d'Écosse : c'étaient entre autres quelques lettres d'amour et quelques sonnets de cette princesse à Bothwel, le tout écrit de sa propre main, et deux autres papiers, l'un entièrement de son écriture, et l'autre du comte de Huntley, mais signés d'elle-même ; tous deux contenaient une promesse de mariage à ce même amant.

Suivant la déclaration de Murray, Bothwel avait gardé tous ces papiers importants dans une cassette d'argent qu'il tenait de Marie, et qu'elle avait reçue autrefois de François, son premier époux. Malgré la précaution qu'elle avait prise en ordonnant à Bothwel de brûler ses lettres à mesure qu'il les aurait lues, il avait jugé à propos de les conserver comme des gages de sa fidélité, et les avait confiées à sir James Belford, gouverneur du château d'Édimbourg. Lorsque cette forteresse fut assiégée par les seigneurs mécontents et associés contre Marie, Bothwel envoya un homme de confiance pour retirer cette cassette d'entre les mains du gouverneur. Belford la rendit en effet ; mais, comme il avait reçu quelque désagrément de la part de Bothwel, et qu'il négociait clandestinement un accommodement avec les rebelles, il eut soin d'avertir le comte de Morton, qui intercepta les papiers.

Les partisans de Marie objectèrent à ces révélations inattendues, que les lettres que l'on présentait étaient supposées ; et que ce qui tendait à le faire croire, c'était d'abord qu'elles avaient été fournies par le comte de Morton, le moins scrupuleux des ennemis de Marie, et ensuite qu'elles étaient si indécentes et si mal écrites, qu'elles étaient sous ce rapport tout à fait en opposition avec ce que l'on connaissait du caractère et de l'esprit de la reine d'Écosse.

Mais les commissaires de Marie se gardèrent bien de donner ces objections devant la cour; ils persistèrent dans leur système de récusation, et refusèrent de faire entendre aucune parole justificative, qui aurait pu être prise pour un plaidoyer ou une acceptation du procès. En vain les commissaires anglais leur représentèrent que Marie se déshonorerait si elle venait à traiter avec ses sujets rebelles, avant de s'être pleinement justifiée de toutes les imputations énormes répandues contre elle; ils insistèrent toujours pour qu'Élisabeth seule entendît la justification de leur maîtresse. Lorsqu'ils virent que les commissaires anglais étaient déterminés à continuer la procédure dans la même forme qui avait d'abord été projetée, ils rompirent les conférences, et refusèrent constamment de faire aucune réplique.

Élisabeth, voulant donner une apparence d'équité au traitement qu'elle réservait à Marie, nomma une nouvelle commission, afin d'examiner la procédure des commissaires anglais et de constater l'impartialité de leur conduite. Devant cette commission, on lut les pièces produites par Murray, on confronta un grand nombre de lettres écrites par Marie à Élisabeth, avec celles que le régent avait livrées; on fit mention du refus qu'avaient fait les commissaires de Marie de répondre aux accusations portées contre cette princesse. Élisabeth, après tout ce travail, finit par dire que, dès le commencement, elle avait pensé qu'il ne lui convenait pas de voir Marie avant qu'elle fût, en quelque façon, justifiée du crime dont on la chargeait; que depuis que cette princesse était convaincue par les preuves les plus évidentes, depuis qu'elle persistait dans son refus de répondre, elle persévérait de son côté plus fortement que jamais à ne point la voir. Elle fit ensuite appeler les commissaires de la reine d'Écosse; et, après leur avoir insinué qu'elle trouvait plus décent pour leur maîtresse de continuer les conférences que de demander à se justifier en personne, elle leur dit que Marie pouvait envoyer sa réponse par quelqu'un en qui elle eût confiance, ou la remettre à quelques seigneurs anglais qu'on enverrait recevoir ses ordres; mais que, si elle continuait à ne vouloir rien répondre, son silence serait regardé comme un aveu tacite de son crime, et qu'elle ne devait pas compter au nombre de ses amis ceux qui lui conseillaient une pareille façon de se conduire.

La reine d'Écosse chargea alors ses commissaires d'accuser Murray et ses associés d'être les meurtriers du roi ; elle demanda en même temps communication des papiers que l'on produisait contre elle. Cette accusation, formée si tard, fut regardée comme une vaine récrimination, et on lui refusa d'acquiescer à la demande qu'elle avait faite de voir les lettres accusatrices.

Les conférences étant enfin terminées, des ordres furent donnés pour transférer Marie, de Bolton, place environnée de catholiques, à Tutrury, dans le comté de Stafford, où elle fut mise sous la garde du comte de Shrewsbury. Élisabeth espérait que cette princesse, abattue par ses malheurs, et confondue de tout ce qui venait de se passer, s'estimerait trop heureuse de se mettre à l'abri de tous les orages dont elle avait été le jouet. La reine d'Angleterre promit de tout ensevelir dans l'oubli, pourvu que Marie consentît à céder volontairement la couronne à son fils, ou du moins à se l'associer au gouvernement, et à laisser l'administration entre les mains de Murray, pendant la minorité du jeune prince; mais cette princesse refusa toutes les conditions de ce traité, et protesta fièrement que ses dernières paroles seraient celles d'une reine d'Écosse. Un des motifs qu'elle eut pour être inébranlable dans sa résolution, fut qu'en abdiquant dans ces conjonctures, sa soumission serait regardée comme un aveu de son crime, et constaterait toutes les calomnies de ses ennemis.

Marie insista constamment sur l'alternative de ces deux demandes : ou qu'Élisabeth lui prêtât du secours pour recouvrer son autorité, ou qu'elle lui laissât la liberté de se retirer en France, et de mettre à l'épreuve l'amitié des autres princes. Comme elle prétendait n'être venue en Angleterre que de son propre mouvement, et sur la foi des protestations d'attachement qu'Élisabeth lui avait faites auparavant, elle croyait que l'on ne pouvait lui refuser l'une ou l'autre demande, sans l'injustice la plus criante. Mais Élisabeth, loin d'acquiescer à l'une de ces propositions, était intérieurement résolue à retenir cette princesse prisonnière. Elle se proposa d'éviter de rompre ouvertement avec Marie, en l'entretenant toujours d'un accommodement; de négocier sans cesse avec elle, et de rejeter sur des accidents étrangers, ou sur l'obstination perverse des autres, le tort de ne jamais rien conclure.

Marie Stuart était depuis un an dans le château fort de Tutrury, lorsqu'elle eut quelque espoir de recouvrer la liberté par le moyen du duc de Norforlk. Ce duc, qui avait été commissaire dans les débats qui venaient d'avoir lieu, était le pair du royaume qui occupait le rang le plus illustre dans la noblesse. Comme il n'y avait alors aucun prince du sang, l'éclat de son nom, l'immensité de sa fortune, l'étendue de son crédit, l'avaient rendu, sans contredit, le premier de l'État. Les qualités de son âme répondaient à l'élévation de sa naissance. Bienfaisant, affable, généreux, il s'était acquis l'affection du peuple. Prudent, modéré, soumis, il possédait la faveur de sa souveraine sans exciter de jalousie. Son grand-père et son père avaient été regardés longtemps comme les chefs des catholiques; cet attachement héréditaire, joint aux alliances de famille, lui avaient procuré l'amitié des principaux de ce parti. Mais, comme il avait été élevé parmi les protestants, dont il suivait sincèrement les principes, il avait contracté cet extérieur grave et cette régularité de mœurs qui les caractérisaient alors. Il jouissait ainsi du rare avantage d'être cher aux factions les plus opposées. L'excès de la prospérité fut seul la source de ses malheurs; il l'engagea à des démarches dont sa prudence et sa vertu l'éloignaient naturellement.

Norfolk était veuf alors : comme son âge était proportionné à celui de la reine d'Écosse, ce mariage parut si convenable, que l'idée en vint en même temps aux amis du duc et à ceux de Marie. Celui qui s'en ouvrit le premier au duc fut sir Robert Melvil, ambassadeur d'Écosse en Angleterre. Celui-ci trouvait à la fois dans Norfolk l'avantage de pacifier les troubles de ce royaume par une union qu'on approuvait généralement, et l'expectative de recueillir un jour la succession d'Angleterre. Pour attacher encore plus étroitement les intérêts de Norfolk à ceux de Marie, Melvil proposa aussi de marier la fille de ce seigneur au jeune prince d'Écosse. Melvil et Norfolk regardaient comme une chose essentielle à leur projet d'obtenir, avant tout, le consentement de la reine Élisabeth. Toutes leurs mesures étaient concertées entre eux. L'ambassadeur se chargea de communiquer ce dessein à la reine d'Écosse. Cette princesse répondit que les malheurs qu'elle avait éprouvés pendant ses deux derniers mariages, la portaient plus que jamais à vivre dans le célibat; mais qu'elle était cependant déterminée à sacrifier son propre penchant au bien public, et qu'aussitôt que les lois auraient prononcé son divorce avec Bothwel, elle se réglerait sur l'avis de la noblesse de son royaume et sur celui de son peuple pour le choix d'un autre époux.

Norfolk, prévoyant que son projet n'obtiendrait que très-difficilement l'approbation d'Élisabeth, n'osait lui en faire la communication, et retardait toujours ce moment qui lui attirerait peut-être la disgrâce de sa souveraine. Il continua néanmoins d'agir d'après son premier plan, et tâcha d'augmenter son crédit dans le royaume, en associant le plus de noblesse qu'il lui était possible à son entreprise. Leicester, l'un des amis du duc, écrivit à Marie une lettre qui fut signée des personnes du plus haut rang, dans laquelle on lui proposait Norfolk pour époux; et l'on stipulait les conditions si bien combinées à l'avantage des deux royaumes, qu'elles donneraient des sûretés suffisantes pour garantir à Elisabeth et à sa postérité la paisible jouissance de la couronne d'Angleterre; qu'il y aurait une alliance offensive et défensive entre les États et les sujets des deux reines; que l'on ferait une loi pour établir la religion protestante en Ecosse, et que Marie accorderait une amnistie générale à tous les Ecossais révoltés contre elle. La réponse favorable que cette princesse fit à ces articles redoubla l'ardeur de Norfolk pour l'exécution de son projet. Ils s'assura des seigneurs qui étaient à la cour, et écrivit à ceux qui résidaient dans leurs terres et qui avaient de l'autorité dans le pays. Les rois de France et d'Espagne, tous deux dans les intérêts de Marie, furent consultés secrètement et approuvèrent l'entreprise. Quoique le consentement d'Elisabeth fût toujours considéré comme un préliminaire essentiel à la conclusion de cette alliance, l'intention de Norfolk, en traînant l'affaire en longueur sans consulter cette princesse, était apparemment de se faire un parti assez puissant pour qu'elle ne pût s'y opposer.

Il n'était guère possible qu'une conspiration si étendue pût échapper à Élisabeth, ou plutôt à son secrétaire, sir William Cécil, qui était le ministre le plus vigilant, le plus actif, le plus prudent que l'Angleterre ait jamais eu. La reine lâcha plusieurs traits devant le duc, qui devaient lui faire entendre qu'elle n'ignorait pas ses desseins. Elle l'avertissait fréquemment de prendre garde sur quel oreiller il reposait sa tête: mais il n'eut jamais la prudence ou le courage de lui déclarer ouvertement ses intentions.

Parmi les grands et les gentilshommes qui paraissaient entrer dans les vues de Norfolk, plusieurs étaient fortement attachés à la religion catholique, et n'avaient d'autre objet que celui de remettre Marie en liberté. Ils auraient même consenti volontiers à s'unir avec les puissances étrangères, et à faire les frais d'une guerre civile, pour placer cette princesse sur le trône d'Angleterre. Quelques-uns, dont les terres étaient dans les environs de la place où Marie était retenue, offrirent de tirer la captive de sa prison, et demandèrent que, pour faciliter l'exécution de leur dessein, les Flamands fissent dans le même temps une diversion de leur côté. Norfolk fut le premier à s'opposer à ces projets, et en détourna ceux qui les avaient concertés; peut-être pensa-t-il que ce qu'il devait à Élisabeth ne lui permettait pas d'employer le moyen des rébellions pour assurer le succès de son plan.

Lorsque des hommes qui respectent l'honneur et la vertu sont malheureusement engagés dans ces sortes d'entreprises périlleuses, il est rare qu'ils soient capables de cette sorte d'intrépidité que donne l'habitude du crime. Ils ne s'y livrent qu'à moitié ; tandis qu'ils balancent entre l'exécution de leurs desseins et leurs remords, entre la crainte du châtiment et l'espoir du pardon, ils deviennent eux-mêmes la proie de leurs ennemis. Telle était la situation du duc de Norfolk : il crut que, pour écarter les soupçons répandus contre lui, il lui suffirait de parler avec dédain à Elisabeth de l'alliance de Marie. Il affecta de dire que ce qu'il avait de biens en Angleterre valait mieux qu'un royaume dévasté par les factions et les guerres civiles ; que lorsqu'il s'amusait à Norwich au milieu de ses amis et de ses vassaux rassemblés, sa maison lui paraissait une petite cour dont il était le souverain, et qu'il était fort content de son sort. Malgré ces discours adroits, il s'aperçut que les courtisans le regardaient d'un œil jaloux, et, sur cet indice, il se retira dans ses terres sans prendre congé. Il se repentit bientôt de cette démarche, et se mit en chemin pour revenir à la cour, dans l'intention de tenter tous les moyens de rentrer en grâce avec la reine ; mais lorsqu'il n'était plus qu'à trois milles de Windsor, où la cour se trouvait alors, il fut arrêté et conduit, sous une bonne escorte, à la tour de Londres. Plusieurs des seigneurs qui tramaient le complot furent également arrêtés ; mais la plus grande partie levèrent ouvertement l'étendard de la révolte, assemblèrent des troupes et se trouvèrent bientôt à la tête de forces nombreuses. Sussex marcha contre les rebelles, les atteignit et les dispersa en un instant. On exerça une sévérité impitoyable contre les gens qui avaient pris parti dans ces mouvements séditieux. Soixante-six constables furent pendus, et l'on prétend qu'au moins huit cents personnes périrent par la main du bourreau.

Quant à Norfolk, il avait montré dans sa prison un véritable repentir, et avait excité, autant que sa situation pouvait le permettre, ses amis et ses partisans à prendre les armes pour Élisabeth. Cette princesse fut si touchée de la conduite qu'il avait tenue dans cette occasion, qu'elle le tira de la tour et lui permit de vivre chez lui, à condition qu'il y garderait les arrêts; elle exigea seulement sa parole qu'il renoncerait absolument au dessein d'épouser la reine d'Écosse.

Elisabeth s'apercevait que la détention de Marie en Angleterre avait toutes les suites dangereuses qu'elle avait prévues en prenant ce parti. Cette captive intéressante, instruite par ses malheurs, éclairée par un esprit naturellement juste, était sortie de l'espèce d'ivresse dans laquelle son attachement pour Bothwel semblait l'avoir plongée; elle mettait alors tant de modestie, de raison et de dignité dans sa conduite, qu'elle enchantait tous ceux qui approchaient d'elle, et que ses amis paraissaient bien fondés à désavouer tous les crimes qu'on lui imputait. La pitié qu'inspirait sa situation, et la nécessité d'y apporter remède, redoublèrent le zèle qu'avaient déjà ses partisans d'agir vivement en sa faveur. Élisabeth, néanmoins, ne croyant pas utile à sa politique de rendre la liberté à l'infortunée captive, persistait dans la mesure qu'elle avait prise, mettant tout en usage pour se garantir des périls auxquels elle s'était exposée. Elle flattait toujours Marie de l'espoir de sa protection; elle gardait une conduite équivoque entre elle et ses ennemis d'Écosse; elle négociait sans cesse les conditions de son rétablissement, et accablait cette princesse de protestations d'amitié. A la faveur de ces artifices, elle tâchait à la fois d'empêcher Marie de se porter à quelques résolutions désespérées pour briser ses fers, et d'amuser les ambassadeurs de France et d'Espagne, qui sollicitaient toujours pour elle, et souvent même avec menace. Si Elisabeth mettait de la fausseté dans sa conduite, la reine d'Ecosse n'en mettait pas moins dans la sienne: les protestations de zèle faites d'un côté, étaient reçues de l'autre avec des protestations de confiance aussi peu sincères. Mais la dissimulation d'Elisabeth était perfide, car elle avait pour but d'asservir sa rivale; tandis que les mensonges de celle-ci étaient plus innocents, car ils n'avaient pour objet que la délivrance de celle qui les employait. Tandis que toutes deux soutenaient les apparences d'une amitié véritable, la haine et la jalousie qui les avaient toujours divisées, devenaient à tout moment plus profondes et plus insurmontables. Les deux princesses pouvaient se disputer réciproquement l'avantage de l'adresse, de la capacité, de l'activité et des agréments de l'esprit. Mais, par malheur pour Marie, indépendamment de l'état d'abandon où elle se trouvait alors, elle avait toujours été inférieure à son illustre rivale du côté de la conduite personnelle, de la prudence de ses démarches et de l'étendue de sa puissance.

Elisabeth, qui trouvait du danger pour elle à garder en Angleterre l'auguste captive, aurait bien voulu s'en débarrasser par un moyen qu'elle pût avouer. Elle avait entamé avec Murray quelque négociation secrète pour lui livrer Marie, lorsque ces projets s'évanouirent par la mort inopinée du régent. Un gentilhomme, nommé Hamilton, l'assassina pour se venger d'une injure particulière qu'il en avait reçu. Murray avait de la fermeté, de l'habileté, de la constance. Quoiqu'il eùt reussi avec assez de bonheur, pendant sa régence, à contenir les dissensions de l'Ecosse, ses talents brillèrent avec plus d'éclat au commencement qu'à la fin de sa vie. Ses manières étaient dures et austères; mais il n'avait pas cette intégrité pure qui accompagne ordinairement, et qui seule peut faire supporter un caractère désagréable.

La mort du régent fut suivie de près de celle du duc de Norfolk. Lorsque ce seigneur était sorti de prison, il avait donné sa parole de rompre tout commerce avec la reine d'Écosse; mais le duc s'aperçut qu'il avait perdu la confiance et la faveur d'Élisabeth, et vraisemblablement sans retour. Piqué d'ailleurs qu'on ne lui rendît qu'une liberté restreinte, l'impatience et le dépit le portèrent à violer son engagement. Deux ans environ après le premier événement, il rentra en correspondance avec la princesse prisonnière, et ils renouvelèrent entre eux une promesse de mariage. Le duc s'engagea à servir tous les intérêts de Marie ; et, comme il n'avait d'autre but que de délivrer d'une injuste servitude la reine qui consentait à l'épouser, il entra sans aucun scrupule dans une seconde conjuration. Cette conjuration ayant été découverte comme la première, par les soins du ministre Cécil, le duc fut arrêté de nouveau et mis cette fois entre les mains de la justice. Ayant été condamné à mort pour crime de haute trahison, il mourut avec beaucoup de courage et de fermeté, et en se défendant d'avoir eu l'intention d'attenter à l'autorité de sa souveraine.

La reine d'Écosse était ou l'occasion, ou la cause de tous ces troubles; mais, comme princesse souveraine, elle pouvait se croire justement autorisée à s'affranchir, par tous les moyens possibles, des mauvais traitements qu'elle éprouvait; et Élisabeth n'osa pas encore se porter contre elle aux dernières extrémités : elle se contenta de faire sentir tout le poids de son ressentiment au royaume d'Écosse, et de faire naître, autant qu'elle le pouvait, la division et la guerre civile dans ce malheureux pays. Elle espérait sans doute que, fatigué de dissensions, de troubles et de carnage, ce royaume serait réduit à implorer son assistance et à se jeter dans ses bras pour être gouverné par elle.

Murray avait été remplacé, dans la régence d'Écosse, par le comte de Lenox, grand-père du jeune roi. Lenox fut poignardé comme l'avait été son prédécesseur. A Lenox, succéda le comte de Morre, qui mourut de chagrin de voir le bouleversement de son pays. Le comte de Morton vint ensuite; on voit qu'Élisabeth avait soin de choisir, pour gouverner l'Ecosse et pour diriger le jeune prince, des personnes que l'on connaissait pour être les ennemis déclarés de l'infortunée Marie Stuart.

La reine d'Angleterre était bien aise de tous ces changements; elle voulait régner en Écosse par le moyen de l'anarchie. Une fois même, elle se concerta avec les rebelles pour que le roi Jacques, qui commençait à tenir les rênes de son gouvernement, fût arrêté et retenu, comme sa mère, en captivité.

La reine d'Ecosse avait souvent fait des ouvertures d'accommodement à Elisabeth, qui les avait absolument négligées. Lorsque Marie apprit la détention de Jacques, elle écrivit de nouveau à cette princesse, d'une manière plus forte et plus pathétique que jamais, en demandant son assistance pour obtenir sa propre liberté et celle de son fils. Elle disait, dans cette lettre, que le sujet de la captivité de ce jeune prince avait excité dans son âme la plus tendre sensibilité; que l'expérience qu'elle faisait elle-même depuis tant d'années de cette cruelle situation redoublait chez elle la crainte qu'un pareil sort ne fût réservé à son malheureux enfant; que les injustices accumulées dont elle était la victime, les calomnies auxquelles elle avait été exposée, étaient atroces; que, ne trouvant nul appui pour l'innocence et la vérité parmi les hommes, elle en appelait au ciel, le seul tribunal d'où devaient ressortir des souverains égaux en puissance, en élévation, en dignité; qu'au moment où ses sujets rebelles, animés sourdement par les ministres d'Angleterre, l'avaient chassée de son trône, confinée dans une prison, poursuivie les armes à la main, elle était venue volontairement se jeter dans les bras d'Elisabeth, séduite malheureusement par les protestations d'amitié qu'elle en avait tant de fois reçues; qu'elle s'était fiée aveuglément à la générosité d'une amie, d'une alliée et d'une parente; qu'Elisabeth ne s'était pas contentée de lui interdire sa présence, de protéger les usurpateurs de sa couronne, et de contribuer à la destruction des sujets fidèles qui lui étaient restés; qu'elle l'avait réduite à une captivité plus dure que celle dont elle s'était sauvée, que ce traitement cruel avait été l'unique prix d'une confiance sans réserve; que le ressentiment d'une suite de procédés si peu attendus, ne l'avait jamais portée qu'à de vains efforts pour sa délivrance, efforts malheureux pour elle-même et funestes pour les autres ; que cependant elle voyait augmenter tous les jours la rigueur de sa prison ; que tant de maux à soutenir excédaient les bornes de la patience humaine ; que toute communication lui était non-seulement refusée avec le reste du genre humain, mais avec son fils même ; que, dans une circonstance où son amour maternel était encore augmenté par la triste conformité de situation, elle n'avait seulement pas la consolation de recevoir des lettres ou des nouvelles de cet enfant si cher, le seul objet d'attachement qui lui restât dans le monde ; que l'amertume de ses chagrins, encore plus que sa captivité, avait altéré sa santé, et joignait la douleur du corps aux autres douleurs dont elle était la proie ; que, tandis que ses infirmités la conduisaient tous les jours à ce terme consolant et désiré, où s'anéantissent tous les malheurs de la vie, ses ennemis lui enviaient une dernière satisfaction ; qu'après l'avoir séparée de tous les plaisirs de la terre, ils faisaient encore leur possible pour la priver en espérance d'un bonheur éternel et futur ; que l'exercice de sa religion et l'usage des cérémonies saintes, dans lesquelles on l'avait élevée, lui étaient interdites ; qu'on ne lui permettait pas même aucun commerce avec les ministres de l'Evangile, choisis par le ciel pour être les dépositaires de nos fautes secrètes, et pour nous réconcilier avec la miséricorde divine par le sceau de l'absolution et l'exercice de la pénitence ; qu'il était bien injuste de se récrier contre la persécution employée dans les autres royaumes, lorsqu'on privait une reine, une femme innocente, du secours qu'on ne refuse pas aux vils criminels dans les pays les plus barbares ; que si elle pouvait jamais descendre du rang suprême dans lequel la Providence l'avait placée, ou cesser de réclamer la justice divine, s'il était un tribunal où elle voulût citer tous ses ennemis, ce ne serait qu'à l'équité, à l'humanité, à la douceur naturelles d'Elisabeth ; qu'elle en aurait nécessairement senti les effets, sans les conseils perfides dont cette princesse était obsédée ; qu'elle la conjurait enfin de revenir à son propre caractère, et de réfléchir sur tout ce qu'elle devait attendre du fils et de la mère, si, ajoutant aux liens du sang ceux de la reconnaissance, elle daignait les tirer de la position douloureuse où ils gémissaient, et les rétablir dans l'état de liberté et d'autorité auquel ils avaient droit.

Marie, convaincue par l'expérience qu'Élisabeth lui barrerait toujours le chemin du trône, était devenue plus humble dans ses vues. L'âge et les infirmités avaient amorti en elle ces sentiments d'ambition et d'indignation qu'elle avait d'abord fait éclater. Elle était déterminée à sacrifier toutes ses espérances de puissance et de grandeurs pour un peu de liberté, le premier de tous les biens auquel il était naturel qu'elle aspirât avec la plus vive impatience. Elle proposa donc d'être simplement associée avec son fils aux droits honorifiques de la royauté, tandis que l'administration resterait à lui seul; elle se contentait de demeurer en Angleterre dans une vie privée, et même dans une sorte de retraite; elle demandait uniquement à être moins gênée, pour se donner de l'exercice et pour voir du monde, qu'elle ne l'avait été depuis la découverte de ses premières relations avec le duc de Norfolk. Mais Élisabeth craignait qu'en se relâchant ainsi sur la garde de Marie, on ne facilitât son évasion, ou en France ou en Espagne; du moins que ce fût lui procurer les moyens de multiplier ses partisans, et de recommencer à suivre son goût pour intriguer. Après y avoir mûrement réfléhi, Élisabeth résolut intérieurement d'éluder toutes ses propositions; et quoiqu'elle feignît d'y consentir, elle eut l'art de se réserver les moyens de tromper l'attente de cette princesse infortunée. Sous prétexte que pour traiter avec Marie, il était nécessaire du concours du conseil d'Écosse, elle donna l'ordre à Bowes, son ambassadeur, d'ouvrir des négociations au sujet de la liberté de la reine prisonnière, et de son association avec son fils. Quoiqu'elle parût se rendre par là aux prières de cette princesse, elle lui refusa cependant la permission d'envoyer quelque ambassadeur de sa part; circonstance d'où Marie pouvait aisément conclure quel serait le résultat de ces prétendues négociations. Le conseil d'Écosse, à l'instigation du clergé et des agents d'Élisabeth, rejeta tout traité. Jacques, alors prisonnier de la cabale dominante, protesta et fut obligé de déclarer qu'il ne consentirait jamais à s'associer sa mère, et qu'il n'y avait eu que des propositions vagues faites à ce sujet.

Les affaires d'Écosse ne restèrent pas longtemps dans cet état. Le jeune roi, impatient de la contrainte où il était retenu, trompa la vigilance de ses gardiens et se sauva à Saint-Andrews, où il invita ses amis et ses partisans à le joindre. Ceux-ci se rendirent promptement aux ordres de leur maître, et, à l'aide de leurs efforts, Jacques parvint à soumettre le parti opposé et à reconquérir son autorité.

Élisabeth avait toujours suivi, à l'égard de la reine d'Écosse, plutôt les maximes de la politique et de la jalousie, que les sentiments de générosité et d'amitié dont les liens de parenté, ainsi que la justice, lui faisaient un devoir. Le ressentiment d'une suite de procédés si durs avait à son tour précipité Marie dans des entreprises compromettantes pour le repos et l'autorité d'Élisabeth. De là naissait un redoublement de vigilance et de rigueur, qui rendait la prison de la reine d'Écosse plus resserrée et plus cruelle. En aigrissant ainsi cette princesse, on la poussait encore davantage aux dernières extrémités du désespoir. Impatiente de briser ses fers et de se venger, elle se laissa diriger par les conseils fougueux des catholiques enthousiastes; ils l'engagèrent à des démarches qui fournirent enfin à ses ennemis un prétexte ou un motif de consommer sa perte, occasion qu'ils cherchaient depuis longtemps.

Les ecclésiastiques avaient puisé dans le séminaire anglais établi à Reims, tout ce que la haine et le désir de venger une reine catholique pouvaient inspirer de plus violent contre l'artificieuse princesse qui était la cause de tant d'infortune. Les persécutions nouvelles dont ils n'ignoraient pas qu'ils seraient tourmentés dans le cours de leur mission, la liberté qu'ils avaient de déclamer contre les souverains hérétiques, l'exemple de la Ligue, au milieu de laquelle ils vivaient en France, tout cela les animait du fanatisme le plus ardent et tendait à les amener dans les entreprises les plus hasardées.

John Ballard, prêtre du séminaire de Reims, ayant l'esprit imbu des principes et des opinions qui régnaient dans ce collége, fonda le projet de détrôner Élisabeth, et de rétablir à main armée la religion romaine en Angleterre. L'état des affaires du dehors semblait favoriser cette entreprise. Le pape, les Espagnols, le duc de Guise concouraient à ces vues, et méditaient quelque moyen de délivrer l'infortunée reine d'Écosse. Mendoza, ambassadeur d'Espagne à Paris, fit espérer à Ballard le secours de ces princes. Celui-ci, plus déterminé que jamais à accomplir son dessein, se rendit en Angleterre, déguisé en soldat, prit le nom de Fortescue, et s'attacha d'abord à former des conjurés.

Il ne tarda pas à rencontrer John Savage, homme d'un courage intrépide, et qui avait servi pendant quelques années dans les Pays-Bas, sous le duc de Parme. Ce John Savage était imprégné des mêmes maximes que le séminariste; il avait des relations avec les plus zélés catholiques, et il avait projeté d'attenter aux jours d'Élisabeth. Ce fut une grande satisfaction pour ces deux personnages que de trouver réciproquement chez l'un et l'autre des opinions, des ressentiments, des desseins, des espérances tout à fait analogues. Après s'être concertés sur les moyens d'arriver au but de leur désir, ils convinrent que Ballard ferait des ouvertures à plusieurs Anglais reconnus pour être partisans de la religion romaine et de la cause de Marie.

La première personne à laquelle il s'adressa fut Antony Babington, de Dothic, dans le comté de Derby. Ce jeune gentilhomme était d'une bonne maison, possédait une fortune considérable, et avait montré une supériorité d'esprit et des connaissances au delà de son âge et de son rang : entièrement dévoué à la communion catholique, il avait fait secrètement un voyage à Paris quelque temps auparavant, et s'y était lié intimement avec l'évêque de Glascow, ambassadeur de la reine d'Écosse en France, et avec Thomas Morgan, fugitif d'Angleterre, victime et ennemi de la tyrannie d'Elisabeth. A force d'exalter devant lui les perfections et les vertus héroïques de l'infortunée Marie, ils échauffèrent la tête de ce jeune homme, et lui inspirèrent le désir de rendre à cette reine quelque service signalé. Ils firent jouer les grands ressorts de l'ambition, de l'amour de la gloire et de la religion même, pour l'enhardir contre les risques qu'il pouvait y avoir à tenter de renverser un gouvernement aussi nerveux et aussi actif que celui d'Elisabeth. Lorsqu'ils virent Babington parfaitement disposé à remplir leurs vues, ils le renvoyèrent en Angleterre, et, sans qu'il le sût, ils le recommandèrent à la reine d'Ecosse comme un homme digne d'entrer dans ses intérêts. Elle lui écrivit une lettre pleine de confiance et d'amitié. Babington, d'un naturel ardent, et fermement attaché à ses principes, crut qu'après de pareilles avances il était obligé par honneur de se consacrer entièrement à servir cette malheureuse princesse. Il trouva le moyen, pendant quelque temps, de lui faire parvenir toutes ses correspondances étrangères ; mais lorsqu'elle fut mise à la garde de sir Amias Paulet, et resserrée plus étroitement, Babington essuya tant de difficultés et de dangers pour lui rendre ce bon office, qu'il fut contraint d'y renoncer.

Lorsque Ballard s'ouvrit à Babington sur ses projets, il trouva son zèle ralenti, mais non pas éteint. La première ardeur de ce jeune homme se ralluma au seul plan d'une entreprise qui paraissait avantageuse à la cause de Marie ou de la religion catholique ; il pensait cependant qu'il était bien difficile d'arriver à un plein succès, et représenta le peu de chance de toutes les tentatives que l'on hasarderait pendant la vie d'Elisabeth contre la religion établie et le gouvernement d'Angleterre. Ballard, encouragé par cette réflexion, lui découvrit le dessein de Savage. Il vit avec joie que, loin d'en être effrayé, Babington se réduisit à remar quer que l'exécution n'en serait pas sûre si on ne la confiait qu'à une seule main, et qu'il fallait associer quatre autres conjurés à l'attentat de Savage.

Babington travailla en conséquence à multiplier ses complices ; il engagea sourdement dans la conjuration plusieurs gentilshommes catholiques et mécontents du gouvernement. Savage refusa pendant longtemps de partager la gloire de son entreprise avec quelqu'un. Il en était jaloux, et ce ne fut qu'avec peine qu'il consentit à se relâcher de cette étrange ambition.

Pour assurer le succès de la conspiration, il fallait, au moment même où l'on assassinerait Elisabeth, délivrer la reine d'Ecosse de sa prison. Babington se chargea d'attaquer ses gardes à la tête de cent chevaux, dans le temps que cette princesse allait se promener à cheval. Il engagea, pour cette expédition, six gentilshommes d'Angleterre, dont plusieurs étaient gens de considération et en crédit. Les conjurés auraient eu besoin d'un homme de nom à leur tête : ils n'en purent trouver ; mais ils se flattèrent que les catholiques zélés courraient aux armes à la grande nouvelle de la mort d'Elisabeth et de la délivrance de Marie, et que les forces étrangères, prenant avantage de la confusion générale, placeraient aisément la reine d'Ecosse sur le trône, et rétabliraient la religion catholique.

Ce complot n'était pas échappé à la vigilance du conseil d'Elisabeth, et particulièrement à celle de Walsingham, secrétaire d'Etat. Ce ministre adroit avait gagné Maud, prêtre catholique qu'il tenait à ses gages, et l'avait envoyé à la suite de Ballard dans son voyage en France. Ce fut par cette ruse qu'il s'instruisit de tous les desseins du fugitif. Polly, un autre de ses espions, avait trouvé moyen de s'introduire parmi les conjurés en Angleterre ; et quoiqu'ils ne se confiassent pas particulièrement en lui, il surprit une partie des secrets des conjurés. Mais le fond de la conspiration ne se découvrit pleinement que lorsque Gifford, prêtre séminariste, vint en Angleterre offrir ses services à Walsingham. Les éclaircissements qu'il donna étaient de la plus grande importance, et décidèrent du sort de Marie et de celui du reste de ses partisans.

Babington et ses complices, pleins de confiance dans un plan qu'ils regardaient comme infaillible, étaient impatients de le communiquer à la reine d'Ecosse, pour qu'elle y donnât son approbation et son consentement. Ils chargèrent Gifford de cette commission. Celui-ci en avertit Walsingham, et lui fit sentir qu'il était important de faciliter cette correspondance secrète avec Marie. Le ministre conféra sur ce sujet avec Paulet, le gardien de Marie, et voulut l'engager à permettre que Gifford corrompît un de ses gens ; mais Paulet, ne se souciant pas d'introduire un exemple si pernicieux parmi ses domestiques, insista sur ce qu'on prît quelque autre expédient. Gifford s'adressa donc à un brasseur qui fournissait de la bière dans la maison où Marie était gardée ; il le suborna pour porter des lettres à cette princesse. Au moyen de ce que Paulet fermait les yeux sur ce manége, ces lettres furent déposées dans la crevasse d'une muraille, et les réponses y furent remises de même.

Ballard et Babington ne se fiant pas trop dans les commencements à la fidélité de Gifford, la mirent à l'épreuve en ne lui donnant d'abord que des feuilles de papier blanc, pliées en forme de lettres. Convaincus par la réponse, que ces papiers avaient été exactement rendus, ils se rassurèrent, et commirent entre ses mains la plus grande partie des détails de leur projet. Babington informait Marie du plan d'une invasion étrangère, d'un soulèvement dans le royaume, des arrangements pris pour sa délivrance, et du complot d'assassiner l'usurpatrice. Six nobles gentilshommes, tous, disait-il, de ses amis particuliers, par le zèle pour la foi catholique et pour le service de Sa Majesté, s'étaient chargés de cette exécution. Marie, si l'on en croit l'acte d'accusation et les preuves apportées par ses ennemis au procès, répondit qu'elle approuvait tout ; que ces gentilshommes devaient compter sur les récompenses qu'elle serait un jour en état de répandre sur eux, et que la mort d'Élisabeth était une circonstance nécessaire avant de rien entreprendre pour briser sa prison ou pour faire soulever le peuple. Gifford, si l'on en croit encore l'acte d'accusation, reçut la réponse de Marie, avec d'autres lettres pour Mendoza et l'évêque de Glascow. Walsingham les fit déchiffrer par son secrétaire, et en prit des copies. Le ministre imagina encore un nouvel artifice pour se procurer une connaissance complète de l'intrigue : il joignit une apostille à la lettre de Marie, en se servant du même chiffre de cette princesse, par laquelle elle demandait à Babington de lui nommer les six conjurés. L'indiscrétion de celui-ci fournit elle-même au ministre d'autres moyens de découvrir le complot en entier et d'en empêcher l'effet. Cet imprudent fit faire un tableau où il était peint avec les six principaux conjurés, et il y avait pour devise à ce tableau : « *Nos périls communs sont les liens de notre union.* » On en procura une copie à Elisabeth, afin qu'elle pût reconnaître les conjurés, et empêcher qu'ils n'approchassent de sa personne.

Sur ces entrefaites, Babington, impatient de s'assurer et de hâter les secours du dehors, résolut d'envoyer Ballard en France. Il lui fit obtenir un passe-port sous un nom supposé ; pour écarter encore mieux tous les soupçons que l'on pouvait prendre sur son propre compte, Babington s'adressa lui-même à Walsingham, lui marqua le zèle le plus ardent pour le service de la reine, s'offrit d'aller à la découverte dans les pays étrangers, et d'employer la confiance que les catholiques avaient en lui pour pénétrer et déconcerter leurs projets de conspiration. Le ministre loua ses intentions, approuva ses vues, promit de les seconder de ses conseils et de tout ce qui dépendrait de son crédit, l'entretint toujours d'espérance, continua d'être en correspondance avec lui. Pendant ce temps-là on expédia l'ordre d'arrêter Ballard. Cet événement jeta les conjurés dans l'inquiétude et dans le trouble. Quelques-uns d'entre eux proposèrent de prendre la fuite ; d'autres voulaient que Savage exécutât, sans différer, son projet contre Élisabeth. En conséquence de ce dernier avis, Babington donna de l'argent à Savage, afin qu'il achetât des étoffes et qu'il pût s'introduire jusqu'auprès de la reine, sous prétexte de lui montrer ses marchandises. Le lendemain, ils commencèrent à croire qu'ils avaient pris l'alarme précipitamment. Babington renouvela sa correspondance avec Walsingham; il se laissa persuader par ce rusé ministre que la détention de Ballard n'était qu'une suite des recherches exactes que l'on faisait des prêtres séminaristes et des papistes en général. Il accepta même un logement dans la maison de Walsingham, pour être plus à portée de conférer secrètement avec lui avant de partir pour la France. Mais Babington s'aperçut qu'il était observé et gardé à vue ; il s'échappa, et répandit la frayeur parmi ses complices. Ils prirent tous la fuite sous divers déguisements, et se cachèrent dans des maisons et dans les bois. On les y découvrit, et on les conduisit en prison. Ils se contredirent les uns les autres dans leur interrogatoire; mais les chefs de la conspiration confessèrent leur dessein. On condamna et on en exécuta quatorze, dont sept seulement firent des aveux complets.

Après s'être défait des moindres conjurés, on prit des mesures afin de faire le procès à Marie, pour avoir concouru à tous ces attentats formés contre la vie d'Elisabeth et la tranquillité du royaume. Quelques-uns des ministres de la reine désapprouvèrent cette procédure. Ils pensaient qu'une femme rigoureusement gardée en prison, devenue infirme, et probablement à la veille de calmer toutes les inquiétudes par sa mort naturelle, était dans un état à rassurer le gouvernement, sans qu'on eût recours à des moyens dont l'histoire fournirait à peine un exemple. Leicester ouvrit l'avis de se débarrasser d'elle secrètement par le secours du poison, et il envoya un théologien à Walsingham, pour le convaincre que cette action était légitime. Le ministre déclara qu'il en avait horreur, et il insista toujours, avec le plus grand nombre des conseillers d'Etat qui savaient les intentions d'Elisabeth, sur ce que le procès fût fait publiquement à Marie. La situation de l'Angleterre et du ministère anglais avait été du reste fort critique jusqu'alors. Aucun successeur à la couronne n'était encore désigné; celle à qui elle devait appartenir par les droits du sang, et en faveur de qui le peuple paraissait généralement déclaré, était ennemie de la religion du pays par son éducation d'enfance, et ennemie du ministère et de la principale noblesse, par le ressentiment des injures multipliées qu'elle en avait reçues. La sûreté des ministres, aussi bien que celle du royaume, semblaient dépendre uniquement des jours d'Elisabeth, et celle-ci commençait à vieillir. Il n'était donc pas surprenant que tous ces conseillers politiques, n'ignorant pas qu'ils ne pouvaient qu'être odieux à la reine d'Ecosse, cherchassent à procéder à la dernière rigueur contre elle : aussi furent-ils aussi attentifs que leur maîtresse à empêcher que Marie ne lui succédât jamais.

La découverte de la conspiration de Babington était publique avant que la reine d'Ecosse en fût informée; toutes les avenues pour pénétrer jusqu'à cette princesse étaient si soigneusement gardées, qu'elle ignorait tout ce qui s'était passé. Ce fut avec la plus grande surprise qu'elle apprit, par ordre de la reine, que tous ses partisans étaient découverts et arrêtés. On la conduisit alors au château de Fotheraingai, dans le comté de Northampton; ce lieu avait été choisi pour être le théâtre où se termineraient son procès et ses malheurs. On arrêta en même temps ses deux secrétaires, Nau, Français de nation, et Curle, né en Ecosse. On se saisit de tous ses papiers, qu'on envoya au conseil. On y trouva environ soixante clefs de différents chiffres, des lettres de plusieurs personnes des pays étrangers, et de plusieurs seigneurs anglais, remplies de protestations, de respect et d'attachement. Les auteurs de ces lettres, sachant qu'elles étaient connues, pensèrent que le meilleur moyen de réparer leur imprudence était de se déclarer désormais les ennemis les plus implacables de la reine d'Ecosse.

Il fut résolu que l'on ferait le procès à Marie, non pas d'après les lois qui sévissaient contre les crimes de trahison, mais d'après l'acte passé l'année précédente, et dans lequel on semblait avoir prévu cet événement. En conséquence de cet acte, Élisabeth nomma quarante commissaires, tirés du corps de la noblesse et du conseil privé. Elle les revêtit du pouvoir d'interroger et de juger Marie, qu'elle désignait en ajoutant, *autrefois reine d'Écosse,* et héritière de Jacques V d'Écosse. Les commissaires se transportèrent au château de Fotheraingai, et députèrent à la captive quelques-uns d'entre eux pour lui remettre une lettre d'Élisabeth, qui l'informait que la commission était établie, et que le moment d'instruire son procès était arrivé. Marie reçut cette nouvelle sans marquer ni émotion ni étonnement. Elle dit néanmoins qu'il lui paraissait étrange, que la reine lui ordonnât, comme à sa sujette, de se soumettre à un tribunal anglais; qu'elle était princesse indépendante et absolue, et qu'elle ne ferait rien qui dérogeât à la majesté royale, à l'état de souveraine, ou à la dignité et au rang de son fils; que toute opprimée qu'elle fût par les infortunes et les calamités, son courage n'était pas aussi abattu que ses ennemis s'en flattaient; qu'on ne la forcerait jamais de consentir à se dégrader et à se déshonorer; qu'elle ne connaissait pas les lois et les coutumes de l'Angleterre; qu'elle était absolument dépourvue de conseil, et qu'elle ne concevait pas qui l'on pourrait appeler ses pairs, et qui l'on croirait être en droit de lui faire légitimement son procès en qualité de juges; que, malgré le temps qu'elle avait passé en Angleterre, on ne pouvait la supposer assujettie à aucun tribunal de ce royaume, puisqu'elle y avait été retenue captive; qu'elle n'y avait point joui de la protection des lois, et que sa résidence y avait été involontaire; que cependant elle voulait bien descendre du rang suprême jusqu'à rendre compte de sa conduite devant un parlement d'Angleterre, mais qu'elle ne pouvait voir dans des commissaires que des hommes préposés pour justifier, sous l'apparence d'une procédure légitime, sa condamnation et sa mort;

qu'elle les avertissait de penser aux intérêts de leur conscience et de leur réputation, en voulant perdre une personne innocente; de réfléchir que tous les yeux étaient ouverts sur ce qui se passait, et que le théâtre du monde était plus vaste que le royaume d'Angleterre.

Les commissaires lui envoyèrent une nouvelle députation en réponse, pour lui annoncer que l'objection de sa dignité royale et de son emprisonnement ne pouvait être admise, et qu'ils étaient autorisés à lui faire son procès, quand même elle refuserait de comparaître devant eux. Le trésorier Burleigh et le chancelier Bromley, employèrent une foule de raisonnements pour la déterminer à se soumettre à leur tribunal; mais celui qui fit le plus d'impression sur elle fut sir Christophe Hatton, vice-chancelier, par le discours qu'il lui tint :

« Vous êtes accusée, madame, lui dit-il, mais non pas convaincue, d'avoir conspiré la perte de la personne de notre souveraine. Vous êtes reine, dites-vous; mais dans un crime de la nature de celui-ci, la dignité royale ne peut, ni par les lois civiles et canoniques, ni par les lois de la nature, ou le droit des nations, dispenser personne d'un jugement. Si vous êtes innocente, vous flétrissez votre gloire en évitant un examen juridique. Nous avons entendu vos protestations d'innocence; mais la reine Élisabeth n'est pas persuadée, et voit avec douleur que les apparences déposent contre vous. C'est donc pour examiner votre cause qu'elle a nommé des commissaires. Les personnes qu'elle a choisies sont toutes honorables, prudentes, impartiales, disposées à vous entendre avec attention, avec équité, même avec faveur; et elles se réjouiraient que vous pussiez détruire les imputations dont vous êtes chargée. Croyez-moi, madame, la reine elle-même l'apprendrait avec joie; elle me disait encore, au moment de mon départ, que, dans le cours de sa vie, rien ne lui avait donné plus de chagrin que de vous savoir soupçonnée d'avoir concouru aux entreprises criminelles qu'on a faites contre elle. Cessez donc de réclamer l'inutile privilége de votre dignité royale, qui ne peut vous être d'aucun secours; fiez-vous plutôt au soin de défendre votre innocence; faites-la paraître au grand jour dans une procédure publique, et n'imprimez pas à votre mémoire la tache d'infamie qui résulterait de votre silence obstiné dans cette occasion. »

Ce discours artificieux persuada Marie; elle consentit à comparaître devant ce tribunal. Elle donna par ce consentement une apparence juridique à la procédure, écarta les difficultés que les commissaires auraient eu de la peine à vaincre, si elle avait persisté à soutenir le droit d'indépendance attaché au rang suprême.

La première fois que Marie comparut devant ces commissaires, soit qu'elle sentît sa fausse démarche, soit qu'elle ne voulût pas se dégrader en se soumettant à un jugement, elle renouvela ses protestations contre l'incompétence de ses juges. Le chancelier lui répondit en soutenant l'autorité des lois anglaises sur toute personne résidant en Angleterre. Les commissaires terminèrent la discussion en ordonnant que la protestation et la réponse fussent enregistrées.

Les avocats d'Élisabeth portèrent alors leurs accusations contre Marie: ils prouvèrent, par des lettres interceptées, qu'elle avait permis que le cardinal Allen et d'autres la traitassent comme reine d'Angleterre, et qu'elle avait entretenu une correspondance dans la vue d'engager les Espagnols à faire une invasion en Angleterre. Marie ne parut pas mettre beaucoup d'importance au soin de se justifier de ces chefs d'accusations; elle répondit seulement sur l'une, qu'elle ne pouvait empêcher ceux qui lui écrivaient de se servir du style qu'ils jugeaient à propos; et, sur l'autre, que tous les expédients qu'elle pouvait employer pour se procurer la liberté n'étaient de sa part que des efforts légitimes.

On produisit ensuite une de ses lettres écrites à l'ambassadeur d'Espagne, Mendoza, dans laquelle elle promettait de transférer à Philippe ses droits sur la couronne d'Angleterre, si son fils refusait d'embrasser la religion catholique; conversion, ajoutait-elle, que l'on ne devait pas attendre tant qu'il serait entre les mains de ses sujets d'Écosse. Elle ne daigna pas désavouer cet article, et parut même plutôt le confirmer, elle dit qu'elle n'avait point de royaume dont elle pût disposer, mais qu'au moins il lui était permis de donner à son gré ce qui lui appartenait, et qu'elle n'était comptable de ses actions à personne. Elle ajouta qu'elle avait d'abord rejeté cette proposition de l'Espagne; mais qu'elle était enfin déterminée à ne refuser aucun secours étranger, puisque toutes ses espérances du côté de l'Angleterre s'étaient évanouies.

La seule accusation que Marie niât positivement, fut d'avoir eu part à la conspiration de Babington et au projet d'assassiner la reine. On produisit, pour prouver ce fait, les lettres interceptées entre elle et Babington, où son approbation du meurtre projeté était si clairement énoncé ; la déposition de ses deux secrétaires, Nau et Carle, qui avaient fait serment qu'elle avait reçu ces lettres de Babington, et qu'ils avaient écrit les réponses par son ordre ; l'aveu de Babington d'avoir écrit des lettres et reçu les réponses ; et la confession de Ballard et de Savage, que Babington leur avait montré ces lettres écrites dans le chiffre dont ils étaient convenus entre eux.

Il est évident que cette complication apparente de preuves se réduit totalement au témoignage des deux secrétaires. Marie affirma n'avoir jamais eu aucune correspondance avec Babington, et que par conséquent elle n'avait pu donner à ses secrétaires l'ordre de faire des réponses. Ceux-ci avaient-ils reçu les lettres et s'étaïent-ils hasardés d'y répondre sans en parler à leur maîtresse ? C'est ce qu'elle ignorait, disait-elle ; mais elle ajoutait qu'elle pouvait être fondée à former ce soupçon contre eux, puisque Nau s'était déjà rendu coupable de la même témérité à son égard, et avait plusieurs fois traité d'affaires sous son nom sans lui en avoir rien communiqué. Après avoir fait cette déclaration, elle demanda que Nau et Carle lui fussent confrontés, assurant qu'ils ne persisteraient point dans leur déposition en sa présence. Mais cette demande, quoique équitable, ne fut pas admise, sous prétexte que la loi ne permettait pas cette confrontation dans le cas de haute trahison.

Lorsque l'instruction du procès fut finie à Fotheraingai, les commissaires l'ajournèrent à la Chambre étoilée à Londres. Après y avoir faits prêter serment aux deux secrétaires de Marie, que, sans contrainte et sans epoir de récompenses, ils affirmaient l'authenticité des lettres qu'on leur représentait, les commissaires prononcèrent et signèrent une sentence de mort contre la reine d'Écosse. Le même jour, ils firent publier une déclaration qui contenait : « Que cette sentence ne dérogeait ni aux droits, ni à l'honneur de Jacques, roi d'Écosse, et que ce prince continuerait de jouir du même rang, des mêmes prérogatives et des mêmes droits que si elle était non avenue. »

Élisabeth avait enfin conduit les choses contre Marie au point où elle les désirait avec tant d'ardeur depuis si longtemps. Elle était parvenue à trouver une raison plausible pour se venger d'une concurrente que, dès le commencement de son règne, elle avait toujours haïe et redoutée. Il restait cependant des observations à faire, qui l'empêchaient de se livrer sur-le-champ à son ressentiment. Elle prévoyait de quelles couleurs affreuses les nombreux partisans de Marie peindraient cet exemple donné d'un tribunal extraordinaire ; elle ne craignait pas moins les reproches des puissances étrangères, et peut-être ceux de la postérité; elle semblait avoir foulé aux pieds tout à la fois les droits de l'hospitalité, ceux du sang et de la majesté royale : ce sacrifice de la générosité à l'intérêt, de la clémence au désir de se venger, pouvait paraître indécent, surtout de la part d'une parente. Elisabeth, habile dans l'art de feindre, affecta la plus forte répugnance à l'exécution de la sentence, se para des dehors de la plus tendre compassion pour sa prisonnière, étala tous ses scrupules, forma des objections, rejeta les sollicitations de ses courtisans et de ses ministres, et affirma que, sans l'extrême intérêt qu'elle prenait à la sûreté de son peuple, elle n'hésiterait pas un moment à pardonner toutes les injures qu'elle avait reçues de la reine d'Écosse.

Pour que la voix de ce peuple si cher, qui demandait la mort de Marie, se fît mieux entendre, Élisabeth convoqua un nouveau Parlement. Elle connaissait trop bien et les dispositions ordinaires de cette assemblée, et l'influence de ses ministres sur ceux qui la composaient, pour ne pas s'attendre aux sollicitations pressantes qu'on lui ferait de consentir à ce qu'en secret elle souhaitait vivement. Elle n'ouvrit pas la séance en personne : elle en chargea trois commissaires. La raison qu'ils donnèrent de son absence fut que, prévoyant qu'on agiterait l'affaire de Marie, la reine était si profondément touchée de ce triste événement, qu'elle n'avait pas le courage d'être présente aux délibérations dont il serait la matière; qu'elle détournait ses yeux d'un objet de douleur pour son âme. Mais elle voulait aussi, par cette précaution inusitée, que le peuple sût le danger auquel sa personne était exposée à toute heure; elle cherchait même à se rendre encore plus ardente à demander vengeance des coupables dont les intrigues séditieuses et les attentats barbares avaient si longtemps menacé ses jours.

Le Parlement répondit à l'attente de la reine. Les deux Chambres ratifièrent unanimement la sentence de Marie. On convint de présenter une requête à Élisabeth, pour obtenir qu'elle consentît à la publication et à l'exécution de ce jugement. Elle fit une réponse équivoque, embarrassée, pleine d'artifices réels et d'irrésolutions apparentes. Elle rappelait les dangers auxquels sa vie avait été continuellement exposée ; elle ajoutait qu'elle consentirait volontiers à mourir, si elle ne prévoyait pas les calamités que sa mort ferait tomber sur la nation; elle s'étendait sur l'extrême affection qu'elle sentait pour son peuple; elle vantait la clémence de son caractère; elle déployait la répugnance invincible qu'elle avait pour procéder à la rigueur contre son infortunée parente; elle attestait que la dernière loi sur laquelle cette princesse avait été jugée n'avait pas été faite pour lui tendre des embûches; qu'au contraire, on avait eu pour objet de l'avertir de ne pas s'engager dans des intrigues capables de l'exposer aux peines dont on la menaçait si ouvertement; elle conjurait enfin le Parlement d'examiner s'il n'y aurait pas d'autres moyens d'assurer la tranquillité de l'Angleterre que celui de faire périr la reine d'Écosse. Le Parlement, pour obéir aux ordres d'Élisabeth, remit l'affaire en délibération; mais il ne trouva aucun autre expédient qui lui parût possible. Les deux Chambres réitérèrent leurs sollicitations, leurs prières et leurs raisonnements. Elles remontrèrent que cette clémence pour la reine d'Écosse devenait, dans Élisabeth, une cruauté pour les Anglais, ses sujets et ses enfants; elles appuyèrent sur ce que, si c'était une injustice de refuser l'exécution de la loi à un seul citoyen, cette injustice devenait encore plus criante, faite à tout le corps de la nation, qui demandait instamment à sa souveraine ce gage de ses soins et de sa tendresse maternelle. Cette seconde requête renouvela vivement les incertitudes et les scrupules prétendus d'Élisabeth. Elle déplora le malheur de sa situation; elle se plaignit de cette importunité du Parlement; elle recommença ses protestations d'amour pour son peuple, et laissa les députés dans le doute du parti qu'elle prendrait après toutes ces délibérations.

Malgré l'éloignement qu'Élisabeth marquait pour que la sentence contre Marie fût exécutée, elle consentit cependant à rendre publique la requête du Parlement qui l'en pressait. Cette proclamation parut répandre une joie universelle et sincère parmi le peuple. Lord Buckurst et Beale, greffiers du conseil, furent envoyés à la reine d'Ecosse pour lui notifier la sentence rendue contre elle, la ratification du Parlement, et les pressantes sollicitations de ce corps pour en accélérer l'exécution, persuadé que jamais la religion anglicane ne s'affermirait tranquillement tant que cette princesse vivrait. Marie ne fut point déconcertée à cette nouvelle; elle s'attacha au contraire avec une espèce de transport à la dernière circonstance, et dit que, puisque sa mort était regardée par les protestants comme nécessaire à l'établissement de leur doctrine, elle était vraiment martyre de sa religion, et avait droit à tous les mérites attachés à ce glorieux caractère. Elle ajouta que les Anglais avaient souvent trempé leurs mains dans le sang de leurs souverains; qu'il n'était pas extraordinaire qu'ils eussent la même cruauté à l'égard d'une princesse descendue de ces rois malheureux. Paulet, à la garde duquel elle était confiée, eut ordre de faire ôter le dais de son appartement, et de ne plus la traiter désormais avec les respects dus aux têtes couronnées. Il lui signifia qu'elle n'était plus considérée que comme une personne morte civilement, et dès lors totalement dégradée. Elle reçut cet outrage sans marquer la moindre émotion, et se contenta de répondre qu'elle tenait de Dieu seul l'auguste caractère de la royauté, et qu'aucune puissance de la terre ne pouvait l'en dépouiller.

La reine d'Ecosse écrivit pour la dernière fois à Elisabeth. Sa lettre était pleine de dignité, et respirait cet esprit de modération et de charité si convenable dans le moment où elle allait voir finir les malheurs de sa vie. Elle ne se permit pas un mot pour détourner la sentence fatale; elle exprima, au contraire, sa reconnaissance envers le ciel, qui terminait d'une manière si prompte son triste passage ici-bas; elle demandait ensuite quelques grâces à Elisabeth, et la priait de les lui accorder elle-même, et de ne pas la réduire à les solliciter auprès de ses ministres, qui avaient montré tant de haine pour sa religion et pour sa personne; elle marquait aussi le désir qu'après que ses ennemis se seraient rassasiés de son sang innocent, son corps, condamné, disait-elle, à ne jamais jouir d'aucune tranquillité tant qu'il serait uni à son âme, fût remis à ses domestiques, et porté en France pour y être mis en terre sainte avec les restes précieux de sa mère; en Ecosse, ajoutait-elle, les tombeaux de ses pères étaient violés, et les églises détruites et profanées; en Angleterre, où elle pourrait être inhumée parmi les anciens rois ses aïeux et ceux d'Elisabeth, elle ne pouvait espérer d'être mise dans la sépulture suivant les rites et les cérémonies de sa religion; elle priait que le pouvoir de la faire mourir secrètement ne fût confié à personne sans l'aveu d'Elisabeth ; mais que son exécution fût publique, et que ses anciens domestiques l'y accompagnassent, pour rendre témoignage de sa persévérance dans sa foi, et de sa résignation aux décrets du ciel ; elle suppliait qu'après sa mort on laissât jouir ses domestiques de ce qu'elle leur léguerait, et qu'il leur fût permis de se retirer où ils jugeraient à propos ; elle finissait par conjurer Elisabeth, au nom de leur parenté, par la mémoire de Henri VII, leur ancêtre commun, par la dignité royale dont elles étaient toutes les deux revêtues, de ne lui refuser aucune de ces dernières grâces. Élisabeth ne répondit pas à cette lettre, ne voulant ni accabler Marie par un refus, dans la situation où elle était, ni lui accorder ses demandes dans toutes leur étendue.

Tandis que la reine d'Écosse se disposait à subir son sort, les puissances étrangères faisaient tous leurs efforts auprès d'Élisabeth pour prévenir l'exécution de la sentence. Henri III ne se contenta pas d'y employer d'Aubespine, résident de France à Londres, et entièrement dévoué à la maison de Guise, il envoya encore Bellièvre solliciter ouvertement pour sauver les jours de Marie. L'intercession du roi de France ne produisit aucun effet, et Élisabeth persista dans sa même résolution.

Les sollicitations du jeune roi d'Écosse, sans être capables de rien changer au dessein d'Élisabeth, méritaient cependant plus de considérations à bien des égards. Dès que Jacques eut appris la procédure et la condamnation de sa mère, il dépêcha à Londres William Keith, gentilhomme de sa chambre, et écrivit une lettre à la reine, dans laquelle il s'exprimait en termes très-forts sur l'indignité de cette procédure. Il témoignait la surprise où il était, que les grands et les ministres anglais eussent osé citer en jugement une reine d'Écosse, issue du sang royal d'Angleterre, et prononcer une sentence de mort contre elle ; il ajoutait que son étonnement redoublait encore en apprenant que l'on pensait sérieusement à mettre cette sentence à exécution ; il priait Élisabeth de réfléchir à la honte qu'elle allait imprimer à son nom, en trempant ses mains dans le sang de sa plus proche parente, reine comme elle, et du même sexe; que, par cet attentat inouï, elle allait outrager toutes les têtes couronnées, et se dégrader elle-même; qu'en abaissant ainsi les souverains au niveau des autres hommes, elle enseignait aux peuples à oublier tout ce qu'ils devaient à ceux que le ciel avait choisis pour les gouverner; que, de son côté, il regardait cette insulte comme si énorme, que rien ne lui paraissait capable de l'expier; qu'il ne lui était plus permis dorénavant d'entretenir aucune espèce de correspondance avec une personne qui, sans nul droit légitime, avait condamné sa mère à une mort ignominieuse; que si les sentiments de la nature et les lois du devoir ne le portaient pas à s'en venger, l'honneur seul l'exigerait de lui; qu'il ne se justifierait jamais aux yeux du monde entier, s'il ne faisait pas tous ses efforts, s'il ne bravait pas tous les dangers pour tirer raison d'une indignité pareille. Peu de temps après, Jacques envoya le gouverneur de Kray et sir Robert Melvil pour appuyer les remontrances de Keith, et pour employer tour à tour les raisons et les menaces auprès d'Elisabeth. Elle fut d'abord offensée de la hauteur de ces sollicitations, et elle répondit du même ton aux ambassadeurs écossais. Lorsqu'elle eut fait réflexion que Jacques ne faisait que remplir un devoir sacré en montrant cette véhémence, elle s'apaisa; mais elle se tint toujours dans la résolution de sacrifier Marie. Jacques, voyant la persévérance d'Élisabeth, ordonna des prières pour Marie dans toutes les églises; mais, afin de ne pas s'exposer à la mauvaise humeur des ecclésiastiques, il eut soin que la formule de ces prières fût aussi circonspecte qu'humaine et pieuse; c'était: « Qu'il plût à Dieu de faire luire sur Marie la lumière de la vérité, et de la sauver du danger apparent dont elle était menacée. » Mais, excepté les chapelains du roi et un seul ecclésiastique, tous les prédicants efusèrent de souiller leurs églises en priant pour une papiste, et ne daignèrent seulement pas demander sa conversion au ciel. Jacques, ne voulant ou n'osant pas punir cette désobéissanee, dissimula qu'il s'en fût aperçu; il indiqua un autre jour pour procurer aux ministres le moyen de réparer leur faute, et, afin de se mettre au moins à l'abri de toute insulte de leur part, il engagea l'archevêque de Saint-Andrews à prêcher devant lui. Le clergé eut la malignité de déconcerter cet arrangement, en excitant Couper, jeune homme qui n'était pas encore dans les ordres, à s'emparer de la chaire dès le matin, pour exclure le prélat. Lorsque le roi entra dans l'église, et qu'il vit la chaire occupée par Couper, il lui adressa la parole, et lui dit que la place avait été destinée à un autre; que cependant, puisqu'il y était, s'il voulait obéir à l'ordre donné de prier pour Marie, il n'avait qu'à continuer les fonctions de son ministère. Le prédicateur répondit qu'il ferait ce que le Saint-Esprit lui inspirerait. Cette réponse décela son intention à Jacques, qui lui ordonna de sortir de la chaire. Comme Couper ne paraissait pas se disposer à en descendre, le capitaine des gardes s'avança pour l'en arracher de force. Couper alors osa s'écrier à haute voix que la violence de ce jour déposerait contre le roi au grand jour du Seigneur; après quoi il annonça tous les malheurs ensemble aux habitants d'Édimbourg, pour avoir souffert qu'on le traitât de la sorte. Ses auditeurs parurent d'abord tentés de prendre son parti; mais le sermon du prélat les ramena aux termes du respect et de la décence.

Elisabeth, sollicitée de faire grâce à la reine d'Ecosse, tantôt par Jacques et tantôt par les princes étrangers, paraissait toujours déterminée à la perdre. Mais lorsque ses ministres la pressèrent de ne plus différer l'exécution, alors ses scrupules et ses incertitudes recommencèrent; son humanité semblait se révolter contre un parti si violent et si cruel; elle paraissait émue de compassion pour les maux de cette malheureuse princesse, et respecter sa dignité. Les courtisans, persuadés qu'ils ne ouvaient rien faire de plus agréable à Elisabeth, que de chercher à la persuader sur cet article, ne manquèrent pas de raisons pour prouver la nécessité du châtiment de Marie, et pour combattre toutes les objections élevées contre cet acte de rigueur.

Selon eux, le traitement fait à cette princesse à son arrivée en Angleterre, avait été tel qu'une politique judicieuse pouvait le prescrire; si elle s'était conduite par les principes de l'équité, disaient-ils, elle n'aurait pas refusé d'y aquiescer; les inconvénients attachés ou à sa retraite en France, ou à son rétablissement au trône par la voie des armes, et malgré l'opposition des protestants et du parti anglais en Ecosse, avaient obligé Elisabeth à la retenir en Angleterre jusqu'à ce qu'il s'offrît quelque occasion de la servir sans danger pour la religion et pour l'Etat; elle y avait vécu selon son rang, ayant un nombre considérable de ses propres domestiques à son service, étant libre de faire tout l'exercice convenable à sa santé, et de voir autant de monde qu'il en fallait pour son amusement; ces égards auraient encore été portés plus loin, si elle ne s'en était rendue indigne par sa conduite. Après avoir excité la conspiration de Norfolk, sollicité la bulle d'excommunication du pape Pie, suscité une invasion de la part des Flamands; après avoir séduit les amis de la reine, et animé contre elle ses ennemis étrangers et domestiques, Marie l'avait réduite à la nécessité de la traiter comme une rivale redoutable, et de rendre sa prison plus étroite et plus rigoureuse. Cependant, Elisabeth, malgré tant de justes sujets d'indignation, avait rejeté en sa faveur et les importunités du Parlement, et les conseils des ministres les plus éclairés : l'espoir de la ramener à la prudence et à la modération n'avait-il pas fait différer assez longtemps d'en venir aux dernières extrémités avec elle? Jusque dans son état d'abandon, Marie, loin de se dépouiller de son orgueil indomptable, s'était toujours regardée en droit de disputer la couronne à Elisabeth; elle avait permis à ses partisans de la traiter comme reine d'Angleterre en toute occasion, et dans les lettres mêmes qu'ils lui écrivaient; son animosité s'était enflammée jusqu'à la faire concourir au projet d'assassiner la reine : ce crime était prouvé par ses propres lettres, par la déposition de ses secrétaires, et par le testament de mort de ses complices; elle n'était plus reine actuellement que de nom ; il ne lui restait nulle part aucun exercice, aucune prérogative de la royauté, encore moins en Angleterre qu'ailleurs, où tout le monde était soumis aux lois et à Elisabeth, la seule véritable souveraine; quand même on accorderait à Marie d'être encore l'égale de la reine par le rang et la dignité, le droit de défense propre, donné par la nature, était une loi qu'on ne pouvait abroger; toute personne, et surtout une souveraine, avait assez de juridiction sur un ennemi déclaré, encore plus sur un ennemi secret, qui, à force ouverte ou par des trahisons souterraines, menaçait sa vie d'un péril évident. Le complot universel formé entre les catholiques pour exterminer les protestants, depuis longtemps n'était plus un mystere ; que comme l'unique ressource des réformés contre la persécution était dans la vie d'Elisabeth, de même la principale espérance des catholiques persécuteurs était dans la conservation et dans les prétentions de la reine d'Ecosse. L'état des choses étant parvenu à cette extrémité entre les deux princesses, la vie de l'une ne pouvait être assurée que par la mort de l'autre; Elisabeth devait sentir quel parti elle avait à prendre, et pour sa propre conservation, et pour le bonheur de ses sujets : la nécessité, plus puissante encore que la politique, exigeait d'elle cette résolution, autorisée d'ailleurs par la justice, et presque par le devoir.

Telles étaient les raisons que donnaient les courtisans pour engager leur maîtresse à faire un acte qu'elle désirait, du reste, du fond de son cœur, acte injuste et barbare s'il en fût jamais; car, en supposant que la reine d'Ecosse eût trempé pleinement dans le complot, ce complot n'avait d'autre but pour elle que sa délivrance; et il lui était bien permis, à elle qui était retenue captive contre le droit des gens, de faire tous ses efforts pour recouvrer la liberté dont elle était privée depuis si longtemps !

Lorsque Élisabeth crut que toutes les sollicitations avaient été mises en usage; que tous les délais avaient été accordés, autant que la décence l'exigeait, elle se détermina enfin à mettre la sentence à exécution. Mais elle ne crut pas devoir y procéder encore sans donner une nouvelle scène d'artifice et de duplicité. Dans l'intention d'alarmer la populace, elle fit répandre le bruit que la flotte espagnole était arrivée au havre de Milford; que les Écossais avaient fait une irruption en Angleterre; que le duc de Guise était débarqué dans la province de Sussex avec une armée formidable; que la reine d'Écosse s'était sauvée de sa prison et avait rassemblé des troupes; que les comtés du Nord commençaient à se soulever; qu'il y avait un nouveau projet de conspiration pour assassiner la reine, et pour mettre le feu dans la ville de Londres : on alla même jusqu'à dire que l'assassinat avait été commis : on accusa de cet attentat d'Aubespine, ambassadeur de France, et ce ministre fut obligé de quitter le royaume. Élisabeth affectait un grand fond d'inquiétude et de terreur; elle s'éloignait souvent de sa cour pour rêver à l'écart, et laissait échapper des paroles entrecoupées sur les dangers et les peines de sa situation. Elle fit enfin appeler Davison, homme d'esprit, mais facile à tromper, et que, par cette raison même, on venait de faire secrétaire d'Etat. Elle lui dit d'expédier secrètement l'ordre d'exécuter la reine d'Ecosse, lequel ordre elle voulait, ajouta-t-elle, garder tout prêt en cas que l'on fît quelques tentatives pour délivrer cette princesse. Elle signa cet ordre, et le fit porter par Davison à la chancellerie, pour qu'on y apposât les sceaux. Le lendemain elle envoya Killigrew à Davison, lui enjoindre de sa part de différer ce qu'elle lui avait commandé la veille. Lorsque Davison vint lui apprendre que l'ordre avait déjà passé au sceau, elle parut émue, et lui reprocha sa précipitation. Davison ne sachant quel parti prendre, instruisit le conseil de ce qui se passait. Ceux qui le composaient tâchèrent de lui persuader de remettre l'ordre au greffier : ils lui promirent de justifier sa conduite si la reine le désapprouvait, et de prendre sur eux tous les risques de cette démarche. Le secrétaire d'État, ne pénétrant pas leur intention, se rendit à leur avis. L'ordre fut envoyé aux comtes de Kent, de Shrewsbury, et à quelques autres, avec commandement d'être témoins de l'exécution de la reine d'Ecosse.

Les deux comtes se transportèrent à Fotheraingai; on les introduisit auprès de Marie; ils lui rendirent compte de leur commission, et lui dirent de se préparer à la mort pour le lendemain, à huit heures du matin. Cette nouvelle la surprit, mais ne l'effraya pas. Elle répondit avec un air calme et même riant, qu'elle n'avait pas cru que la reine sa sœur consentît à sa mort, et fît exécuter une sentence prononcée contre une personne qui n'était soumise ni aux lois ni à la juridiction d'Angleterre. « Mais puisque telle est sa volonté, ajouta-t-elle, je bénis le moment qui va terminer les malheurs de ma vie. L'âme, assez faible pour ne pas soutenir le corps contre les horreurs de ce dernier trajet, n'est pas digne, selon moi, d'arriver au séjour des béatitudes. »

Elle pria ensuite les deux comtes de souffrir que quelques gens de sa maison, surtout son confesseur, l'accompagnassent. Ils lui répondirent que leur conscience ne leur permettait pas de lui accorder la dernière partie de sa demande; que le docteur Fletcher, doyen de Peterborow, homme d'un profond savoir, serait présent et l'instruirait des principes de la vraie religion. Le refus de voir ce ministre alluma le zèle du comte de Kent; il lui dit, d'un ton brusque, que sa mort ferait le salut de leur religion, comme sa vie en aurait été la ruine. On lui parla de Babington; mais elle nia constamment d'avoir eu connaissance de sa conspiration, et remit à Dieu le soin de venger l'injustice qu'on lui faisait.

Lorsque les comtes l'eurent laissée en liberté, elle ordonna de hâter son souper, pour avoir plus de temps à donner aux affaires qui lui restaient dans ce monde, et à se préparer à passer dans l'autre. Elle avait besoin, dit-elle, de prendre un peu de nourriture, de peur que l'accablement du corps ne fît succomber l'esprit le lendemain matin, et ne l'exposât peut-être à montrer une faiblesse indigne d'elle. Cette princesse soupa sobrement, comme à son ordinaire; sa douce gaieté ne la quitta pas même dans cette occasion; elle consola ses domestiques, absorbés dans une douleur trop profonde pour pouvoir la dérober à ses regards.

« Ne remarquez-vous pas, dit-elle à Bourgoin, son médecin, en se tournant vers lui, quelle est la force invincible de la vérité? Ils prétendent qu'ils me font mourir pour avoir conspiré contre la vie de la reine; mais le comte de Kent vient d'avouer que ma mort n'a d'autre cause que la crainte où ils sont de ne pouvoir maintenir leur religion si je vivais. Ma constance dans ma foi est mon crime réel; le reste n'est qu'un prétexte inventé par des hommes intéressés et méchants. »

Sur la fin du repas, elle appela tous ses gens et but à leur santé; ils se mirent à genoux, et burent à leur maîtresse, les uns après les autres; ils lui demandèrent pardon des négligences qu'ils avaient pu mettre dans leur devoir; elle daigna leur demander pardon à son tour des mortifications qu'elle avait pu leur causer, et des torrents de larmes accompagnèrent ce dernier adieu solennel et ce pardon réciproque.

L'unique soin qui parût l'intéresser encore ici-bas fut de pourvoir au sort de ses domestiques après elle. Elle lut son testament, dans lequel ses bienfaits étaient énoncés; elle se fit apporter l'inventaire de son mobilier, de sa garde-robe et de ses bijoux, et écrivit à côté de chaque article le nom de celui en faveur de qui elle en disposait; elle distribua de ses propres mains de l'argent à quelques-uns d'eux; elle proportionna les récompenses selon les différents grades et mérites de chacun; elle écrivit aussi au roi de France pour lui recommander ses domestiques, et au duc de Guise, son cousin, qu'elle avait fait son exécuteur testamentaire. Elle se mit au lit à son ordinaire, et dormit quelques heures; lorsqu'elle fut éveillée, elle passa le reste de la nuit en prières. Comme elle avait prévu la difficulté de suivre les rites de sa religion ; elle avait eu la précaution de demander une hostie sacrée au pape Pie, qu'elle en obtint, et qu'elle réserva pour les derniers moments de sa vie. Elle suppléa par ce moyen, autant qu'il lui fut possible, aux secours du confesseur et du prêtre qu'on lui refusa.

Dès la pointe du jour elle se revêtit d'un habit de soie et de velours, le seul qu'elle se fût gardé. Elle dit à ses filles d'honneur, qu'elle leur aurait volontiers laissé cet habillement, plutôt que celui qu'elle avait la veille, mais qu'il lui paraissait nécessaire, dans un jour d'appareil aussi solennel, de paraître avec un habit décent...

Thomas Andrews, le shérif de la province, entra dans la chambre de la reine d'Ecosse, et l'informa que l'heure était venue, et qu'il avait l'ordre de l'accompagner au lieu de l'exécution. Elle répondit qu'elle était prête. Elle dit adieu à ses domestiques, et, s'appuyant sur deux des gardes de sir Amias Paulet, à cause d'une infirmité qu'elle avait dans les jambes, elle suivit le shérif d'un air calme et majestueux. Les comtes de Shrewsbury et de Kent, sir Amias Paulet, sir Drue Drury et plusieurs autres seigneurs de distinction vinrent à sa rencontre, tandis qu'elle traversait une salle attenante à sa chambre. Elle y trouva aussi André Melvil, son maître d'hôtel, qui, se précipitant à genoux devant elle, et se tordant les bras, s'écria à haute voix :

« Ah madame ! ah malheureux que je suis ! quel homme fut jamais le messager d'une nouvelle aussi funeste que celle dont je suis chargé! Je ne vais donc retourner dans ma patrie que pour apprendre à tout le monde que j'ai vu ma bonne maîtresse, ma souveraine, périr en Angleterre sous le fer d'un bourreau ! »

Ses pleurs et ses sanglots lui ôtèrent l'usage de la parole. Marie, se sentant elle-même trop émue, mais plutôt d'attendrissement que de regret à la vie :

« Cesse, mon bon serviteur, lui dit-elle, cesse tes gémissements. Tu as

plutôt sujet de te réjouir que de t'affliger. Tu vas voir arriver enfin le terme lent et désiré des malheurs de Marie Stuart. Apprends, continua-t-elle, mon fidèle ami, apprends qu'ici tout est vanité, que tout s'y empoisonne d'amertumes, et que la terre n'est qu'un vaste océan de douleurs et de larmes. Je te conjure de publier, de ma part, que je meurs inébranlable dans ma religion, et inébranlablement attachée à l'Ecosse et à la France. Que le ciel pardonne ma mort à ceux qui l'ont si longtemps désirée, et qui ont cherché à s'assouvir de mon sang avec autant d'ardeur que le cerf haletant cherche un ruisseau où il puisse se désaltérer! O Dieu, ajouta-t-elle, toi qui es l'auteur de toute vérité, et la vérité même, tu connais les replis les plus cachés de mon cœur; tu sais avec quelle sincérité j'ai toujours désiré d'établir la plus parfaite union entre l'Ecosse et l'Angleterre; avec quel soin j'ai tâché d'étouffer le germe de ces funestes différends. Melvil, dis à mon fils qu'il se souvienne de sa mère; dis-lui que, malgré mes malheurs, je n'ai jamais rien fait qui pût porter préjudice au royaume d'Ecosse. » A ces mots, elle se pencha vers Melvil et l'embrassa, le visage baigné de larmes. « Adieu, mon cher Melvil, reprit-elle, adieu encore une fois, mon cher Melvil; ta maîtresse, ta reine, se recommande à tes prières. »

Elle se tourna ensuite vers les seigneurs qui l'accompagnaient, et les conjura d'obtenir qu'on eût soin de ses domestiques; qu'on leur laissât la jouissance de ce qu'elle leur donnait par testament, et qu'on les renvoyât en sûreté dans leur pays natal. On lui répondit d'une façon satisfaisante. Elle demanda encore qu'il leur fût permis de la suivre au lieu de son supplice, afin, dit-elle, que leurs yeux soient témoins, que leurs cœurs soient convaincus de la résignation avec laquelle leur reine et maîtresse subit son arrêt, et de la persévérance de son attachement pour sa religion. Le comte de Kent s'y opposa; il représenta à Marie que leurs discours et leurs cris pourraient la troubler, ainsi que les spectateurs.

« Milord, lui dit-elle, je donnerai ma parole, quoiqu'elle ne soit plus rien, qu'ils ne s'exposeront à déplaire par aucune des choses dont vous venez de parler. Hélas ! les pauvres malheureux ! ce serait une consolation bien touchante pour eux de dire un dernier adieu à leur maîtresse. J'espère, ajouta-t-elle, que votre souveraine, à qui les bienséances de son sexe et de son rang sont chères, voudra bien que je meurs entre les bras de quelqu'un des miens. Je sais que Sa Majesté ne vous a pas donné des ordres si sévères, que vous ne puissiez m'accorder une demande si peu importante, quand même je serais d'un rang inférieur à celui que je tiens. »

Le comte de Kent resta inexorable sur cet article. Tant d'opiniâtreté la révolta. Cette princesse, qui avait su se mettre au-dessus des terreurs de la mort, fut profondément affectée par cette indignité à laquelle elle ne s'était pas attendue.

« Je suis cousine de votre reine, s'écria-t-elle, descendue de Henri VIII comme elle, veuve d'un roi de France, et reine d'Ecosse. »

Les commissaires sentirent enfin à quel point leur obstination pourrait paraître odieuse ; ils conférèrent un moment entre eux, et consentirent à ce qu'un petit nombre de ses domestiques l'accompagnât. Elle fit choix de quatre hommes et de deux de ses femmes.

Elle passa ensuite dans une autre salle, où l'on avait élevé un échafaud tendu de noir, et vit, sans changer de visage, les deux bourreaux et tous les préparatifs de sa mort. Cette salle était remplie de spectateurs ; pas un ne fut assez inhumain pour ne pas être ému en réfléchissant sur le sort de cette reine et sur l'enchaînement extraordinaire de ses malheurs ; on considérait son courage tranquille, mais intrépide ; on se rappelait toutes ses qualités aimables ; on contemplait avec attendrissement les charmes de sa personne, quoique flétris par l'âge et surtout par les chagrins, mais qui se faisaient encore remarquer dans ce fatal moment. On lui lut alors l'ordre donné pour son exécution : elle l'écouta dans un profond silence, et ne montra pas plus d'altération que si cette cérémonie eût regardé quelque autre qu'elle. Avant que les bourreaux procédassent à leurs fonctions, le doyen de Pétersborough s'avança vers elle. Marie lui répéta plusieurs fois, mais en vain, qu'elle n'avait pas besoin de son ministère, qu'elle était inébranlable dans la religion catholique et romaine, et prête à sacrifier sa vie pour la défense de sa foi. Il crut qu'il était de son devoir de continuer ses lectures et ses exhortations, et de tâcher de la convertir; il lui dit que la reine d'Angleterre prouvait dans ce moment le tendre intérêt qu'elle prenait à son salut; que, malgré le châtiment qu'on lui avait infligé avec tant de justice pour tous ses crimes, Élisabeth n'en était pas moins attentive à se servir de tous les moyens possibles pour sauver son âme de la perdition où elle allait s'exposer incessamment; qu'elle était sur le bord de l'éternité; qu'elle ne pouvait échapper aux tourments de l'enfer qu'en se repentant de ses anciennes erreurs; qu'elle devait justifier, par un aveu sincère, l'équité de la sentence prononcée contre elle, reconnaître les bontés de la reine, et montrer une foi vive en Jésus-Christ. Il ajouta que les saintes Ecritures étaient les seules règles de la doctrine, et les mérites du Rédempteur les seuls moyens du salut; que, si elle se confiait aux inventions, aux subtilités des hommes, elle pouvait s'attendre à être précipitée tout à l'heure dans les ténèbres éternelles, où elle ne verrait que des pleurs et n'entendrait que des hurlements et des grincements de dents; que le bras de la mort était déjà étendu sur elle; que la cognée allait frapper la racine de l'arbre; que le souverain Juge du ciel l'attendait sur son trône; que le livre de sa vie était ouvert; que son arrêt allait être prononcé; qu'il dépendait encore d'elle de profiter de ces instants précieux, pour s'élever à la résurrection de vie, et entendre ces paroles pleines de douceur à son arrivée devant le Tout-Puissant : *Venez, vous, la bien-aimée de mon Père,* ou de partager avec les impies la résurrection de réprobation, pleine d'horreurs, et d'entendre retentir cette sentence effroyable : *Allez, maudits, dans le feu éternel !*

Pendant ce discours, la reine ne put s'empêcher de trahir quelquefois son impatience en interrompant le prédicateur. Le doyen s'aperçut qu'il ne gagnait rien sur elle par ses lectures; il tenta la voie de l'autorité, et lui ordonna d'abjurer ses fausses opinions, de se repentir de ses anciennes fautes, et d'appuyer sa foi sur l'unique fondement qu'elle ne pouvait espérer d'être sauvée qu'en Jésus-Christ. Marie l'interrompit en s'écriant avec vivacité :

« Eh quoi! encore, encore!... Ne vous échauffez pas davantage sur cette matière; car je suis née, j'ai vécu et je mourrai dans ma religion. »

Les comtes eux-mêmes sentirent qu'il était inutile de la fatiguer par toutes ces discussions théologiques; ils ordonnèrent au doyen de finir ses exhortations déplacées, et de prier pour sa conversion. Tandis que ce ministre faisait la prière, elle récita dans son particulier l'office de la Vierge. Après qu'elle eut fini, elle demanda tout haut à Dieu, en anglais, qu'il eût pitié de l'Église affligée, et qu'il daignât terminer ses propres maux; elle l'implora pour son fils et pour la reine Élisabeth; elle le pria de répandre de longues prospérités sur cette princesse, et souhaita qu'elles fussent employées pour son service. Le comte de Kent, ayant remarqué que dans ses mouvements de dévotion elle contemplait souvent le crucifix, ne put s'empêcher de lui reprocher son attachement à cette fourberie de l'Église romaine, comme il l'appela. Il l'exhorta à avoir le Christ dans le cœur, et non pas dans ses mains. Elle répondit avec beaucoup de présence d'esprit, qu'il était difficile de tenir un pareil objet entre ses mains sans que le cœur fût touché de quelque compassion.

A l'aide de ses deux femmes, elle commença alors à se déshabiller. L'exécuteur voulut aussi prêter la main à cette préparation; elle lui dit en souriant qu'elle n'était pas accoutumée à se déshabiller en présence de tant de monde, et à se faire servir par des gens de sa sorte. Dès que ses domestiques la virent dans cet état, prête à poser sa tête sur le bloc, ils fondirent en larmes et poussèrent des gémissements; elle se retourna de leur côté et mit le doigt sur sa bouche, pour leur faire signe de garder le silence ; elle leur donna ensuite sa bénédiction et leur dit de prier pour elle. Le bourreau, vêtu d'un habit de velours noir, se jeta à ses genoux, et lui demanda pardon ; elle lui pardonna de la meilleure grâce, en implorant la clémence du ciel pour tous ses persécuteurs. Une de ses femmes, qu'elle avait amenée exprès pour lui rendre ce dernier office, lui couvrit les yeux d'un mouchoir. Marie l'arrangea elle-même sans marquer la moindre frayeur.

Elle plaça elle-même la tête sur le billot, en disant :

« O mon Dieu, ne permets pas que je sois confondue ! »

Elle continua un moment sa prière, puis dit à haute voix :

« Mon Dieu, je remets mon âme entre tes mains. »

Elle répéta plusieurs fois cette prière avec l'apparence de la plus grande tranquillité.

Tout le monde pleurait ; on n'entendait dans la salle que des sanglots entrecoupés. L'exécuteur, ému aussi par l'aspect d'une si grande infortune, donna maladroitement le coup de hache, tandis que son aide tenait les mains de la patiente. Le coup fit dérouler de longs et superbes cheveux, mais déjà blanchis par une longue continuité de malheurs et de chagrins. Un second coup abattit enfin la tête de Marie, et le bourreau, prenant cette tête qui avait porté deux couronnes, la montra aux spectateurs ; le doyen de Pétersborough s'écria :

« *Vive Élisabeth ! ainsi périssent les ennemis de la religion.* »

Le comte de Kent répondit :

« *Ainsi soit-il.* »

Le sang fut recueilli dans des bassins d'argent ; et le corps, après avoir été abandonné quelque temps au bourreau, qui le dépouilla entièrement de ses habits, fut porté dans une salle voisine, puis inhumé dans la cathédrale de Pétersborough.

Ainsi mourut, dans la quarante-sixième année de son âge, et la dix-neuvième de sa détention en Angleterre, Marie Stuart, reine d'Écosse. Cette princesse réunissait aux perfections du corps tout ce que la culture peut ajouter à l'esprit naturel. Sa vie fut infortunée, et sa conduite fut légère à quelques égards. La noblesse de son air, la régularité de ses traits et de sa taille étaient assortis pour en faire la plus aimable des femmes. Les charmes de son esprit, les grâces qu'elle jetait dans la conversation, achevaient l'impression que sa figure séduisante faisait sur tous ceux qui la voyaient. Naturellement active et ambitieuse, elle était cependant sensible aux plaisirs, et elle aimait la société. Son âme, fière, courageuse, et même véhémente, savait encore se plier au commerce du monde; elle y répandait la politesse, l'aménité et l'affabilité la plus attrayante. On eût dit qu'elle avait combiné l'heureux mélange des vertus mâles, des qualités sublimes, qui rendent estimables, avec les grâces touchantes qui font l'ornement de son sexe. Pour prendre une idée juste de son caractère, il faut détourner les yeux d'une partie de sa conduite tout le temps qu'elle fut guidée par un homme pervers. Ses erreurs doivent être considérées, soit qu'on les mette au rang des crimes ou à celui des imprudences, comme l'effet inexplicable, et pourtant assez ordinaire, de l'inconséquence de l'esprit humain, de la fragilité de la nature et de l'ivresse des passions ; souvent même on peut en accuser l'influence que les situations et les événements momentanés ont sur des âmes d'une certaine trempe, et dont les principes ne sont pas affermis par l'expérience et la réflexion. Indignée de l'ingratitude de son époux, séduite par les conseils perfides d'un homme en qui elle avait mis toute sa confiance, entraînée par l'impétuosité de son propre caractère, qu'elle ne fut jamais assez attentive à réprimer, elle se précipita dans des démarches dont, avec quelque difficulté, on peut rendre raison, mais qu'il est difficile de justifier et même d'adoucir. Le détail de ses qualités a l'air d'un panégyrique ; le tableau d'une partie de sa conduite ressemble à une satire amère.

La foule de malheurs, la solitude ennuyeuse d'une longue captivité, les persécutions qu'elle avait éprouvées au sujet de sa religion, l'avaient jetée, vers les dernières années de sa vie, dans une dévotion excessive. Quand on considère l'esprit dominant de son siècle, on est moins étonné que le zèle de Marie, joint à son ressentiment et à ses intérêts, l'ait portée à consentir au complot d'assassiner Elisabeth, puisque le reste des conjurés n'avait que le premier de ces motifs pour le former, et qu'il fut assez puissant sur eux pour les y résoudre.

Lorsque Elisabeth apprit l'exécution de la reine d'Ecosse, elle affecta la plus grande surprise et la plus grande indignation. Son visage s'altéra ; elle bégaya quelques sons mal articulés ; la parole expira sur ses lèvres ; sa douleur parut si profonde pendant longtemps, qu'elle ne put l'exhaler ; elle resta immobile d'étonnement et dans un silence stupide. Lorsqu'elle fut en état d'exprimer ses sentiments, elle se répandit en regrets et en gémissements ; elle prit le deuil le plus lugubre ; on ne la vit que baignée de larmes ; elle ne souffrait auprès d'elle que ses dames d'honneur et ses femmes ; pas un de ses ministres ou des lords du conseil privé n'osait se présenter à sa vue. Si quelqu'un avait cette témérité, elle le chassait à l'instant de sa présence, avec toutes les démonstrations de la fureur et du ressentiment ; ils s'étaient tous rendus coupables d'un crime irrémissible, en faisant mourir, disait-elle, sa chère sœur, son alliée, contre son intention et sa volonté déterminée, dont ils étaient assez instruits.

Dès que son désespoir fut un peu diminué, et qu'il lui permit de réfléchir, elle écrivit une lettre de justification au roi d'Ecosse. Elle disait à ce prince qu'elle voudrait qu'il sût, et non pas qu'il sentît, l'inexprimable douleur dont elle était pénétrée par le triste événement qui venait d'arriver en Angleterre sans sa participation, et sans même qu'elle en eût connaissance ; que sa plume lui tombait des mains lorsqu'elle essayait de lui apprendre cette funeste catastrophe, et qu'elle était obligée d'en abandonner l'affligeant récit à son cousin, porteur de sa lettre; qu'il informerait également Sa Majesté de toutes les circonstances de ce malheur aussi imprévu qu'affreux; qu'elle attestait le Juge suprême du ciel et de la terre qu'elle en était innocente; qu'au milieu de ses afflictions, il devenait consolant pour elle d'en pouvoir donner la preuve par le témoignage de toute sa cour; qu'elle abhorrait l'hypocrisie et la dissimulation, et ne croyait rien de si digne d'un prince qu'une conduite ouverte et sincère; qu'elle n'était ni assez lâche ni assez faible pour désavouer l'ordre de faire cette exécution fatale, si en effet elle l'avait donné; que, toute convaincue qu'elle fût de la justice de la sentence, elle s'était promis, au contraire, de ne jamais la faire exécuter; qu'elle s'était indignée de la témérité de ceux qui avaient trahi ses intentions à ce sujet; que ce prince n'était chéri de personne aussi tendrement que d'elle; qu'elle prenait l'intérêt le plus vif à sa postérité; qu'elle espérait en conséquence qu'il regarderait comme ennemis tous ceux qui entreprendraient de jeter la discorde entre elle et lui, relativement à ce qui venait de se passer.

Pour mieux en imposer à Jacques et le calmer, elle ordonna que Davison fût mis en prison, et que la chambre étoilée lui fît son procès sur la conduite téméraire qu'il avait eue. Celui-ci fut atterré de ce coup inattendu; mais, prévoyant le danger qu'il y aurait pour lui à se défendre contre l'accusation de la reine, il prit le parti de s'avouer coupable et de marquer du repentir de sa faute. Il souffrit patiemment les réprimandes amères de ces mêmes ministres à la persuasion desquels il avait commis son crime, et qui lui avaient promis de prendre l'événement sur leur compte. Il fut condamné à garder la prison tant que la reine le jugerait à propos, et à payer une amende de dix mille livres sterling. Il resta longtemps prisonnier, et, quoique l'amende à laquelle il était imposé le réduisît à l'indigence, on en exigea le payement à la rigueur. Toute la grâce qu'il obtint de la reine fut qu'elle lui envoyât de temps en temps quelques secours pour l'empêcher de périr de misère. Il écrivit secrètement son apologie à son ami Walsingham ; ce morceau contient des détails curieux :

« Les ambassadeurs de France et d'Écosse, dit Davison, venaient de solliciter la reine en faveur de Marie ; à peine étaient-ils sortis, que, de son propre mouvement, elle lui dit de lui remettre l'ordre d'exécuter cette princesse ; elle le signa avec empressement, et commanda que le grand sceau d'Angleterre y fût apposé. Elle était même de si bonne humeur, dans ce moment, qu'elle dit avec le ton de la plaisanterie à Davison : « Allez apprendre ceci à Walsingham, qui est malade actuelle-« ment, quoique je craigne que cette nouvelle ne le fasse mourir de « chagrin. »

« Elle ajouta que, malgré le temps qu'elle avait différé cette exécution, dans la crainte de paraître méchante et cruelle, elle en avait toujours senti la nécessité. Dans la même conversation, elle désapprouva Drury et Paulet de ne l'avoir pas déjà délivrée de cet embarras. Elle témoigna à quel point elle désirait que Walsingham pût les déterminer à cet acte de complaisance. Elle était si occupée de ce dessein que, peu de temps après, elle demanda à Davison s'il n'y avait point de lettre de Paulet au sujet du bon office qu'on attendait de lui. Davison fit venir à Élisabeth la réponse de Paulet, dans laquelle il refusait nettement d'agir contre ses principes d'honneur et d'équité. La reine se mit en colère, et traita Paulet et Drury de parjures, puisque, après s'être liés, par le serment de l'association, à venger toutes ses injures, ils se refusaient à le remplir dans cette occasion.

« Mais d'autres, continua-t-elle, seront moins scrupuleux. »

Davison ajoute qu'il ne fallut pas moins que le consentement et les instances de tout le conseil pour la résoudre à envoyer cet ordre ; il connaissait tout le danger auquel il s'exposait, et n'avait pas oublié qu'Élisabeth, après avoir ordonné l'exécution du duc de Norfolk, s'était efforcé de même à rejeter le reproche de cette action sur le lord Burleigh.

La dissimulation d'Élisabeth était si grossière qu'elle ne pouvait tromper que ceux qui voulaient y fermer les yeux. Mais, comme l'intérêt que Jacques prenait à sa mère était trop sincère et trop tendre pour qu'il fût si facile de lui faire illusion, ce prince montra le ressentiment le plus vif, et refusa audience à Cary, qui lui apportait la lettre d'Elisabeth. Il rappela ses ambassadeurs d'Angleterre, et ne parut respirer que la guerre et la vengeance. Les États d'Ecosse s'assemblèrent et partagèrent l'indignation de leur maître. Ils lui protestèrent qu'ils étaient prêts à sacrifier leur fortune et leur vie pour venger la mort de sa mère, et pour soutenir ses droits à la couronne d'Angleterre. La plupart des grands excitèrent Jacques à prendre les armes. Le jour que tous les courtisans parurent en grand deuil, le lord Sainclair se présenta devant le roi, armé de toutes pièces, et lui dit que c'était là le deuil qu'il fallait prendre pour la reine. Les catholiques saisirent cette occasion d'exhorter Jacques à s'unir avec le roi d'Espagne, pour réclamer, dès ce moment, la couronne d'Angleterre; d'ailleurs, ce parti, disaient-ils, devenait le véritable moyen de prévenir le danger dont l'exemple de sa mère l'avertissait, si jamais Elisabeth pouvait s'emparer de son royaume et de sa personne. Cette princesse prévoyait avec chagrin les nouveaux troubles que ces conseils pouvaient occasionner; après avoir laissé à Jacques un temps convenable pour se livrer à son dépit et à sa douleur, elle employa ses émissaires à l'apaiser et à lui faire considérer tous les motifs de crainte et d'espérance qui devaient l'engager à vivre en paix et en bonne intelligence avec elle.

Walsingham écrivit à ce sujet une lettre très-artificieuse au lord Thirlstune, secrétaire d'Etat d'Ecosse : il lui marquait sa surprise d'apprendre les résolutions violentes que l'on prenait dans ce royaume, et la passion à laquelle se laissait entraîner un prince aussi sage, aussi modéré que Jacques; il faisait observer qu'une guerre, allumée seulement pour tirer vengeance d'un acte de justice prescrit par la nécessité, serait nécessairement blâmée et ne pourrait trouver d'excuse, ni dans les principes de l'équité, ni dans ceux de la raison; il représentait que, si les rois étaient insensibles à ces sortes de considérations, au moins ne devaient-ils pas l'être à celle de la politique et de l'intérêt; que ces deux motifs s'opposaient encore plus évidemment à toute idée de rupture avec l'Angleterre, et au projet de faire revivre les prétentions et les droits anéantis de Jacques sur ce royaume; que l'inégalité des deux Etats devait ôter à ce prince tout espoir de succès s'il ne se confiait que dans les seules forces du sien, et s'il n'avait pas recours aux puissances étrangères; que les inconvénients attachés à l'introduction de secours d'un monarque plus puissant que soi étaient démontrés dans les fastes de l'histoire; qu'ils ne pouvaient être échappés à un prince aussi instruit que Jacques; qu'il y avait même, dans la position actuelle des choses, plusieurs circonstances particulières qui devaient l'éloigner d'avoir recours à un expédient si dangereux; que le roi de France, cet ancien allié de l'Ecosse, faisait volontiers usage de l'assistance de ce royaume contre l'Angleterre, mais qu'il verrait avec peine ces deux couronnes réunies sur la tête de Jacques, réunion qui, dans la suite, lui ôterait pour jamais les ressources de cette politique, autrefois si utile à la France et si funeste à l'Ecosse; qu'indépendamment des factions domestiques et de la guerre civile que Henri avait lui-même sur les bras, il n'était pas en état de fournir des secours à des alliés si éloignés de lui; qu'il voudrait encore moins s'exposer aux hasards et aux frais de la guerre, pour contribuer à l'agrandissement d'un proche parent des Guise, les ennemis mortels de son repos et de son autorité; que la puissance formidable et l'ambition démesurée du roi d'Espagne le rendaient un allié encore plus dangereux pour Jacques; que Philippe avait aspiré visiblement à la monarchie universelle dans l'Occident; qu'en particulier, il réclamait quelques prétentions sur l'Angleterre, comme descendant de la maison de Lancastre; que tous les princes de cette partie de l'Europe, s'ils étaient jaloux de leur indépendance et de leur liberté, devaient le regarder comme leur ennemi commun, et surtout comme le rival et le compétiteur immédiat du roi d'Ecosse; qu'Elisabeth, au moyen de ses forces navales et de son alliance avec les Hollandais, empêcherait probablement que tous les secours que Jacques attendait du dehors pussent arriver jusqu'à lui; qu'alors elle aurait un grand avantage à décider la querelle dans l'île même, avec les forces supérieures de son propre royaume, opposées à celles des Ecossais; que si le roi faisait revivre les prétentions de sa mère au trône d'Angleterre, il fallait aussi qu'il embrassât la religion qu'elle professait, qui seule pouvait les justifier; que ce serait se couvrir de honte d'abandonner les principes dans lesquels il avait été si soigneusement élevé, et dont il paraissait si convaincu jusqu'à présent; qu'une telle apostasie lui aliénerait tous les protestants d'Ecosse et d'Angleterre, sans lui procurer la confiance des catholiques, auxquels cette démarche rendrait avec raison son honneur et sa sincérité également suspects; qu'en exerçant actuellement ses prétentions à la couronne, il perdrait l'expectative certaine d'y succéder, et qu'il ranimait l'ancienne haine nationale, que la dernière paix et l'alliance entre les deux royaumes avait éteinte; que toute la noblesse d'Angleterre s'était ouvertement déclarée pour l'exécution de la reine d'Écosse; que si Jacques montrait un ressentiment si vif de cet acte de justice, tous les grands se croiraient obligés, pour leur propre sûreté, d'empêcher qu'un prince si vindicatif montât jamais sur le trône d'Angleterre; que beaucoup de gens ne manqueraient pas sans doute de vouloir lui persuader que son honneur était engagé à tirer vengeance de l'affront et de l'injure qu'il venait de recevoir; mais que le véritable honneur d'un prince consistait dans la prudence, la modération et l'équité, et non pas à suivre les mouvements d'une passion aveugle, et à chercher à se venger au mépris de tous ses intérêts.

Ces considérations triomphèrent du ressentiment d'un jeune prince naturellement pacifique et sans ambition. Sacrifiant son ressentiment aux intérêts de sa politique, il revint insensiblement à vivre en bonne intelligence avec l'Angleterre; la mort de Marie Stuart resta ainsi sans vengeance, et Élisabeth put jouir en paix des fruits de sa perfidie et de sa déloyauté.

On peut dire qu'Élisabeth ternit la gloire de son règne par cette mort déplorable. Cette princesse, néanmoins, n'était pas dénuée de qualités élevées ; elle se distingua par beaucoup de prudence et d'adresse, et par le talent de se décider à propos. La promptitude qu'elle mettait dans l'exécution de ses projets, son attention à ne les adopter qu'après une mûre délibération, rendirent son gouvernement remarquable, autant par la vigueur que par la sagesse de ses opérations. Malgré ces qualités extraordinaires et supérieures à celles de toutes les personnes de son sexe, elle était éprise pour sa personne d'une folle admiration, qui la rendait ridicule aux yeux de tous ceux qui l'approchaient. Sa recherche dans les ajustements, son affectation à déployer ses charmes, son goût pour la flatterie, étaient portés à l'excès ; et ces défauts, elle les conserva bien au delà de l'âge où ils sont tolérés et permis à certains degrés. Elle était déjà dans une vieillesse avancée, lorsqu'elle prenait encore un soin particulier de sa parure, et cherchait à se donner tous les agréments de la jeunesse. Élisabeth, qui possédait bien plus que Marie la science de la politique et l'art de gouverner, lui était inférieure par les grâces et la beauté de sa personne, et elle avait cependant la faiblesse de se comparer à la reine d'Écosse. Comme elle ne pouvait pas se dissimuler que, dans cette comparaison, tout l'avantage était du côté de Marie, elle lui portait envie, et elle la détestait comme une rivale qui l'éclipsait.

La reine d'Angleterre laissait éclater son jugement et sa pénétration dans le choix qu'elle faisait de ses ministres ; mais il paraît qu'elle ne tenait point à faire preuve de ces qualités lorsqu'elle se donnait des favoris. L'étendue des connaissances, la capacité dans les affaires, une prudence consommée la décidaient entièrement pour choisir les premiers ; la beauté, les grâces de la personne et la politesse dans les manières étaient les seules perfections qu'elle exigeait dans ses amants. D'un côté, elle se conduisait avec la sagesse d'une reine ; de l'autre, elle montrait toutes les faiblesses, tous les caprices d'une femme coquette.

Elle était généralement affable et populaire ; mais elle était fortement entichée des prérogatives de l'autorité royale, ce qui rendit son gouvernement absolu et souvent tyrannique. Son amour pour ses sujets, le succès de ses armes, la tranquillité dont jouit son royaume, l'accroissement des richesses et du commerce de sa nation, voilà des choses glorieuses que l'on peut citer en l'honneur de cette princesse.

Les défauts qu'on apercevait chez elle n'étaient pas d'une espèce à tourner au désavantage de ceux qu'elle gouvernait. Son goût pour l'épargne, porté à l'excès, l'empêcha souvent de s'engager dans de grandes entreprises, et affaiblit quelquefois le succès de celles qu'elle avait entamées ; mais cette passion établit en même temps une sage économie dans tout le cours de son administration, et affranchit la nation anglaise de cette foule de taxes et d'impôts qu'un monarque prodigue et entreprenant est toujours dans la nécessité de demander à ses peuples. Ses inquiétudes continuelles par rapport à son droit à la couronne, sa jalousie contre tous les princes qui prétendaient la lui disputer, la portèrent à prendre des précautions aussi avantageuses pour le bien public que pour sa propre sûreté, et l'engagèrent à gagner l'affection de ses sujets, en la regardant comme le plus ferme appui de son trône. Tel est en résumé le tableau que les Anglais ont tracé généralement de leur reine.

Quand on considère le côté politique, Élisabeth peut être certainement placée à juste titre au rang des souverains les plus illustres de l'Europe ; et l'on est forcé d'admirer les hautes capacités qu'elle montra pendant tout son règne. Mais si l'on vient à l'envisager descendue de son trône et au milieu de toutes les petites passions de son sexe, alors on est obligé de déplorer sa jalousie haineuse, son ressentiment implacable, qui causèrent tant de maux à l'infortunée Marie ; et l'on ne peut que détester la mémoire de la femme hautaine, vindicative, coquette et jalouse, qui, dévorée par une envie frivole, ne trouva de satisfaction que lorsqu'elle eut fait répandre le sang de celle qu'elle considérait comme sa rivale.

« Par son testament, Catherine de Médicis laissait sa terre de Chenonceaux à la reine Louise de Vaudemont, de la maison de Lorraine, femme de Henri III. Cette princesse vint prendre possession de cette résidence quelques jours après l'assassinat de son mari, assassinat qu'on était parvenu à lui cacher. Lorsqu'elle apprit cette funeste nouvelle, elle résolut de consacrer le reste de ses jours à sa douleur et aux pratiques de la religion. Elle fit tendre son appartement en drap noir, parsemé de larmes d'argent et de devises funèbres. Un portrait de Henri III, que l'on voyait encore avant la Révolution, était placé au-dessus de la cheminée de sa chambre. Il ne reste plus aujourd'hui que l'inscription latine : *Sœvi monumenta doloris* (1). A sa demande, Philippe II, roi d'Espagne, lui avait envoyé des religieuses capucines. Pour les recevoir, elle fit disposer, dans les combles du château, des cellules, un réfectoire, une chapelle, qui existent encore aujourd'hui.

« Il paraît qu'avant de se retirer au château d'Usson, dans les montagnes d'Auvergne, la reine Marguerite de Valois allait souvent se *retraicter et s'idifier* auprès de la reine Louise de Lorraine, qui porta jusqu'à son dernier jour la plus tendre affection à sa belle-sœur, malgré ses égarements et le scandale de ses nombreuses faiblesses. La lettre suivante, que l'on conserve dans les archives du royaume, témoigna

(1) Monument d'une cruelle douleur.

suffisamment, par le caractère d'aigreur dont elle est empreinte, que la châtelaine de Chenonceaux avait épousé toutes les rancunes de la reine de Navarre contre son mari :

« *A mon frère et cousin le roy de Navarre.*

« Monsieur, je viens pour me plaindre à vous du sieur de Rosny, vostre « lieuxtenant, lequel est venu pour troubler la paix de mon domaine et « ma bénicte maison de Chenonceaulx, en se logeant et malheuvrant sur « mes terres, avec ses artileryes, gendarmes, soudards et autres malé- « fices de guerre, comme aussi grand nombre de chevaulx, au destri- « ment des bonnes gents du pays, que je vous prie vous souvenir, mon- « sieur, qu'ils me sont vassaulx et tenus par moi comme enfants « très-affectionnez. Vous disant aussi que vous debvriez bien d'estre pi- « toyable pour eulx, en ordonnant à vostre sieur de Rosny qu'il se des- « porte de céans où ses gents font mille ravages, et qui ne s'opiniastre « encore d'offancer la sérénité royale en ma personne en se maintenant « sur terre de mon obéissance, comme il ose le faire. Si vous faits-je « porter par ce mien pays un livret qui vous pourroit, comme je le pense « et le voudrois, éclaircir l'esprit ; et vous puis dire encore une fois, « monsieur, que je prie continuellement Nostre-Seigneur et sa bénigne « mère pour vostre conversion.

« Vostre bonne sœur et cousine,

« Loyse.

« Chenonceaulx, ce 18 de febvrier. »

« Jusqu'en 1594, avec dix ou douze mille écus qu'elle touchait à grand'peine, vu le malheur des temps, Louise de Lorraine soutint son rang, distribua d'abondantes aumônes, fonda plusieurs établissements religieux, et naguère sa mémoire était encore vénérée dans les environs du château, où le peuple ne la connaissait que sous le nom de la *reine Blanche*.

« Durant les dernières années de sa vie, Louise de Lorraine reçut plusieurs fois en son château de Chenonceaux la visite de son frère et cousin, comme elle l'appelait, le roi de France et de Navarre. Celui-ci venait toujours en compagnie d'une belle jeune femme, que l'on put croire, pendant quelque temps, appelée à recueillir l'héritage de Diane de Poitiers, et peut-être même de Marguerite de Valois : c'était la célèbre Gabrielle d'Estrées.

« Si une mort prématurée, et qui rappelle à plus d'un titre celle d'une autre maîtresse de roi, d'Agnès Sorel, enleva à la charmante Gabrielle l'héritage de la duchesse de Valentinois, cet héritage n'échappa pas du moins à sa postérité. C'est durant ses visites à Chenonceaux qu'avait été négocié le mariage de César, duc de Vendôme, le premier rejeton de ses royales amours, avec mademoiselle de Mercœur, nièce et héritière de la reine Louise. Le fiancé avait trois ans. Henri IV et Gabrielle ne péchaient pas, on le voit, par défaut de prévoyance.

« On sait que le magnifique château d'Anet, qui avait également appartenu à Diane de Poitiers, devint l'apanage de ce même duc de Vendôme. Décidément, la maison de Bourbon s'attachait à continuer en toutes choses les errements de la maison de Valois, et Henri II n'avait rien à reprocher à Henri IV. N'était-il pas bien juste, en effet, que des palais bâtis pour la maîtresse d'un roi, fussent un jour l'héritage d'un bâtard royal ?

« Ni César, duc de Vendôme ; ni son fils, Louis, le cardinal ; ni son petit-fils, Louis-Joseph, le célèbre généralissime des armées d'Espagne, qui ont possédé Chenonceaux pendant toute la durée du dix-septième siècle, n'ont laissé de notables souvenirs dans cette résidence, à laquelle ils préféraient celle d'Anet, plus voisine de Paris.

« M. le duc de Bourbon, premier ministre de Louis XV, qui leur succéda, ne vint qu'une seule fois à Chenonceaux, en allant conduire sa sœur, mademoiselle de Vermandois, à l'abbaye de Beaumont-lès-Tours, dont, par la suite, elle devint abbesse.

« Louis XIV, en fondant le palais de Versailles, et en appelant à vivre à ses côtés, et en quelque sorte de sa vie, les princes du sang comme les gentilshommes, avait porté une atteinte mortelle à toutes les résidences royales de ses prédécesseurs, comme à tous les manoirs seigneuriaux de sa noblesse. Désormais cette magnifique Touraine, foyer lumineux où se sont accomplis, jusqu'à la fin du seizième siècle, tous les événements de notre histoire, allait rentrer dans l'ombre pour devenir une simple province de la France. M. le duc de Bourbon vendit Chenonceaux, et ce beau château, création d'un général des finances, continué à grands frais, mais sans être achevé, par Henri II et par sa veuve, tomba entre les mains d'un fermier général. C'était finir, à peu de chose près, comme il avait commencé.

« Cependant une dernière consécration allait s'attacher encore à ce séjour. Une aristocratie inconnue jusqu'alors dans notre France se levait, déjà prête à effacer toutes les autres : l'aristocratie de l'intelligence, la plus contestable de toutes, parce que celle-là émane de Dieu. Un homme jeune encore (il avait trente et un ans), que la nouvelle châtelaine de Chenonceaux, madame Dupin, employait sous sa dictée, ou à des recherches de pure érudition, ne le jugeant pas capable de faire autre chose, s'apprêtait, en copiant de la musique à six sous la page, dans ses moments de loisir, à révolutionner le monde. Ce scribe qui, sans études premières et par la seule puissance de son génie, s'est élevé au-dessus des plus grands écrivains ; ce secrétaire incapable, dont les écrits ont jeté une si vive lumière sur les plus hautes questions sociales ; cet apprenti philosophe, qui a plus fait pour la réforme des mœurs que les plus éloquents prédicateurs, se nommait Jean-Jacques Rousseau.

« Il faut lire, avec le livre si justement célèbre des *Confessions,* le récit qu'y fait lui-même l'immortel auteur d'*Émile,* de son séjour à Chenonceaux, de ses occupations, de ses projets, et, pourquoi ne pas l'ajouter? de son amour insensé pour la belle châtelaine ; car madame Dupin, c'est Jean-Jacques qui nous l'apprend, était d'une merveilleuse beauté. Pauvre Jean-Jacques ! comment osait-il entrer en lutte, lui pauvre, lui obscur, lui si peu fait aux belles manières, avec tout ce qu'il y avait alors de brillant en France par l'esprit, par la naissance, par la fortune : les Voltaire, les Balbon, les Tresson, les Montesquieu, les Saint-Aulaire !

« Jean-Jacques échoua. Pouvait-il en être autrement? Après avoir gardé deux jours une lettre, que, *n'osant parler, il avait osé écrire,* on la lui rendit le troisième, mais avec tant de froideur que *sa passion s'éteignit soudain avec l'espérance.* Dès lors, il dut se contenter d'écrire des morceaux de musique, que Louise (c'était le petit nom de la châtelaine) daignait chanter en s'accompagnant du clavecin, et des comédies destinées au théâtre du château, et où elle avait toujours, bien entendu, le principal rôle. C'est par ces compositions obscures que ce grand écrivain préludait à la *Nouvelle Héloïse* et au *Contrat social.*

« C'est à Chenonceaux que Jean-Jacques Rousseau a composé ces vers, empreints d'une douce mélancolie, et qu'il a intitulés : l'*Allée de Sylvie,* du nom d'une des plus belles allées du parc :

Qu'à m'égarer dans ces bocages
Mon cœur goûte de voluptés !
Que je me plais sous ces ombrages !
Que j'aime ces flots argentés !

« Sans doute il faut regretter, pour le bonheur et surtout pour le repos de Jean-Jacques Rousseau, qu'il ne soit pas resté à Chenonceaux pour y continuer les humbles fonctions de secrétaire de madame Dupin ; mais la gloire n'est-elle pas toujours exclusive du bonheur ?

« Le jour où Jean-Jacques Rousseau, parvenu à l'âge de quarante ans, devint, dans l'espace de quelques instants, l'une des plus hautes célé-

VUE DE CHENONCEAUX ET DE SES ENVIRONS.

Mystères des Vieux Châteaux de France.

brités de l'Europe lettrée, la première peut-être, si Voltaire n'eût pas existé, la belle châtelaine de Chenonceaux ne se rappela-t-elle pas involontairement cette lettre brûlante qu'elle avait rendue à son secrétaire, après l'avoir gardée deux jours? Oh! pourquoi la lui avait-elle rendue? S'il n'en avait pas été ainsi, le pauvre Jean-Jacques eût-il jamais associé sa destinée à celle d'une Thérèse Levasseur?

« L'auteur de cette lettre et de tant de chefs-d'œuvre a terminé, à l'âge de soixante ans, une existence pleine de misères et de persécutions.

« Madame Dupin s'est éteinte doucement dans son château de Chenonceaux, après avoir accompli sa quatre-vingt-treizième année, bénie et adorée de tous jusqu'à son dernier jour. » (1)

Aujourd'hui le château de Chenonceaux est devenu la propriété d'un petit-neveu de madame Dupin. Beaucoup de personnes ont rendu un juste hommage au bienveillant accueil que le propriétaire de ce célèbre domaine fait à tous ceux que l'amour des beaux-arts y conduit. On pourrait ajouter à cet éloge, en remerciant M. de Villeneuve du soin, du religieux respect avec lequel il conserve et maintient, dans son intégrité, tous les objets que renferme cet antique monument; heureuse exception au dédain qu'affecte l'ignorance, pour des meubles et des ornements étrangers aux mœurs, aux usages et au goût du jour.

APPENDICE.

Lettre de Marie Stuart à un de ses anciens serviteurs.

Après avoir longtemps différé, à cause des dangers immenses de l'entreprise, j'ai enfin condescendu à la proposition qui m'a si souvent été faite, de me sauver.

Ce qu'il en est résulté, vous l'apprendrez de mes serviteurs. Je crains

(1) *Châteaux et ruines de France*, par Alexandre Delavergne.

de ne plus avoir ni le temps, ni la possibilité de faire mes dernières dispositions : mon argent et mes papiers m'ont été enlevés. Dans l'état de faiblesse où je suis, j'aurais besoin de quelqu'un qui pût m'aider dans mes écritures : priez donc Sa Sainteté, le roi de France, le roi d'Espagne, le duc de Lorraine, et les autres princes mes parents et amis, pour que l'argent et les effets que je n'aurai point distribués à mes serviteurs vous soient rendus et servent à m'acquitter envers ceux à qui je puis devoir.

Vous trouveriez ce langage étrange, si je ne vous disais que Paulet et Drury m'ont signifié mon arrêt de mort, prononcé par l'assemblée des états, et l'ordre de leur reine, qui m'invite à confesser et à reconnaître mes offenses envers elle. Elle m'a donc à cet effet, et pour m'exhorter à bien mourir, envoyé un ministre et un doyen, par lesquels elle m'a fait dire que le peuple demandait ma mort, parce que, pour la tranquillité des États, il ne pouvait exister deux reines ; que les catholiques me nommaient souveraine ; qu'enfin sa vie et sa religion étaient compromises.

Je remerciai les envoyés d'Élisabeth, de l'honneur qu'ils m'attribuaient d'être un instrument si nécessaire pour le maintien de la religion.

« Oui, ajoutai-je, tout indigne que je suis, je veux être la plus zélée protectrice de la foi, et répandre, s'il le faut, mon sang pour une si belle cause. Si, pour son bonheur et son repos, le peuple pensait ma vie nécessaire, je la donnerais volontiers pour récompense d'une captivité de vingt ans. Je bénis Dieu de pouvoir connaître mes offenses sans votre ministère : je ne puis approuver vos erreurs ni communiquer en rien avec vous ; s'il plaît à la reine de m'accorder un prêtre catholique, je l'accepterai de grand cœur. Je le demande, au nom de Jésus-Christ, pour pouvoir purifier ma conscience, et participer, à ma dernière heure, aux saints mystères.

« — Vous avez beau faire, vous êtes condamnée pour avoir voulu attenter aux jours d'Élisabeth et la détrôner ; vous ne serez jamais ni sainte ni martyre.

« — Je ne suis point si présomptueuse que d'aspirer à ce double honneur; quelques droits que vous ayez sur mon corps, vous ne pouvez m'empêcher d'espérer en la miséricorde de Dieu, qui est mort pour moi, qui recevra mon sang et ma vie, que je lui offre pour le maintien d'une religion que je ne voudrais pas échanger contre tous les royaumes du monde. Loin d'avoir, comme vous dites, controuvé, conseillé ou commandé la mort de votre reine, je ne voudrais pour chose au monde lui avoir fait le moindre mal.

« —Vous avez souffert que les Anglais vous nommassent leur souveraine; vous avez permis que les prêtres catholiques, que le pape, dans leurs prières, vous recommandassent à Dieu, comme reine d'Angleterre.

« — Je n'ai jamais pris ce titre dans mes lettres; Sa Sainteté faisait prier pour moi sous tel ou tel titre; renfermée dans vos prisons, j'en étais ignorante. J'ai vu manifestement en moi la poursuite de Saül contre David, mais je n'ai pu, comme lui, me dérober par la fenêtre à vos poursuites. »

Avant-hier Paulet est venu me signifier que, puisque je ne voulais pas confesser mes offenses envers leur reine, ni me repentir, elle avait ordonné que l'on détendît mon dais, me signifiant par là que j'étais une femme morte, sans aucun honneur ni dignité de reine.

« Je tiens de Dieu seul, lui répondis-je, le sacré caractère de reine; c'est à lui seul que je le rendrai avec ma vie. Je ne reconnais ni votre reine comme ma supérieure, ni votre conseil comme mes juges; vous n'avez d'autre pouvoir sur moi que celui des brigands qui dépouillent le voyageur au milieu des forêts. Les souverains, mes aïeux, le roi Richard, ont été victimes de la cruauté de leurs sujets; il ne me sera pas étrange d'être traitée comme eux. »

Irrité de mes réponses, il ordonne à mes serviteurs d'abattre le dais. Sur leur refus et les cris pitoyables de mes pauvres suivantes, il appelle sept ou huit de ses satellites, qui renversent ce dais, dernier signe de ma dignité, s'assoient et se couvrent la tête devant moi. Il fait ensuite enlever un billard qui se trouvait dans une salle voisine, disant qu'il n'était plus pour moi de passe-temps et de plaisir, comme si leur cruauté ne m'avait pas depuis longtemps ôté le désir de tels amusements !

Hier, j'ai rassemblé tous mes serviteurs pour leur renouveler le serment de mourir dans la foi de mon père, et les inviter à rendre témoignage à mon innocence. Ces pauvres serviteurs ! Je vous les recommande, au nom de Dieu ; ils perdront tout en me perdant. Recommandez-moi au vénérable la Rue ; dites-lui qu'il se souvienne que je lui ai promis de mourir pour la religion, et que je suis quitte de ma promesse : je le prie de me recommander à tous ceux de son ordre.

Adieu, pour la dernière fois. N'oubliez point celle qui fut votre reine, votre maîtresse, votre amie. S'il vous est jamais arrivé de m'offenser, je vous le pardonne, et vous prie de me pardonner ce que je puis avoir fait par colère, juste ou mal entendue, protestant que je vous estime en rien coupable envers moi. C'est de vous, surtout, mon premier, mon plus ancien serviteur, que je voudrais reconnaître les offres, si Dieu m'en accordait le temps. Je le prie à la fin de ma vie, de vous récompenser pour moi, vous que je quitte, ainsi que tous mes serviteurs, comme une mère quitte ses enfants. Adieu.

Lettre de Marie Stuart à Henri III.

Mon cher beau-frère, Dieu ayant permis, pour l'expiation de mes péchés (ainsi du moins je dois le croire avec toute humilité), que je sois venue me jeter entre les bras de cette reine, ma cousine, je viens d'être enfin condamnée à mort par elle et ses états, après avoir passé plus de vingt ans dans les ennuis de la prison. J'avais demandé que l'on me rendît mes papiers, dans le dessein de faire mon testament, et de demander que mon corps fût transporté, selon mon désir, en votre royaume, où j'ai eu l'honneur d'être reine, votre sœur et votre amie; mais comme mes maux sont sans consolation, mes requêtes sont sans réponse. Aujourd'hui, après dîner, on m'a signifié mon arrêt, qui m'avertit que je dois être exécutée demain, à sept heures du matin, comme la plus grande criminelle du monde. Je ne puis vous faire un discours bien ample sur ce qui s'est passé; il plaira à Votre Majesté d'en croire mon médecin et mes serviteurs, que j'ai jugés capables de cette confiance. Je suis toute disposée à la mort; je la recevrai, dans mon innocence, avec mépris, comme je l'ai attendue avec patience. Le droit que ma naissance m'a donné sur le royaume d'Angleterre, et la religion catholique, sont les points de ma condamnation, quoi qu'ils les déguisent tant qu'ils peuvent par leurs calomnies. Ils m'ont ôté mon aumônier, et me privent de la consolation que j'attendais du sacrement, à l'heure de la mort. Ils m'ont pressée, avec toute violence, de recevoir l'assistance et la doctrine de leurs ministres; mais je ne ferai rien qui soit indigne de ma naissance et de ma religion.

Ceux qui vous porteront les derniers soupirs de ma vie, vous assureront de ma constance. Puisque vous avez toujours protesté de m'aimer, il me reste à vous supplier de me donner des preuves de votre charité, en faisant prier Dieu pour une reine très-chrétienne, qui meurt catholique, comme elle a vécu, et en ordonnant de donner quelque récompense à mes chers domestiques, puisque je pars de ce monde dénuée de tout bien. Quant à mon fils, je vous le recommande autant qu'il le mérite, car je n'en puis répondre. J'ai pris la liberté de vous envoyer deux pierres précieuses, qui sont fort rares; vous les recevrez comme de votre belle-sœur très-affectionnée, qui meurt en vous rendant les derniers témoignages de son cœur. Je vous recommande derechef mes serviteurs désolés, et si Votre Majesté me donne de quoi fonder un petit couvent pour y faire les aumônes, vous enverrez mon âme devant Dieu plus parée de mérites. Je vous supplie, en l'honneur de Jésus-Christ, que je prierai bientôt à la mort, en qualité, mon très-cher frère, de votre toute affectionnée, etc.

Lettre de Marie Stuart au duc de Guise.

Mon bon cousin, vous que je chéris bien tendrement, je vous adresse mes derniers adieux. Victime d'un jugement inique, je vais périr d'une mort à laquelle ne devait pas s'attendre une personne de mon rang. Mon bon cousin, louez-en Dieu ; car dans ma position j'étais inutile en ce monde à la cause de Dieu et de son Église, et j'espère que ma mort donnera un témoignage de ma constance en la foi, et de mon dévouement pour le maintien et la restauration de l'Église catholique en cette île infortunée.

Quoique jamais bourreau n'ait trempé la main dans notre sang, n'en ayez pas honte, mon ami ; car le jugement des hérétiques tourne, devant Dieu, à la gloire de son Église. Si je voulais abjurer ma foi, je n'aurais rien à craindre. Tous les princes de notre maison ont été persécutés pour la religion, par cette secte ; témoin votre bon père, avec lequel j'espère être reçue miséricordieusement du juste Juge.

Je vous recommande mes pauvres serviteurs ; Dieu veuille faire prospérer votre épouse, toute votre maison, et surtout notre chef, mon bon frère et cousin, et tous les siens ; que la bénédiction de Dieu s'étende sur vous et vos enfants, que je ne recommande pas moins à Dieu que le mien. Priez pour l'âme de votre pauvre cousine, privée de tout aide et de tout conseil, si ce n'est de celui de Dieu, qui me donne la force nécessaire pour résister seule aux loups dévorants qui m'environnent.

J'ai beaucoup souffert depuis deux ans et plus, et n'ai pu vous le faire savoir. Dieu soit loué de tout, et vous donne la grâce de persévérer au service de son Église, tant que vous vivrez. Soyez prompt à répandre votre sang pour maintenir la cause de la foi.

RUEL.

Sophie Arnould, cette célèbre actrice de l'Opéra, brilla encore plus par son esprit que par les charmes de sa voix et de sa sensibilité.

(*Biographie universelle.*)

Ses grâces, ses talents ont illustré son nom;
Elle a su tout charmer, jusqu'à la jalousie :
Alcibiade en elle eût cru voir Aspasie;
Maurice Lecouvreur; et Gourville, Ninon.

HIPP. LE FRANÇOIS.

RUEL.

La vallée de Ruel paraîtrait avoir été le séjour de quelques rois de la première race : plusieurs chroniques rapportent que Childebert y fut visité par Lubin, évêque de Chartres ; et Judicaël, roi de Bretagne, présenté par saint Éloi, y vint faire sa cour à Dagobert. On parle aussi d'une belle pêcherie qui y était située, et qui fut donnée par les Carlovingiens savoir : à l'abbaye de Saint-Germain-des-Prés, pour y pêcher le jour ; et aux abbayes de Saint-Denis et de Saint-Pierre, de Paris, pour y pêcher la nuit, à condition que ces trois monastères entretiendraient sept lampes devant l'autel de la Trinité, de Saint-Denis.

Sous le règne de Pepin, Gérard, comte de Paris, demeurait à Ruel; Charles Martel affectionnait particulièrement ce lieu; on trouve, à la date de 1113, une charte de Louis le Gros, où ce village est appelé, pour la première fois, *Ruellium*.

Le château de Ruel, dont la construction remonte au commencement du seizième siècle, est devenu célèbre par le séjour qu'y fit le cardinal de Richelieu. Pendant le ministère de cet homme ombrageux, il s'y passa plusieurs événements, qui tous caractérisent son âme : le malheureux maréchal de Morillac y fut condamné le 28 mai 1632 ; et ce fut encore dans ce même château que se multiplièrent ces exécutions secrètes, où de nombreuses victimes furent immolées à une atroce politique.

Le père Joseph, capucin, y finit ses jours le 18 novembre 1632 ; cet homme était aussi adroit que le cardinal, dont il était le conseil, et il eut peut-être plus de fermeté que lui dans le caractère.

Sous le règne de Louis XIII, il mourut à Ruel un nommé *Zaga-Christ,* qui se qualifiait de roi d'Éthiopie. Il fut reconnu pour tel par quelques-uns ; d'autres ne virent en lui qu'un aventurier ; le cardinal de Richelieu en faisait très-peu de cas. A la mort de ce singulier personnage on lui fit l'épitaphe suivante :

Ci-gist du roy d'Éthiopie
L'original et la copie :
Fut-il roy, ne le fut-il pas ?
La mort termine les débats.

Les lieux secrets où se consommaient les vengeances de l'implacable ministre se sont perpétués dans le souvenir des habitants, sous le nom d'*Oubliettes du cardinal de Richelieu :* ce mot, naïvement terrible, retrace à la pensée l'énergie cruelle de celui qui sut s'élever plus haut que le trône, sans quitter l'habit du courtisan.

On cite, au sujet de ces exécutions mystérieuses, l'anecdote suivante, que l'on raconte encore dans le pays aux curieux visiteurs ·

Un homme chevauchait sur la route de Paris à Ruel ; un violent orage le contraignit à s'abriter sous un arbre ; bientôt il y fut joint par un autre cavalier que la même cause y amenait. La conversation s'engagea entre eux, et la pluie ne cessant pas, ils causèrent assez pour en venir aux confidences. Le premier arrivé sous l'arbre dit à l'autre, qu'il allait dîner chez le cardinal de Richelieu, qu'il en avait reçu l'invitation, à son grand étonnement, et que la pluie le contrariait beaucoup, parce qu'il ne pourrait se présenter décemment chez le ministre, pour peu qu'elle continuât. Cette confidence piqua la curiosité de l'étranger, qui lui fit différentes questions relatives à la manière dont il avait reçu l'invitation : le voyageur satisfit à toutes ses demandes, et alla même jusqu'à lui montrer le billet que lui avait adressé le cardinal de Richelieu. L'étranger, frappé du nom qu'il venait de lire, et vivement intéressé par la figure de son compagnon de voyage, lui dit :

« N'allez point à Ruel, la mort vous y attend ; rebroussez chemin, et quittez Paris au plus tôt. Si vous désirez connaître celui qui vous donne cet avis charitable, sachez que je suis le bourreau de Son Éminence. Dispensez-moi de vous en dire davantage. »

Il dit et disparut, en laissant son compagnon de voyage bien étonné d'un tel avertissement, donné par un tel personnage.

Après la mort du cardinal de Richelieu, le château de Ruel échut à sa nièce, la duchesse d'Aiguillon. Celle-ci en jouissait, lorsque la cour, en 1648, menacée par la Fronde, s'y retira. Quelques années plus tard, Louis XIV manifesta le désir d'en faire l'acquisition ; et, comme les désirs de Louis XIV étaient à peu près des ordres, la duchesse d'Aiguillon envoya à Colbert un mémoire des sommes énormes auxquelles s'étaient élevés les embellissements et les réparations de cette terre, achetée par le cardinal à l'abbaye de Saint-Denis, moyennant douze mille livres de rente. La duchesse joignit à ce mémoire une lettre où elle exprimait le regret qu'elle aurait de se défaire de sa propriété. Ce mémoire, qui serait encore effrayant de notre temps, et qui donne une idée de la fortune du cardinal-ministre, se montait à neuf cent vingt-neuf mille livres.

La disposition des jardins de Ruel était remarquable alors, en ce qu'elle avait quelques rapports avec celle de Marly. Un des plus beaux ornements du parc était un grand réservoir situé au haut d'une rampe de gazon, d'où tombait une cascade : il faisait jouer une gerbe dans la pièce d'eau la plus voisine du château ; cette pièce d'eau subsiste encore, ainsi que le réservoir. C'est dans ces vastes jardins que l'on vit pour la première fois des cascades artificielles.

Vers le milieu du dernier siècle, le château de Ruel appartenait au marquis de Poyanne. A cette époque de décadence des mœurs publiques, c'était la mode, parmi les grands seigneurs, d'avoir pour amante, et à leurs gages, une actrice célèbre, à laquelle ils donnaient une maison et des équipages, qu'ils entouraient de tout ce que le luxe pouvait offrir de plus brillant et de plus somptueux. Le prince de Soubise avait mademoiselle Guimard; le duc de Fronsac, mademoiselle Fel; le duc de Duras, mademoiselle Duthé, etc. Quant au marquis de Poyanne, possesseur du château de Ruel, il échut à Sophie Arnould, de spirituelle et de cynique mémoire.

Sophie Arnould naquit à Paris, le 14 février 1740. Son père tenait, rue des Fossés-Saint-Germain-l'Auxerrois, une vaste hôtellerie, connue sous le nom d'*hôtel de Lisieux* (1). Il avait cinq enfants, deux garçons et trois filles; Sophie était l'aînée de celles-ci. L'aisance dont jouissait M. Arnould lui permit de donner à sa famille une éducation soignée;

(1) C'est dans cette maison que périt l'amiral Coligny pendant le massacre de la Saint-Barthélemy, et non dans l'hôtel de Montbazon, rue Bétizi, comme le racontent plusieurs annalistes. L'hôtel de Lisieux présente encore tout ce qui convenait alors à l'habitation d'un grand officier de la couronne; mais si l'hôtel de Montbazon n'a pas la gloire d'avoir appartenu à l'amiral Coligny, il a, dit-on, celle d'avoir un logement à la belle duchesse de Montbazon, si tendrement aimée du célèbre abbé de Rancé. On prétend qu'au retour d'un voyage, cet abbé, alors très-mondain, allant voir sa maîtresse, dont il ignorait la mort, monta par un escalier dérobé, et qu'étant entré dans l'appartement, il trouva sa tête dans un plat : on l'avait séparée du corps parce que le cercueil de plomb était trop petit. Cet affreux spectacle opéra subitement sa conversion, et l'abbé de Rancé, dégoûté du néant des choses terrestres, alla s'enfermer dans son abbaye de la Trappe, dont il devint le réformateur avec une austérité sans exemple.

ses demoiselles eurent différents maîtres, notamment de musique et de chant, ce qui décida la vocation de deux d'entre elles (1).

Sophie Arnould annonça de bonne heure les plus heureuses dispositions. La beauté de sa voix engagea sa mère à la conduire dans quelques communautés, où elle chantait les leçons de ténèbres. Un jour qu'elle était allée au Val-de-Grâce, la princesse de Modène, qui y faisait sa retraite, entendit les accents mélodieux de la jeune cantatrice; elle voulut la connaître, et, enchantée de ses grâces et de son amabilité, elle l'honora bientôt de sa protection.

Sophie Arnould joignait à une figure gracieuse un son de voix qui ravissait, et une sensibilité qu'elle savait communiquer à tous ceux qui l'écoutaient; sa taille était moyenne et bien prise; elle avait surtout des yeux superbes, et l'ensemble de ses traits lui donnait une de ces physionomies heureuses qui flattent et plaisent au premier aspect.

M. de Fondpertuis, intendant des menus, l'ayant entendu chanter, eut le désir de la faire entrer dans la musique de la reine. Il en parla à madame de Pompadour, qui la fit demander. Sophie alla chez la favorite avec sa mère, et ne démentit point dans cette épreuve la réputation brillante qu'elle s'était acquise. Madame de Pompadour la combla d'éloges et dit à ceux qui l'entouraient :

« Cette jeune personne fera quelque jour une charmante princesse. »

Madame Arnould, qui craignait que les talents de sa fille ne lui fissent jouer un trop grand rôle, répondit à la marquise :

« Je ne sais comment vous l'entendez; ma fille n'a point assez de fortune pour épouser un prince, et elle est trop bien élevée pour devenir princesse de théâtre. »

Cependant cette bonne mère céda aux insinuations de quelques amis, et consentit à ce que Sophie fût mise sur l'état de la musique du roi.

(1) La cadette, nommée Rosalie, entra dans la musique de la chambre du roi, en 1770, et elle y est restée jusqu'en 1790.

Cet engagement n'était qu'un prétexte pour attirer Sophie sur un plus grand théâtre, et lui faire parcourir une carrière digne de ses rares talents. MM. Rebel et Francœur, surintendants de la musique du roi, la sollicitèrent secrètement d'entrer à l'Opéra. Cette jeune virtuose, subjuguée par tous les prestiges qui l'environnaient, consentit facilement à cette proposition, et, bientôt après, on lui envoya un ordre de début pour l'Académie royale de musique. Cet événement imprévu affligea vivement madame Arnould; elle gémit sur la destinée de sa fille, et, plus jalouse de son bonheur que de sa gloire, elle eût préféré la voir couler des jours purs et tranquilles au sein d'une heureuse obscurité. Elle voulut alors mettre Sophie au couvent, mais une autorité supérieure la força d'obéir. Tout ce qu'elle put faire pour préserver sa chère Sophie des dangers auxquels l'exposaient sa jeunesse et ses charmes, fut de la surveiller sans cesse; elle la conduisait elle-même à l'Opéra, l'attendait dans une loge, et la ramenait chez elle quand le rôle était fini.

Avant de parler des succès de Sophie sur ce nouveau théâtre, qu'il nous soit permis de présenter un court historique au sujet du théâtre qu'on appelle l'Opéra.

L'Opéra passe généralement pour le plus étonnant et le plus fastueux des spectacles de l'Europe: c'est dans ce temple, théâtre des brillantes illusions et des galanteries, que le génie, les talents et les grâces se réunissent pour produire le plus magnifique et le plus enchanteur de tous les jeux publics. Là de jeunes prêtresses sont formées aux arts aimables qui peuvent émouvoir les sens et les séduire; les unes charment l'oreille par les chants les plus mélodieux, d'autres par des danses passionnées et les attitudes les plus voluptueuses; toutes s'efforcent à l'envi d'allumer dans tous les cœurs ce feu, âme de l'univers, qui tour à tour le consume et le reproduit.

Les Italiens sont les premiers qui aient fait jouer des opéras; ils commencèrent à paraître sous le pontificat de Léon X, et l'on prétend que ce fut Ottavio Rinnucini, poëte florentin, qui donna la manière de représenter en musique les ouvrages dramatiques. Sous le règne de Louis XII on composait à la cour des ballets où l'on mettait des récits et des dialogues en plusieurs parties ; mais on faisait venir d'Italie les musiciens et les chanteurs. En 1581, le maréchal de Brissac, gouverneur du Piémont, envoya à la reine mère son valet de chambre, surnommé Beaujoyeux, lequel était un bon violon, et qui fit le ballet de noces du duc de Joyeuse avec mademoiselle de Vaudemont, sœur de la reine. Beaulieu et Salomon, maîtres de musique du roi, l'aidèrent dans la composition des récits et des airs de ballet; la Chesnaye, aumônier du roi, composa une partie des vers, et Jacques Patin, peintre du roi, travailla aux décorations.

Rinnucini suivit en France Marie de Médicis. Après lui il ne parut que de mauvais ballets, qui consistaient dans le choix d'un sujet bouffon ; tel fut celui du ballet des Fées de la forêt de Saint-Germain, dansé au Louvre, par Louis XIII, en 1625, où Guillemine la Quinteuse, Robine la Hasardeuse, Jacqueline l'Étendue, Alison la Hargneuse et Macette la Cabrioleuse montrèrent leur pouvoir. La première de ces fées présidait à la musique, la seconde aux jeux de hasard, la troisième aux folies, la quatrième aux combats, et la cinquième à la danse.

En 1651, Pierre Corneille donna, pour le divertissement de Louis XIV, *Andromède,* tragédie à machines. L'année suivante, Benserade composa *Cassandre,* mascarade en forme de ballets qui fut dansée par le roi au palais cardinal.

L'abbé Perrin, de galante mémoire, hasarda des paroles françaises, lesquelles, quoique très-mauvaises, réussirent au moyen de la musique de Cambert, organiste de Saint-Honoré; c'était une pastorale en cinq actes qui fut chantée à Vincennes devant le roi : la nouveauté qu'on y remarqua fut un concert de flûtes.

En 1660, le cardinal Mazarin fit représenter, dans la salle des Machines des Tuileries, pendant le mariage du roi, *Ercole Amunte,* que l'on traduisit en vers français; le roi et la reine y dansèrent; l'abbé Mélany y chanta un rôle; presque tous les acteurs étaient Italiens. Cet opéra était précédé d'un prologue, usage qui a été suivi depuis, et qui est maintenant supprimé.

Le marquis de Sourdac, à qui l'on doit la perfection des machines propres aux opéras, donna à ses frais la *Toison d'or,* dans son château de Neubourg, en Normandie, à l'occasion du mariage du roi, et ensuite en gratifia la troupe du Marais, où elle fut très-applaudie.

Les succès que *Pomone,* premier opéra français, obtint, après avoir été longtemps répété dans la salle de l'hôtel de Nevers, procurèrent à l'auteur, l'abbé Perrin, des lettres-patentes pour l'établissement de l'opéra en France. Les représentations publiques de cette pastorale commencèrent en 1671, dans un jeu de paume de la rue Mazarine. L'abbé Perrin, ne pouvant soutenir seul la dépense d'une telle entreprise, s'associa avec le marquis de Sourdac, pour les machines, et pour les principaux frais avec le sieur Champenon, riche capitaliste.

M. de Sourdac ayant fait beaucoup d'avances, et même payé les dettes de l'abbé Perrin, s'empara du théâtre, quitta l'abbé, et prit pour poëte le sieur Gilbert, secrétaire de la reine Christine : *les Peines et les plaisirs de l'Amour,* pastorale héroïque, furent son coup d'essai.

Lulli, surintendant de la musique du roi, profitant de cette division, acheta le privilége du sieur Perrin, et prit pour machiniste le signor Vigarini, gentilhomme modénois, et pour poëte le tendre Quinault; il plaça son théâtre dans un jeu de paume de la rue de Vaugirard, et y donna, en 1672, *les Fêtes de l'Amour et de Bacchus,* pastorale composée de fragments de différents ballets. Dans une des représentations, que le roi honora de sa présence, le prince de Condé, les ducs de Montmouth, de Villeroy, et le marquis de Basan, dansèrent une entrée avec les artistes salariés.

Le Triomphe de l'Amour est le premier opéra dans lequel on introduisit des danseuses. Ce ballet fut d'abord exécuté à Saint-Germain-en-Laye, devant Sa Majesté, le 21 janvier 1681. Plusieurs princes, seigneurs et dames de la cour y dansèrent. Le mélange des deux sexes rendit cette fête si brillante, qu'on crut qu'il était indispensable, pour le succès de ce genre de spectacle, d'y remplacer les dames de la cour par des danseuses de profession, et, depuis cette époque, elles ont toujours continué d'être une des portions les plus brillantes de l'opéra.

La résolution de Quinault et de Lulli porta nos opéras à leur plus haut degré de perfection. En 1673, après la mort de Molière, Lulli transporta ses machines à la salle du Palais-Royal, laquelle occupait une partie du terrain où est maintenant la rue du Lycée. Les enfants de Lulli succédèrent à leur père dans la direction de ce spectacle, qui depuis fut confié à différents directeurs et administrateurs.

Un terrible incendie ayant dévoré, le 6 avril 1763, tous les bâtiments de l'Opéra, le duc d'Orléans obtint du roi que la nouvelle salle fût construite à la même place, et l'inauguration s'en fit le 24 janvier suivant. Dans l'intervalle, les représentations de l'Opéra eurent lieu sur le théâtre des Tuileries.

Un second incendie consuma, le 8 juin 1781, tout ce qui composait ce riche spectacle; la salle fut réduite en cendres, il n'en resta que les murs.

On éleva un nouveau théâtre sur le boulevard Saint-Martin, et, par un prodige presque unique dans les fastes de l'architecture, cette salle fut totalement achevée dans l'espace de six semaines. L'ouverture s'en fit le 27 octobre de la même année.

Mademoiselle Montansier, ancienne directrice de la comédie de Versailles, ayant fait construire, en 1793, une vaste salle sur l'emplacement de l'hôtel Louvois, rue Richelieu, le gouvernement en fit l'acquisition pour l'opéra, et l'inauguration de ce temple magnifique eut lieu le 15 juillet 1794.

Le théâtre, créé sous le nom d'Opéra, prit le titre d'Académie royale de musique en 1671; il le garda jusqu'en 1792. Il reçut successivement ceux d'Académie de musique, d'Opéra national, de Théâtre de la république et des arts, de Théâtre de l'Opéra, de Théâtre des arts, et définitivement, d'Académie royale de musique, qu'il porte actuellement.

Il est certain que le spectacle que nous nommons opéra n'a jamais été connu des anciens, et qu'il n'est, à proprement parler, ni comédie, ni tragédie. Quoique plusieurs poëtes, en s'unissant à d'habiles musiciens, aient donné de fort beaux opéras, on n'en peut citer qu'un très-petit nombre dans lesquels se trouvent tout à la fois la magnificence des décorations, l'harmonie de la musique, le sublime de la poésie, la régularité de l'action, et l'intérêt soutenu pendant cinq actes.

« L'Opéra, dit Voltaire, est un sepectacle aussi bizarre que magnifique, où les yeux et les oreilles sont plus satisfaits que l'esprit, où l'asservissement à la musique rend nécessaire les fautes les plus ridicules, où il faut chanter des ariettes dans la destruction d'une ville et danser autour d'un tombeau, où l'on voit le palais de Pluton et celui du soleil, des dieux, des démons, des magiciens, des monstres, puis des édifices formés et détruits en un clin d'œil. On tolère ces extravagances; on les aime même, parce qu'on est là dans le pays des fées, et, pourvu qu'il y ait du spectacle, une belle musique, de jolies danses, quelques scènes attendrissantes, on est satisfait. »

« Je ne sais, disait la Bruyère, comment, avec une musique si parfaite, une dépense toute royale, l'opéra a réussi à m'ennuyer. »

« Un opéra, disait l'abbé Desfontaines, est toujours un très-mauvais poëme, et le plus bel ouvrage en ce genre est un monstre. »

Ce spectacle étant plus fait pour le plaisir des yeux et des oreilles que pour celui de l'esprit, tous les arts d'agrément se sont ralliés pour l'embellir; et la danse remplit tellement aujourd'hui les divers actes de nos opéras, que ce théâtre paraît être dressé moins pour la représentation d'un poëme lyrique que pour une académie de danse.

C'est spécialement en cela que l'emporte l'Opéra sur tous les autres spectacles. Quelle réunion de talents dans les divers genres! Quelle brillante galerie, si l'on y ajoute cette multitude de filles charmantes, qui, dans les chœurs et les ballets, tapissent les deux côtés du théâtre. Quand on se trouve en cercle avec cette foule d'odalisques, on croit être dans le paradis de Mahomet, entouré des houris : ce n'est pas qu'on les jugeât toutes jolies, si l'on voulait analyser ces figures ; mais la richesse de leurs ornements, leurs vêtements voluptueux, leurs coiffures élégantes corrigent ou font disparaître les disgraces de la nature. En un mot, le désir de plaire donne tant d'activité à ces nymphes agaçantes, qu'on peut difficilement résister à leur séduction. On raconte qu'un capucin, transporté d'un saint zèle, s'écria, au milieu de son sermon :

« Oui, oui, mes chers auditeurs, l'Opéra est le vestibule de l'enfer ! »

Ce qui invite tant de femmes à s'évertuer à ce spectacle plus qu'à tout autre, c'est le désir de faire fortune et d'acquérir d'illustres amants ; car, en fait de chanteuses, on observe que les coryphées seuls s'attirent des hommages et des adorateurs ; les autres restent dans la médiocrité avec la plus agréable figure. Au contraire, toutes les danseuses réussissent, et il n'en est presque aucune qui n'arrive au spectacle dans un char brillant. On prétend qu'un étranger proposa ce problème à d'Alembert, qui répondit que c'était *une suite nécessaire des lois du mouvement.*

Cette république lyrique, composée au moins de trois cents personnes, serait bientôt tombée dans le désordre et l'anarchie, si quelque magistrat ne veillait constamment sur elle.

Depuis son origine jusqu'en 1790, l'Opéra fut sous la surveillance des gentilshommes de la chambre, et c'était le secrétaire d'État au département de Paris qui en avait la haute police. En 1776, le roi nomma six commissaires pour gouverner ce théâtre avec l'autorité la plus absolue.

En 1790, il passa entre les mains de la municipalité. En 1793, les acteurs se chargèrent eux-mêmes de l'administration, et un an après il fut mis sous la direction de gens de lettres, nommés par le ministre de l'intérieur. Au mois de frimaire an 11, un arrêté des consuls plaça ces directeurs sous la surveillance et la direction principale de l'un des préfets du palais du gouvernement. Dans la suite, ce fut le premier chambellan de Napoléon qui fut le surintendant de ce spectacle.

Un des anciens priviléges de l'Opéra était de soustraire la jeunesse libertine à l'autorité paternelle ou aux recherches de la police. Il ne fallait avoir que quelques complaisances pour les gentilshommes de la chambre, et, sans aucun talent, l'administration vous engageait; cet engagement vous mettait à l'abri des lois. Louis XVI réforma cet abus au commencement de son règne.

Avant l'arrêt de 1776 on entrait librement au foyer des actrices. C'était là qu'elles recevaient les hommages des spectateurs qui s'y rendaient en foule, et chacun pouvait en liberté approcher ces divinités et jouir du coup d'œil séduisant que présentait leur toilette.

C'était là qu'on rencontrait ces aimables roués, êtres sans soucis, se jouant de toutes les femmes en paraissant les adorer; charmants dans un tête-à-tête, sémillants dans un repas, habiles à raconter l'aventure de la veille, savants dans l'art de bien placer le mot du jour, ils prenaient toutes les nuances du caméléon, et les meilleures sociétés auraient cru manquer d'usage en ne les accueillant pas.

C'était encore là qu'on voyait papillonner ces êtres amphibies, qui n'étaient ni prêtres ni laïques, connaissant tout, excepté l'étude et la religion, et qui, sous le nom d'abbés, circulaient dans le monde comme une fausse monnaie.

C'était là, enfin, qu'allaient et venaient assidûment des milliers de jeunes gens et de vieillards, qui seraient demeurés absolument muets s'ils n'avaient eu pour entretien les actrices, les ruelles et les coulisses.

On mettait en usage, dans ce véritable palais d'Armide, toutes les ruses que la volupté enseigne pour séduire. Les femmes surtout, convaincues qu'on en impose avec un beau nom, avaient grand soin, du moment qu'elles étaient initiées, de déposer celui qu'elles avaient reçu en naissant pour en prendre de plus conformes à leur nouvelle situation. Cette manie de noms supposés a produit des scènes plaisantes; on a vu plus d'une fois se présenter à la porte de l'Opéra une pauvre journalière, couverte de haillons, pour réclamer sa fille ou sa nièce, que le jour précédent elle a reconnue dans un brillant équipage, et dont elle a su la profession par un laquais.

Un jeune homme, allant chez une danseuse de l'Opéra, se plaignit de l'impertinence de son portier, et lui dit :

« Vous devriez bien chasser ce drôle-là de chez vous.

— J'y ai pensé, répondit-elle; mais, que voulez-vous, c'est mon père. »

Dans les beaux jours de l'Opéra, une jolie actrice se montrait au foyer toute resplendissante de diamants; elle était respectée de ses compagnes en raison de sa robe éclatante, de sa voiture légère, de ses chevaux superbes; il s'établissait même un intervalle entre elles selon le degré d'opulence. Cette nymphe, plus ou moins illustrée par le rang de son amant, recevait avec hauteur celle qui débutait; elle traitait avec les airs d'une femme de qualité le bijoutier et la marchande de modes; le magistrat déridait son front en sa présence; le courtisan lui souriait; le militaire n'osait la brusquer; sa toilette était tous les matins surchargée de nouveaux présents: le Pactole semblait rouler éternellement chez elle. Mais la mode qui l'éleva venant à changer, une petite rivale, qu'elle n'apercevait pas, qu'elle dédaignait, se met insolemment sur les rangs, brille, l'éclipse, et fait déserter son salon. La courtisane superbe, quoique ayant encore de la beauté, se trouve l'année suivante seule avec des dettes immenses; tous les amants se sont enfui, et quand ses affaires sont liquidées, à peine a-t-elle de quoi payer sa chaussure et son rouge.

De toutes les femmes entretenues dix font fortune au bout de quelques années. Que devient le reste ? C'est la grenouille qui a profité d'un rayon de soleil pour se reposer sur une belle prairie, et qui se replonge dans son marais.

Voyez Carton, qui s'est retirée doyenne des chœurs de l'Opéra ; elle comptait l'illustre Maurice de Saxe parmi ses conquêtes : elle le suivit au fameux camp de Mühlberg, où elle eut la gloire de souper avec les deux rois Auguste II, de Pologne, et Frédéric-Guillaume, de Prusse, accompagnés des princes leurs fils et leurs successeurs au trône. Cette aimable chanteuse a brillé par ses diamants et ses équipages ; elle a donné des fêtes aux beaux esprits ; elle a dit de bons mots qu'on cite encore, et, sur la fin de sa carrière, un vieux laquais formait toute sa compagnie.

Voyez Gaussin : elle a jeté pendant longtemps le mouchoir à qui elle a voulu ; princes, officiers de distinction, graves présidents, sémillants conseillers, auteurs sublimes, fermiers généraux, tout ce monde, aux poëtes près, a contribué à l'enrichir ; et cette actrice charmante, qui eût pu, comme Rhodolpe, élever une pyramide en se faisant apporter une pierre par chacun de ses amants ; cette fille si tendre, vieillie et ruinée, finit par épouser un danseur, qui la rouait de coups, et lui fit faire une rude pénitence de tous les péchés qu'elle avait commis.

Voyez Fel, qui a fait la gloire de l'Académie royale de musique et du concert spirituel, dont les accents enchanteurs l'ont disputé pendant longtemps à la mélodie du rossignol ; elle crut autrefois honorer un souverain en le recevant dans ses bras ; elle rendit père le tendre Cahusac, qui, n'ayant pu l'épouser, alla mourir de chagrin à Charenton : cette nymphe mangea les revenus de plusieurs provinces, et fut réduite, sur la fin de sa carrière, à quêter un regard ou à déshonorer son goût.

Voyez Defresne, devenue par spéculation madame la marquise de

Fleury : cette beauté, après avoir été l'entretien de tous les cercles, avait vu à ses pieds tout ce que la cour et la ville offraient de plus grand ; après avoir dissipé la rançon d'un roi, elle tomba par son inconduite dans une indigence extrême, et mourut sans secours, quoiqu'elle laissât deux fils, dont l'un était capitaine de dragons et l'autre d'infanterie, décorés du nom et des armes des Fleury.

Si l'on passait les Laïs anciennes et modernes qui, tour à tour, ont brillé sur la scène du monde, on formerait un tableau curieux des caprices de la fortune, qui souvent va chercher, sous la livrée de la misère la femme qui doit un jour voir à ses pieds les plus grands personnages de l'État.

Les courtisanes semblent avoir été plus en honneur chez les Romains que parmi nous, et chez les Grecs que parmi les Romains. Les courtisanes grecques étaient d'autant plus attrayantes, qu'aux charmes de la figure, aux attraits d'une coquetterie raffinée, à une parure séduisante, à une élégance recherchée, elles joignaient tous les agréments de l'esprit, la vivacité, la finesse, la subtilité des réparties ; elles assaisonnaient les plaisirs de leur société par tout ce que le sel attique avait de plus piquant. Plusieurs d'entre elles cultivaient avec succès les belles-lettres et les mathématiques ; les plus célèbres sont : Aspasie, qui donna des leçons d'éloquence à Socrate et à Périclès ; Laïs, qui tourna la tête à tant de philosophes, et qui compta Aristippe parmi ses amants ; Léontine, qui écrivit sur la philosophie, et qui fut tendrement aimée d'Épicure et de ses disciples ; Phryné, amante de Praxitèle, et qui fit rebâtir à ses dépens la ville de Thèbes, détruite par Alexandre ; Thaïs, qui suivit ce héros dans ses conquêtes, et qui, après la mort de son illustre amant, se fit tellement aimer de Ptolémée, roi d'Égypte, que ce prince l'épousa ; Thergélie, maîtresse de Xercès, qu'elle aida à faire la conquête de la Grèce, et qui, après avoir longtemps exercé ses talents et ses charmes, termina ses courses en Thessalie, dont elle épousa le souverain.

On peut mettre sur la même ligne la fameuse Ninon de l'Enclos, l'objet de l'admiration des hommes et de la jalousie des femmes, dont la maison était le rendez-vous de ce que Paris possédait de plus illustre, qui, dans le cours d'une vie de quatre-vingt-dix ans, a vu son pays se renouveler et changer plus d'une fois de goût, sans qu'elle ait jamais cessé d'être celui de tout le monde, sans paraître jamais différer d'elle-même, et sans ressembler à personne.

Ces aimables enchanteresses, dont la destinée est tout à fait exceptionnelle, sont depuis longtemps l'objet de la censure, et nos théâtres, destinés à être l'école des mœurs, sont devenus celle de la galanterie. Mais n'est-ce que sur la scène que les chances heureuses du vice dégoûtent un sexe fragile des hasards de la vertu? Combien dans nos cercles rencontrerait-on de Lucrèces austères? Combien de beautés qui, plus adroites que sages, sous le voile de la pudeur, qui n'est pas toujours celui de l'innocence, ne pourraient pas soutenir devant l'hymen l'épreuve de Tutia, qui, se voyant accusée de n'avoir pas bien gardé son feu sacré, s'engagea, pour sa justification, à porter de l'eau dans un crible!... Mais en voilà assez sur l'histoire de l'Opéra, de ses déesses et des courtisanes antiques, il est temps de revenir à Sophie Arnould.

Sophie débuta à l'Académie royale de musique le 15 décembre 1757, et fut reçue l'année suivante. Mademoiselle Fel lui avait enseigné l'art du chant, et mademoiselle Clairon avait formé son jeu. Elle parut dès l'abord, aux yeux des connaisseurs, l'actrice la plus naturelle, la plus onctueuse, la plus tendre qu'on eût encore vue. Le premier rôle qu'elle remplit, ce fut dans le divertissement du ballet des *Amours des dieux,* le premier air qu'elle chanta, ce fut une invocation à l'Amour, qui commencait ainsi : *Charmant Amour*. On lui a souvent entendu dire depuis que cette invocation lui avait porté bonheur.

A cette époque, le jeune comte de Poyanne, épris de belle passion pour Sophie, forma le projet de la soustraire à la surveillance maternelle, et de la faire jouir de l'indépendance de toutes ses compagnes de l'Opéra. La chose était difficile; mais l'amour est ingénieux; les obstacles l'arrêtent, et tout finit par lui céder. Le marquis de Poyanne usa d'un stratagème dramatique : il déguisa son rang et sa fortune, se fit passer pour un poëte de province qui venait à Paris faire jouer une tragédie, et, sous le nom de Dorval, prit un logement à l'hôtel de Lisieux. Son esprit et sa courtoisie le firent bientôt remarquer; il enivra madame Arnould de compliments flatteurs, et séduisit Sophie par les plus brillantes promesses. Une ancienne gouvernante aida les deux amants à briser leurs entraves, et un soir d'hiver, à la suite d'une lecture larmoyante qui avait obscurci les yeux de toute la famille, Dorval et Sophie disparurent.

Cet enlèvement fit beaucoup de bruit; madame de Poyanne était généralement estimée, et l'on blâmait hautement l'infidélité de son mari. Il cherchait à se justifier auprès de l'abbé Arnould en lui faisant l'éloge de sa maîtresse :

« Avez-vous tout dit? répondit l'abbé. Mettez le mépris public dans l'autre côté de la balance. »

Le comte lui sauta au cou.

« Mon cher abbé, s'écria-t-il, je suis le plus heureux des hommes; j'ai tout à la fois une femme vertueuse, une maîtresse charmante et un ami sincère. »

Sophie Arnould se distingua bientôt par ses grands talents, et l'on fut étonné de voir sur la scène de l'Opéra, où jusqu'alors on n'avait presque aperçu que des mannequins plus ou moins bien exercés, une actrice remplie de grâces et de sensibilité, qui offrait la réunion touchante et nouvelle d'une voix charmante au mérite rare d'un jeu vrai et puisé dans la nature.

Cette femme célèbre a excité l'enthousiasme des amis de la musique et de l'art dramatique pendant tout le temps qu'elle est restée au théâtre.

Dorat, dans son poëme de *la Déclamation,* a célébré cette voix retentissante dans le fraças des airs, ces sons plaintifs et sourds, et tout l'intérêt qu'inspirait cette grande actrice, lorsqu'elle offrait Psyché mourante aux spectateurs attendris. Mais c'est dans *Castor et Polux* qu'elle déployait tout ce que l'âme la plus tendre peut produire de sentiment. Un jour, qu'elle venait de remplir le rôle de Thélaïre, elle se donnait beaucoup de peine pour prouver à Gentil-Bernard, l'auteur de la pièce, qu'il était aussi l'auteur du succès qu'elle avait obtenu ; le poëte, après avoir gardé le silence quelques instants, dit enfin, sortant comme d'un rêve :

« Oui, sans doute, Castor est mon ouvrage, et Thélaïre est ma gloire. »

Ce n'est pas seulement comme actrice que Sophie Arnould s'est fait connaître; son nom est placé à côté de celui de Fontenelle et de Piron, si connus par leurs saillies piquantes. Douée d'une imagination vive et folâtre, elle brillait surtout dans les à-propos, et répandait avec autant de facilité que de grâces les bonnes, les fines plaisanteries; et, malgré la causticité de quelques sarcasmes, elle sut se conserver de nombreux amis. On lui a reproché de faire de l'esprit en y mêlant celui des autres : elle passait surtout pour médisante, et ses camarades mêmes éprouvèrent plus d'une fois ses railleries; mais comme elle n'était ni tracassière, ni haineuse, ni jalouse, ni intrigante, on s'amusait des jeux de son esprit en louant les qualités de son cœur. Rapportons ici quelques-uns de ses mots spirituels et parfois cyniques :

Dans une promenade au bois de Romainville, elle rencontra Gentil-Bernard, qui, rêvant à l'art d'aimer, était assis, comme Tityre, à l'ombre d'un hêtre :

« Que faites-vous donc dans cette solitude? lui demanda Sophie.

— Je m'entretiens avec moi-même, répondit le poëte.

— *Prenez-y garde,* reprit-elle; *vous causez avec un flatteur.* »

Chévrier avait présenté, dans son *Colporteur*, une satire affreuse des mœurs de son siècle; les principales actrices de Paris y étaient passées en revue, et chacun y avait son lot. Cet écrivain virulant, poursuivi par la police, alla mourir en Hollande, en 1762. Le bruit courut qu'il s'était empoisonné :

« ***Juste ciel!*** dit mademoiselle Arnould, ***il aura sucé sa plume!*** »

Peu d'hommes avaient été traités de la nature aussi bien que le philosophe Helvétius : elle lui avait accordé la beauté, la santé et le génie. Dans sa jeunesse, il était bon danseur et fréquentait souvent l'Opéra ; aimable, beau, riche et généreux, il dut faire beaucoup de conquêtes, et Sophie devint une des siennes. Il lui avait envoyé, le jour de sa fête, un riche cadeau, et il resta quelque temps sans lui parler. Sophie, ennuyée de ce retard, lui dit naïvement :

« ***Est-ce que vous voulez perdre ce que vous m'avez donné?***

Mademoiselle Guimard dut au danseur Léger son premier pas et un enfant, dont elle accoucha dans un grenier, au milieu de l'hiver, sans feu et sans linge. Depuis cette époque, elle gagna un hôtel, un Suisse, six chevaux, autant de domestiques, et une fois autant d'amants, parmi lesquels figurait en première ligne le prince de Soubise. La Guimard, au milieu de ses galanteries, était bonne et charitable ; on assure qu'elle a dû ses vertus et son humanité à l'état de dénûment où elle se trouva au commencement de sa carrière. Cette danseuse était fort maigre, et, quoique sa danse fût maniérée et pleine d'afféteries, on l'avait surnommée le *Squelette des grâces*. Un jour qu'elle dansait avec Gardel, son soupirant, et Dauberval, son favori, Sophie dit en les voyant :

« ***Je crois voir deux chiens qui se disputent un os.*** »

Mademoiselle Fel a été l'une des meilleures actrices de l'Opéra pour les rôles tendres, et la plus agréable cantatrice pour les concerts spirituels. « C'est, disait-on, un rossignol qui chante, un ruisseau qui murmure, un zéphir qui folâtre. » Après avoir eu beaucoup d'amants, parmi lesquels figurait le duc de Fronsac, elle quitta le théâtre, en 1756, et afficha pendant quelque temps une sorte de sagesse. Quelqu'un citait la vie retirée de mademoiselle Fel, Sophie répliqua :

« *Ne vous y fiez pas ; cette fille ressemble à Pénélope ; elle défait la nuit ce qu'elle a fait le jour.* »

Un censeur atrabilaire, étant au foyer de l'Opéra, blâmait l'inconduite de certaines femmes galantes qui semblent braver toutes les lois de la bienséance ; il critiquait surtout le luxe scandaleux des courtisanes et des actrices. Mademoiselle Arnould, ennuyée de cette diatribe, lui dit sèchement :

« *Eh! monsieur, laissez-les jouir de la perte de leur réputation.* »

Mademoiselle Guimard se rendit célèbre par les spectacles magnifiques qu'elle donnait à sa superbe maison de Pantin. Ce riche pavillon était un présent du prince de Soubise, qui faisait à sa maîtresse une pension annuelle de 72,000 livres. Le public briguait l'honneur d'être admis aux spectacles de la danseuse, et il y avait toujours un concours prodigieux. C'était le rendez-vous des plus jolies folles de Paris et des aimables libertins ; on avait eu soin d'y établir des loges grillées pour les femmes honnêtes, pour les gens d'église et les personnages graves qui craignaient de se compromettre parmi cette foule de folles et d'étourdis. Collé avait consacré son Théâtre de société à être joué chez mademoiselle Guimard ; Marmontel fit un recueil de proverbes dramatiques destinés au même effet, et M. de la Borde, valet de chambre du roi, les mit en musique. Cette danseuse ayant figuré dans un ballet dont la comtesse du Barri régala son illustre amant, reçut du roi une

LE MARI FURIEUX ARRIVE UN POIGNARD A LA MAIN.

Mystères des Vieux Châteaux de France.

pension de 1,500 livres ; cette légère faveur fut acceptée à cause de la main dont elle provenait ; car on sent que ce n'était qu'une goutte d'eau dans un fleuve. Sophie dit en apprenant le petit surcroît de fortune :

« *J'en ferai compliment à Guimard : voilà de quoi payer le moucheur de chandelles de son théâtre.* »

Une dame du grand monde donnait chez elle de petites représentations théâtrales, où jouaient quelques seigneurs et quelques dames de ses amis. Voulant perfectionner son talent dans l'art dramatique, elle prit des leçons de l'acteur Molé, très-renommé par sa fatuité et ses bonnes fortunes. Le professeur ne fut pas longtemps à se faire aimer de son élève, et parvint même à se mettre avec elle dans la plus étroite intimité. Le mari fut instruit par ses gens, des privautés qui existaient entre sa femme et l'acteur. Un jour que le professeur et l'élève se livraient aux exercices auxquels ils étaient habitués, le mari, furieux, arrive, un poignard à la main, paraissant bien décidé à frapper les deux coupables. L'acteur, effrayé avec juste raison, s'empresse de sauter par une fenêtre très-peu élevée ; et la dame, à force de larmes et de supplications, vient à bout d'apaiser son époux irrité. Le bruit de cette esclandre se répandit aussitôt à travers Paris, et l'acteur ne fut pas le dernier à publier ses prouesses. L'infortuné mari fut, pendant quelques mois, l'objet des sarcasmes et des plaisanteries de la cour et de la ville. Quelqu'un trouvant étrange ce ridicule qui accablait le mari :

« *Laissez-nous rire,* dit Sophie Arnould ; *le mariage est une comédie qui devient plus comédie encore, quand on veut en faire une tragédie.* »

Molé, qui était un comédien excellent, mais fort *vain,* ainsi que nous l'avons dit, eut une fièvre maligne en 1769. Le public lui prouva son attachement en demandant chaque jour de ses nouvelles à l'acteur qui venait annoncer. Sa convalescence fut longue, et le *vin* lui ayant été ordonné pour ranimer ses forces, il reçut en un jour plus de deux mille bouteilles de différentes dames de la cour. Sophie dit, en apprenant cette nouvelle :

« *Molé doit être* tout vin *de ces attentions-là.* »

Le singe de Nicolet attirait tout Paris par la gentillesse de ses tours. Son maître lui fit parodier fort ingénieusement la maladie de Molé et tous les ridicules qui s'en suivirent. Le comique animal parut sur ses tréteaux en bonnet de nuit et en pantoufles ; il joua le moribond, contrefit le convalescent, et cherchait à exciter la commisération publique. Le jeu du singe fit beaucoup rire aux dépens de l'acteur, dont la fatuité était excessive.

« *Comme cette farce est désagréable pour ce pauvre Molé,* dit Sophie ; *on n'est jamais plus maltraité que par les siens.* »

Mesdemoiselles Verrière étaient, en 1772, deux courtisanes du vieux sérail, puisque l'une d'elles avait appartenu au maréchal de Saxe et en avait eu une fille ; mais leur opulence, la société distinguée qui allait chez elles, leurs talents et l'habitude où elles étaient de donner des spectacles, y attiraient beaucoup d'amateurs. Colardeau, longtemps attaché à leur char, fut remplacé par la Harpe, qui jouait la comédie dans cette assemblée. Sophie disait, en faisant allusion aux différents rôles que ces nymphes avaient joués dans le monde :

« *Une femme galante est un recueil d'historiettes dont l'introduction est le plus joli chapitre ; on se le prête, on s'en amuse ; mais ce livre est bientôt lu ; enfin il se délabre, et il ne reste aux curieux que l'*errata. »

Mademoiselle Duperrey, charmante danseuse de l'Opéra, pleine de grâce et de talent, voulut un instant épouser le danseur Dauberval, dont elle s'était amourachée. Comme elle demandait, à ce sujet, l'avis de Sophie Arnould, celle-ci la dissuada de son dessein en lui disant :

« *La femme qui se marie met la main dans un sac où il n'y a qu'une anguille sur une centaine de serpents : il y a cent à parier contre un qu'au lieu de l'anguille, c'est un serpent que l'on prendra.* »

Beaumarchais passa quatre ans à combattre les obstacles sans cesse renaissants qu'on mettait à recevoir *le Mariage de Figaro*. Le jour de la première représentation de cette pièce, la critique la menaçait d'une chute prochaine.

« *Oui,* dit mademoiselle Arnould, *c'est une pièce qui tombera quarante fois de suite.* »

Cette prédiction a été plus que réalisée, car *le Mariage de Figaro* a eu plus de cent représentations consécutives.

Beaumarchais voulant accroître la vogue dont il jouissait, proposa une institution patriotique en faveur des pauvres mères nourrices dont il se déclarait le chef. La lettre contenant les idées à ce sujet, fut insérée dans le *Journal de Paris*, mais ne produisit point l'enthousiasme dont il s'était flatté. Pour exciter l'émulation des personnes généreuses, il annonça, quelques jours après, que la cinquantième représentation de *Figaro* serait donnée au profit des pauvres mères. Au jour marqué, il se trouva à la cinquantième représentation du *Mariage de Figaro*, presque autant de monde qu'à la première :

« *Voyez,* dit Sophie, *comme cet auteur sait allier le bien et le mal; il donne du lait à l'enfance et du poison à la jeunesse.* »

Le chevalier de Cossé, vivement épris des charmes de mademoiselle Arnould, lui jurait un amour éternel, et ne demandait en retour qu'une heure de complaisance :

« *Le désir vous aveugle,* lui dit-elle; *une femme dont on sollicite les faveurs est comme une énigme dont on cherche le mot: dès qu'on a pénétré l'une et l'autre, elles sont bientôt oubliées.* »

Il parut en 1775 une facétie intitulée: *les Curiosités de la foire,* où les filles les plus célèbres étaient désignées allégoriquement sous des noms d'animaux rares; elles en furent cruellement offensées, mais ne purent se venger de l'auteur anonyme. Le sieur Landrin, poëte voué au théâtre d'Oudinot, imagina de composer une petite pièce sur ce sujet, et sous le même titre. Mademoiselle Duthé assistant à la première représentation, s'y reconnut si sensiblement, qu'elle en tomba en syncope. Cet événement fit grand bruit parmi les filles du haut style. Les partisans de cette nymphe crièrent au scandale, et le duc de Duras, son amant, obtint, malgré l'approbation de la police et les désirs du public, que cette pièce ne fût plus jouée. Sophie Arnould, piquée contre quelques seigneurs de la cour qui commentaient cette satire, dit:

« *Pourquoi n'a-t-on pas mêlé quelques courtisans parmi les courtisanes? Dans une ménagerie, les mâles doivent figurer à côté des femelles.* »

Une mendiante enceinte, portant à son cou deux enfants, implorait au coin d'une rue la pitié publique. Un vieux célibataire, qui donnait le bras à mademoiselle Arnould, trouva fort étrange que cette femme s'occupât si constamment de la propagation de sa pauvre espèce :

« *Que voulez-vous,* reprit Sophie, *ces malheureux n'ont souvent que cela pour souper.* »

Mademoiselle Lefèvre (1), seconde femme de Dugazon, débuta à la

(1) Cette actrice étant allée jouer à Amiens, un jeune homme lui offrit son cœur et vingt-cinq louis; elle le toisa avec dignité et lui dit d'un ton imposant:

« *Jeune homme, gardez votre hommage et vos vingt-cinq louis; si vous me plaisiez, je vous en donnerais cent.* »

Comédie-Italienne, le 19 juin 1777, par le rôle de Pauline dans *le Sylvain*; elle se montra l'émule de madame Favart, marcha de près sur ses traces, et, comme elle contribua au succès de plusieurs ouvrages dramatiques, *Nina* ou *la Folle par amour* fut son triomphe. Sa beauté compromit plus d'une fois sa vertu, et son mari était le premier à la décrier :

« *Cet homme est bien inconséquent*, disait Sophie ; *il peut penser de sa femme tout ce qu'il voudra, mais il ne faut pas en dégoûter les autres.* »

M. Bouret, ce fameux fermier général qui mangea, dit-on, quarante-deux millions et qui mourut insolvable, affichait un luxe dont on ne peut se faire d'idée ; il le poussait au point d'avoir nourri une vache avec des petits pois verts à cent cinquante livres le litron, pour régaler dans la primeur une femme qui ne vivait que de lait. Ce fastueux financier désirait former une liaison avec mademoiselle Arnould. Il se jeta à ses genoux : elle parut inexorable ; il lui jura de l'aimer toute sa vie : elle fut inflexible ; il lui présenta un superbe diamant : elle sourit, et lui dit, en parodiant le mot de Henri IV à Sully :

« *Relevez-vous ; on croirait que je vous pardonne.* »

Un jeune mousquetaire, qui croyait sans doute que l'amour tient lieu de tout, faisait une cour assidue à une jolie danseuse, mais dont le cœur ne s'ouvrait qu'avec une clef d'or. Un jour qu'il se plaignait de n'obtenir de sa belle que de vaines promesses, mademoiselle Arnould lui dit :

« *Il faut être bien novice pour ignorer que l'amant qui ne dépense qu'en soupirs n'est payé qu'en espérances.* »

Aux fêtes de Longchamp, en 1775, les filles entretenues tenaient le premier rang. La fameuse Duthé s'y fit voir dans une voiture élégante attelée de six chevaux blancs, dont les harnais étaient de maroquin bleu, recouverts d'acier poli réfléchissant de toutes parts les rayons du soleil :

« *Quand on observe un tel luxe,* dit Sophie, *doit-on être surpris si tant de pauvres dames se dégoûtent de l'état d'honnêtes femmes.* »

On avait ôté à l'auteur du *Devin du village* son entrée à l'Opéra, à cause de sa *Lettre sur la musique.* Lorsqu'on voulut la lui rendre :

« Pourquoi, dit-il, me dérangerais-je de si loin pour aller à l'Opéra, tandis que j'ai à ma porte les chouettes de la forêt de Montmorency ? »

Mademoiselle Arnould dit, en apprenant cette boutade :

« *Le goût de Jean-Jacques est fort naturel; un hibou doit aimer les chouettes.* »

Quelqu'un lui ayant répondu que ce hibou avait pourtant une musique délicieuse :

« *Ce n'est pas étonnant,* répliqua-t-elle ; *Jean-Jacques est le hibou de Minerve.* »

On faisait le parallèle des veuves et des jeunes filles, sur le penchant que leur sexe a pour l'amour, et l'on avançait qu'une veuve doit être plus calme, parce qu'elle a la curiosité de moins :

« *Cela est vrai,* dit mademoiselle Arnould ; *mais elle a l'habitude de plus.* »

Mademoiselle Olivier était la maîtresse de Dazincourt, lorsqu'elle mourut en couche, âgée de vingt ans. Ce ne sont pas les charmes seulement de sa figure qui la firent regretter, c'est l'égalité de son caractère, la douceur de ses mœurs, sa gaieté franche et spirituelle. Elle joua avec beaucoup de succès le rôle de Chérubin, dans *la Folle journée,* et elle imitait parfaitement la tendre Gaussin dans celui d'Éléonore de *l'École des mères.* Sophie Arnould disait, en citant cette jeune actrice, qui, n'étant point vénale, n'écoutait que son cœur et restait fidèle à l'objet de son choix :

« *C'est une personne charmante, qui vit le plus honnêtement possible hors du mariage et du célibat.* »

Mademoiselle Théodore ne se détermina à danser sur le théâtre que par compassion pour son maître, Lelong, jaloux de prouver au public qu'il était en état de transmettre son talent. Cette charmante personne nourrissait son esprit des ouvrages de Jean-Jacques Rousseau, et lorsqu'elle entra à l'Opéra elle écrivit à ce philosophe pour lui demander des instructions sur la manière de s'y conduire. Jean-Jacques fut flatté d'un pareil hommage, et ne dédaigna pas de répondre à sa lettre. Sophie, qui avait peu de confiance dans cette affiche, et qui ne croyait pas qu'on pût être sage et danser à l'Opéra, dit à quelqu'un qui prônait mademoiselle Théodore :

« *Ne voyez-vous pas qu'elle veut arriver au vice par le chemin de la vertu.* »

A la seconde représentation d'*Iphigénie en Tauride* (en janvier 1781), mademoiselle Laguerre, qui en remplissait le principal rôle, était ivre, mais ivre au point de chanceler sur la scène et de se rendre fort incommode à toutes les prêtresses, empressées de la soutenir. Tous les secours qui pouvaient dissiper promptement les vapeurs qui offusquaient encore le cerveau de la princesse, lui furent administrés dans l'intervalle du second acte, et la mirent en état de chanter avec plus de décence dans les deux derniers. Quelqu'un ayant demandé si cette actrice jouait Iphigénie en Aulide ou en Tauride :

« *Non, monsieur,* répondit Sophie, *c'est Iphigénie en Champagne.* »

Mademoiselle Duplant était une belle femme. Cette actrice, en jouant le rôle de *Circe,* avait appris à charmer les amants fortunés qui se présentaient. Sa cupidité lui ayant fait quitter le duc de Duras pour un riche boucher dont nous avons déjà parlé, quelqu'un s'étonna que cette Laïs ne sût pas distinguer un gentilhomme d'un homme de la plus vile *espèce :*

« *Chacun a son prix,* répartit Sophie; *mais, en fait d'*espèce, *un homme de quantite vaut mieux qu'un homme de qualité.* »

Un officier aux gardes, nommé de la Roirie, devint éperdument amoureux de mademoiselle Beaumesnil, actrice de l'Opéra; l'enleva à son oncle, qui l'entretenait, et non content de cet exploit, voulut l'épouser. Ce jeune fou fit part à Sophie de son projet; elle tâcha de l'en détourner, et finit par lui dire :

« *Prenez-y garde, le cœur d'une femme galante est comme une rose, dont chaque amant emporte une feuille; il ne reste bientôt plus que l'épine au mari.* »

L'actrice Laguerre était fort avare et faisait de temps en temps la vente de ses meubles et de ses bijoux. Un jour qu'elle procédait à cette opération, des femmes de qualité marchandèrent divers objets précieux, et se plaignirent de leur chèreté :

« *Il paraît, mesdames,* leur dit mademoiselle Arnould, *que vous voudriez les avoir à prix coûtant.* »

Gluck a la gloire d'avoir fait en musique ce que Corneille a fait en poésie; il a conçu, il a créé la véritable tragédie lyrique. *Iphigénie, Orphée, Alceste* et *Armide* sont des chefs-d'œuvre qui ne vieilliront jamais. Cependant le mérite de ce célèbre compositeur éprouvait de violentes critiques. Un Picciniste disait à mademoiselle Arnould :

« L'illusion est détruite, la musique de Gluck est tombée.

« *Oui, tombée du ciel,* » répondit-elle.

Un de ces petits maîtres en soutane, qui fourmillaient alors dans toutes les sociétés, et qui, comme l'abbé Pellegrin, dînaient de l'autel et soupaient du théâtre, se lia avec Sophie, et voulait goûter le plaisir des élus :

« *O ciel! que me proposez-vous-là,* s'écria-t-elle; *vous ne savez donc pas que j'ai rayé de mes tablettes l'histoire ecclésiastique.* »

Mademoiselle Levasseur, veuve de Jean-Jacques Rousseau, qui de sa servante était devenue sa femme, rentra dans son premier état en épousant *Montretout,* laquais du marquis de Girardin, seigneur d'Ermenonville, chez lequel le philosophe s'était retiré. M. de Girardin fut indigné de la bassesse de cette femme, et tous les partisans de Jean-Jacques le furent également de lui avoir vu placer son affection dans une telle compagne.

« *Pourquoi blâmer le choix de cette veuve?* dit Sophie; *elle épouse un homme qui n'a rien de caché pour elle, et dans tous les états de la vie on aime mieux son égal que son maître.* »

Vestris, surnommé le *dieu de la danse* (1), eut un fils de mademoiselle Allard, qui accoucha dans les coulisses de l'Opéra. Cette danseuse, étant enceinte, faisait remarquer à ses camarades comme son enfant remuait :

« *Excellent augure,* dit Sophie; *c'est un pas de ballet qu'il répète.* »

L'augure fut en effet excellent, car le fils de Vestris acquit dans la danse une réputation qui dépassa celle de son père.

(1) Vestris avait la plus grande admiration pour son art et la plus haute opinion de sa personne.

« Il n'y a que deux hommes de génie en Europe, disait-il souvent, moi et M. de Voltaire. »

« Que de choses dans un menuet! » répétait-il encore avec un air de profondeur à ceux qu'il voulait convaincre de l'étendue et de l'importance de son talent.

Le 16 juillet 1784, le roi de Suède étant à l'Opéra avec la reine, Sa Majesté voulut faire voir à cet illustre étranger les talents du jeune Vestris, qu'il n'avait point encore vu, parce que ce dernier arrivait de Londres. Elle lui fait dire de danser ; il répond qu'il ne le peut pas, qu'il a mal au pied. Comme la reine savait que ce n'était qu'un prétexte, elle lui envoie un second message par lequel elle *l'en prie.* Sa prière n'eut pas plus d'effet que son ordre. Le lendemain il fut conduit à l'hôtel de la Force. Le père Vestris, ayant appris l'insolence de son fils (1), lui témoigna son indignation :

« Comment, lui dit-il, la reine de France fait son devoir : elle te prie de danser, et tu ne fais pas le tien ! Je t'ôterai mon nom. »

Ce propos singulier, mais digne du personnage, surprit beaucoup moins que l'action du fils. Sophie dit à ce sujet :

« *Ces gens-là prouvent bien qu'ils ont l'esprit aux talons.* »

Une actrice de l'Opéra, qui faisait la prude, amena un soir, au foyer,

(1) Le fils de Vestris débuta à l'Opéra, le 18 septembre 1778, à l'âge de treize ans. Le jour de ce début, le *diou* de la danse, vêtu d'un riche habit de cour, l'épée au côté, le chapeau sous le bras, se présenta avec son fils sur le bord de la scène, et, après avoir adressé au parterre des paroles pleines de dignité sur la sublimité de son art, et les nobles espérances que donnait l'auguste héritier de son nom, il se tourna d'un air imposant vers le jeune candidat, et lui dit :

« Allons, mon fils, montrez votre talent au public ; votre père vous regarde. »

En 1779, ce petit mutin n'ayant absolument pas voulu doubler son père dans un des derniers ballets d'*Armide,* reçut l'ordre de se rendre au Fort-l'Évêque. Rien de plus pathétique que les adieux du père et du fils :

« Allez, lui dit le *diou* de la danse, allez, mon fils ; voilà le plus beau jour de votre vie. Prenez mon carrosse et demandez l'appartement de mon ami le roi de Pologne ; je payerai tout. »

En 1782, le prince de Guémené, grand chambellan de France et allié à la famille royale, fit une faillite d'environ vingt-cinq millions. Dans le même moment, le jeune Vestris ayant fait à son père des mémoires effrayants, le *diou* de la danse fit venir cet enfant prodigue, et, à la suite d'une longue réprimande, il lui dit gravement :

« Sachez, mon fils, que je ne veux pas de Guémené dans ma famille. »

une petite fille de sa façon, qu'elle appelait sa nièce. Cette jolie enfant était remplie de grâce, et chacun la faisait jaser. Quand ce fut au tour de Sophie, elle lui dit :

« *Ma petite, il y a longtemps que je n'ai eu le plaisir de te voir ; comment se porte mademoiselle ta mère ?* »

Mademoiselle Grandi, danseuse figurante de l'Opéra, d'un talent médiocre et d'une figure assez jolie, se plaignait sur le théâtre d'avoir perdu un amoureux qui lui avait donné mille louis en cinq semaines : un des spectateurs lui dit qu'elle était faite pour remplacer aisément cette perte ; la demoiselle répond que cela ne se répare pas si aisément ; elle ajoute, qu'en tout cas elle ne veut point d'amant à moins d'un carrosse et deux chevaux, avec au moins cent louis de rente assurée pour les entretenir. La conversation tombe ; le lendemain il arrive chez mademoiselle Grandi un magnifique carrosse attelé de deux chevaux, trois autres suivent en laisse, et l'on trouve trente mille livres en espèces dans la voiture. La danseuse fut agréablement surprise d'une telle aubaine, et vint de suite à la répétition de l'Opéra en faire part à ses camarades. Comme elle se tourmentait beaucoup pour savoir si cet amant magnifique était jeune ou vieux, beau ou laid :

« *Ma chère Grandi,* lui dit mademoiselle Arnould, *quand un si brillant cadeau tombe des nues, celui qui le fait ne peut être qu'un ange.* »

La fille d'un premier président de la Chambre des comptes de Dôle, à la veille d'être forcée à un mariage qui lui répugnait, instruisit son amant de l'intention de ses parents, et l'engagea à faire tous ses efforts pour apporter quelque obstacle à l'union projetée. Celui ci n'imagina rien de mieux que de prier sa maîtresse de l'introduire secrètement, pendant la nuit, auprès d'elle, afin de faire connaître au premier président et à sa femme que le cœur de leur fille était un trésor qui n'était plus à leur disposition. La jeune fille donna son consentement à cette entreprise. L'amant, à l'aide d'une fausse clef, se rendit dans la maison de sa maîtresse, pénétra jusque dans sa chambre à coucher, et, au milieu de la nuit, il remua violemment un fauteuil, afin d'attirer par ce bruit le père ou la mère de son amante, et de les rendre ainsi témoins d'une intimité qu'ils ignoraient. Effrayée de ce tapage, la présidente, qui rentrait du spectacle, accourut aussitôt dans la chambre de sa fille. Dans ce moment, le jeune homme était à genoux devant le lit de sa maîtresse ; il lui tenait la main collée sur sa bouche, et semblait lui faire ses derniers adieux. Cette entreprise n'eut pas le succès que les deux amants avaient espéré. Le jeune homme, ayant été tiré de son extase amoureuse, fut violemment mis à la porte, malgré les larmes et les supplications de sa maîtresse. Cet événement singulier fit beaucoup de bruit, et il s'en suivit un long procès.

« *Voilà où conduit la tyrannie des parents,* dit mademoiselle Arnould; *quand une fille est condamnée à l'hymen, elle en appelle à l'amour.* »

Mademoiselle Dumesnil, actrice de la Comédie-Française, ayant eu une couche fort laborieuse, toutes ses camarades allèrent lui faire visite.

« Pourquoi donc, s'écria la malade, faut-il tant souffrir pour un moment de plaisir?

— *Hélas! ma chère,* répondit Sophie, *les douleurs de l'enfantement sont pour nous les remords de la volupté.* »

Mademoiselle Coupé, retirée depuis longtemps de l'Opéra, vivait avec M. Rollin, fermier général. Elle vint un soir à l'Opéra, et causa avec des actrices. Quelqu'un s'informa quelle était cette dame :

« *Eh quoi!* répondit Sophie, *vous ne la reconnaissez pas? C'est l'histoire ancienne de M. Rollin.* »

LE TÉMÉRAIRE AVAIT PÉNÉTRÉ JUSQUE DANS SA CHAMBRE A COUCHER

(Mystères des Vieux Châteaux de France).

Les saillies, les bons mots, les réparties de mademoiselle Arnould sont en très grand nombre. Il faudrait un volume entier pour les rapporter tous; nous avons choisi ceux qui font mieux connaître l'esprit et le caractère de notre héroïne, en ayant soin d'omettre les propos graveleux qui firent autrefois fortune dans les coulisses et les petits soupers. La plupart de ses traits sont satiriques; ils blessaient souvent.

Un exempt fut chargé de conduire mademoiselle Clairon, de la Comédie-Française, au Fort-l'Évêque, à cause de son incartade contre l'acteur Dubois. L'héroïne, s'adressant à l'alguazil, lui dit que ses biens, sa personne et sa vie dépendaient de Sa Majesté, mais que le roi ne pouvait rien sur son honneur. Ce propos ayant été rapporté à Sophie, elle répondit :

« *C'est juste, partout où il n'y a rien, le roi perd ses droits.* »

Quelquefois, on lui rendait les traits piquants qu'elle lançait aux autres : ses dents étaient vilaines, et les moins clairvoyants pouvaient aisément s'en apercevoir. Un jour elle disait, en parlant de sa franchise, qu'elle avait le cœur sur les lèvres :

« — Je ne suis pas surpris, lui répondit Champcenetz, que vous ayez l'haleine si perfide. »

En 1763, époque où la jeunesse, l'esprit et les grâces de Sophie Arnould attachaient à son char l'élite de la cour et de la ville, Dorat lui consacra une longue épître; Bernard, Lonjean, Marmontel, Rhulières et autres poëtes l'ont également chantée. Favart, subjugué par sa voix ravissante, a fait pour elle le madrigal suivant :

Pourquoi, divine enchanteresse,
Me troubles-tu par tes accents?
Tu me fais sentir une ivresse
Qui ne vas pas jusqu'à tes sens.

Peut-être que dans ma jeunesse
Mon bonheur eût été le tien.
Je t'aime; et le temps ne me laisse
Que le désir... Désir n'est rien.
Ah! tais-toi; mais non, chante encore;
Qu'avec tes sons voluptueux
Mon reste d'âme s'évapore,
Et je me croirai trop heureux.

Gentil-Bernard, ravi de ses accents mélodieux, lui adressa cet impromptu.

Que ta voix divine me touche!
Et que je serais fortuné,
Si je pouvais rendre à ta bouche
Le plaisir qu'elle m'a donné.

Garrick, célèbre acteur et directeur d'un des théâtres de Londres, fit alors un voyage à Paris ; il visita tous les spectacles, et lia connaissance avec les principaux acteurs. Mesdemoiselles Clairon et Arnould furent, dit-on, les deux seules actrices dont il admira les talents.

Une philosophie naturelle, qu'elle dut à ses réflexions plus qu'à son éducation, lui fit rechercher la société des hommes les plus célèbres, dont elle vécut entourée. D'Alembert, Diderot, Duclos, Helvétius, Mably, J.-J. Rousseau et beaucoup d'autres, ont eu avec elle des rapports plus ou moins intimes ; c'est en vivant avec eux, c'est en lisant leurs ouvrages qu'elle se préparait un automne heureux et tranquille.

Son printemps fut embelli de tous les charmes que la fortune et la beauté peuvent procurer ; émule de Ninon de Lenclos, elle vit sur ses pas les hommes les plus aimables et les plus spirituels. Ses talents et son esprit lui ont mérité le surnom d'*Aspasie* de son siècle, de même que son modèle avait reçu celui de *moderne Leontium.*

Dans le cours de sa brillante carrière, à une époque où la galanterie française était portée au plus haut degré, il eût été difficile à Sophie Arnould de résister aux séductions qui l'entouraient ; on lui a connu plusieurs amants, mais elle a toujours conservé pour le marquis de Poyanne, le premier et le plus doux objet de son cœur, un attachement tendre et soumis, que l'ascendant qu'il avait pris sur elle fortifiait sans cesse : ils vivaient ensemble comme certains époux ; les infidélités de l'un motivaient celles de l'autre ; mais Sophie y mettait plus de mystère, et sauvait les apparences autant qu'elle le pouvait. Le marquis de Poyanne ne pouvait avoir une intimité plus analogue à ses goûts, et ses amours, ses bouderies, ses ruptures et ses raccommodements forment un long épisode dans la vie de cette actrice.

En 1761, le marquis ayant fait un voyage à Genève pour consulter Voltaire sur une tragédie d'Électre, de sa façon, Sophie, excédée de la jalousie de son amant, profita de son absence pour rompre avec lui. Elle avait renvoyé à madame de Poyanne tous les bijoux dont lui avait fait présent son mari, même le carrosse, et dedans deux enfants qu'elle avait eus de lui ; elle s'était tenue cachée pour se soustraire aux fureurs d'un amant irrité, elle s'était même mise sous la protection du comte de Saint-Florentin, dont elle avait imploré la bienveillance. On ne peut peindre le désespoir où cette rupture avait jeté le marquis ; toute la capitale était inondée de ses élégies ; enfin, à la fougue d'une passion effrénée ayant succédé le calme de la raison, il s'était livré aux sentiments généreux qui devaient nécessairement reprendre le dessus dans un cœur comme le sien.

Une entrevue avait eu lieu entre sa maîtresse et lui ; il avait poussé la grandeur d'âme au point de lui déclarer qu'en renonçant à elle il n'oubliait pas ce qu'il se devait à lui-même, et lui envoyait, en conséquence, un contrat de deux mille écus de rente viagère. Sur le refus de Sophie, madame de Poyanne était intervenue, et avait sollicité l'actrice de ne point refuser un bienfait auquel elle voulait participer elle-même : elle lui avait déjà fait dire qu'elle prendrait soin de ses enfants comme des siens propres.

Puisque nous venons de parler des enfants de mademoiselle Arnould, nous ne pouvons nous empêcher de citer un mot qu'elle dit à l'occasion de la naissance de son premier-né. Dans cette circonstance, tous ses amis allèrent chez elle entretenir les caquets de l'accouchée.

« Bon Dieu ! dit-elle, que l'on souffre pour des jeux d'enfant !

— Il est un remède qui prévient ces douleurs-là, observa gravement le médecin.

— Que me proposez-vous-là ? s'écria-t-elle ; le remède est pire que le mal ! »

Sophie, pour se distraire d'une passion qui faisait le tourment de sa vie, avait passé dans les bras de M. Bertin, nouvelle victime de l'infidélité de mademoiselle Hus, actrice du Théâtre-Français. Le trésorier des parties casuelles crut trouver dans Sophie ce qu'il cherchait depuis si longtemps. Il n'épargna rien pour mériter la bienveillance de sa nouvelle maîtresse : tout fut prodigué ; mais l'excès de sa générosité ne put triompher d'une passion mal éteinte. M. de Poyanne régnait au fond du cœur de Sophie ; on oublia bientôt ses torts ; et l'amour réunit deux amants qui, plus épris que jamais l'un de l'autre, présentèrent un événement qui fit l'entretien de tout Paris. L'infortuné Bertin, aussi honteux de sa tendresse que piqué du changement de sa conquête, tomba dans le plus cruel désespoir.

Ce raccommodement fit moins d'honneur à la constance des deux personnages que de tort à leur bonne foi. M. Bertin avait payé les dettes de la belle fugitive ; il avait marié sa sœur, et dépensé pour elle plus de vingt mille écus : il lui eût encore fallu, pour conserver l'héroïne, rembourser à l'amant disgracié les frais considérables que lui avaient occasionnés ses nouvelles amours ; mais, à cette époque, la générosité financière s'étendait si loin, on en cite des traits de prodigalité si merveilleux, qu'il semble que le Pactole coulait chez les traitants.

M. de Poyanne lut en 1763, à l'assemblée de l'Académie des sciences, dont il était membre, un mémoire sur l'inoculation, dans lequel il improuvait l'arrêt du Parlement sur cette matière. Ce seigneur fut, en conséquence, arrêté par ordre du roi, et conduit à la citadelle de Metz.

Sophie, ennuyée de l'absence de son amant, saisit l'instant de la sensation très-vive qu'elle avait faite à la cour en jouant le rôle de Céphise dans l'opéra de *Dardanus*. Elle se jeta aux pieds du duc de Choiseul, et demanda, dans cette posture pathétique, le rappel du proscrit. Le cœur du ministre galant s'émut : il se prêta de la meilleure grâce du monde à des instances si tendres.

M. de Poyanne rendit hommage de sa liberté à son auteur; il lui consacra les premiers jours de son retour, et, pour ne point troubler ses plaisirs, madame de Poyanne se retira au couvent.

Mademoiselle Heynel, célèbre danseuse de Stuttgard, dont on a tant prôné le succès prodigieux, produisit, en 1768, une merveille plus grande encore. Ses charmes subjuguèrent M. de Poyanne au point de lui faire oublier ceux de Sophie. Le marquis donna pour cadeau à l'Allemande soixante mille livres, et quinze mille à un frère qu'elle aimait beaucoup ; il ajouta un ameublement exquis, un équipage complet et un assortiment de bijoux. Mademoiselle Heynel ne s'était d'abord jugée modestement qu'à mille louis.

Le marquis eut aussi du goût pour mademoiselle Grandi, danseuse de l'Opéra ; mais, cette fois, il montra beaucoup moins de libéralité. La danseuse, peu cruelle, ne laissa pas soupirer longtemps son adorateur : elle s'exécuta très-généreusement, s'en rapportant à la munificence du seigneur et n'imposant aucune condition. Le lendemain, son amant lui demanda quelle chose pourrait lui faire plaisir. Elle parla de *chatons,* qui s'assortiraient à merveille avec un collier qu'elle avait. Le surlendemain, il arriva à mademoiselle Grandi une corbeille pleine de petits chats. Cette facétie fit beaucoup rire, et, lorsque Sophie revit sa camarade, elle lui dit :

« Je ne suis point surprise de ce qui t'arrive, ma chère Grandi ; tes *souris* doivent attirer les *chats*. »

En 1769, Sophie, étant à Fontainebleau, manqua si essentiellement à madame du Barri, qu'elle s'en était plainte au roi. Sa Majesté avait ordonné que cette actrice fût mise pour six mois à l'hôpital ; mais la favorite, revenue bientôt à son caractère de douceur et de modération, demanda elle-même la grâce de celle dont elle avait désiré le châtiment, et sacrifia sa vengeance personnelle aux plaisirs du public, qui aimait cette actrice. Le roi eut de la peine à se laisser fléchir ; il fallut toutes les grâces de sa maîtresse pour retenir sa sévérité. Les camarades de Sophie, trop souvent en butte à ses sarcasmes, profitèrent de l'occasion pour s'en venger, et répandirent avec une charité merveilleuse son aventure de Fontainebleau, et, lorsque cette actrice paraissait parmi elles, on lâchait toujours un petit mot d'*hôpital;* ce qui humiliait beaucoup cette superbe reine d'opéra.

Il y avait à peine trois mois que Sophie était sortie de l'hôpital, qu'elle fut renfermée quelques moments au Fort-l'Évêque ; voici dans quelle circonstance :

M. de Sartines, lieutenant de police, voulut un jour savoir le nom de plusieurs grands personnages auxquels mademoiselle Arnould avait donné à souper la veille ; il fait venir la célèbre actrice, et lui dit avec un ton sec et une amabilité de police :

« Mademoiselle, où avez-vous soupé hier ?

— Je ne me le rappelle pas, monseigneur, dit l'actrice.

— Vous avez soupé chez vous ?

— Cela est possible.

— Vous aviez du monde ?

— Vraisemblablement.

— Vous aviez, entre autres, des personnes de qualité

— Cela m'arrive quelquefois.

— Quelles étaient ces personnes ?

— Je ne m'en souviens pas.

— Vous ne vous souvenez pas de ceux qui étaient à souper chez vous ?

— Non, monseigneur.

— Mais il me semble qu'une femme comme vous devrait se rappeler ces choses-là ?

— Oui, monseigneur, répartit Sophie ; mais devant un homme comme vous, je ne suis pas une femme comme moi. »

Mademoiselle Arnould ayant été détenue pendant vingt-quatre heures au Fort-l'Évêque, pour avoir répondu peu respectueusement au lieutenant de police, trouva dans cette prison un père de famille arrêté pour une dette de dix mille francs. Le désir de faire en sa faveur une bonne action lui suggéra l'idée de proposer à ses amis une loterie, à cinq louis le billet, d'une prétendue *chaîne* dont elle disait vouloir se défaire. Les billets furent bientôt placés ; elle rassembla chez elle tous les actionnaires, et lorsqu'on fit le tirage des numéros, elle sortit un billet sur lequel était écrit :

Un vieillard, pour dette arrêté,
N'avait pas la moindre espérance,
Et seule, en vain j'aurais tenté
De lui donner sa délivrance ;
Mais dans ses fers, grâces à vous,
Il n'est plus rien qui le retienne,
Et, de concert, chacun de vous
Brise un des anneaux de sa *chaîne*.

Aussitôt parut le vieillard, que Sophie avait secrètement tiré de la prison. Tout le monde applaudit à ce joli tour, et la fille de cet infortuné fut encore dotée par la bienfaisance de l'assemblée, qui doubla la valeur des mises.

Cette anecdote a fourni à MM. Barré, Radet et Desfontaines, le sujet d'une comédie intitulée : *Sophie Arnould,* pièce qui fut représentée pour la première fois à Paris, sur le théâtre du Vaudeville, en pluviôse an XIII.

Sophie voulut se retirer cette année-là; mais on lui refusa la gratification extraordinaire de mille livres, attendu la fréquence de ses absences, ses incommodités et ses caprices continuels, qui l'empêchaient de jouer les trois quarts de l'année. On lui démontra que chacune de ses représentations coûtait plus de cent écus à l'administration ; elle se jugea au-dessus de tous les calculs, et parut décidée à quitter le théâtre.

L'annonce de cette retraite mit l'Opéra dans une grande agitation. Des personnages de la cour du plus haut parage se mêlèrent du raccommodement ; on engagea les directeurs à pardonner les écarts de cette aimable actrice, et celle-ci à faire soumission aux premiers. Toute cette intrigue demanda beaucoup de temps, de prudence et de soins : enfin on vint à bout de réunir les personnages, et Sophie consentit à rester.

Le comte de Poyanne, dont le fond de gaieté inépuisable était merveilleusement secondé par son imagination, fit quelques voyages en Angleterre. Après avoir diverti Londres, il voulut amuser Paris de ses plaisanteries ingénieuses, et l'on en cite plusieurs qui furent trouvées charmantes. A son retour dans la capitale, il continua de voir Sophie comme la plus tendre de ses amies. Au mois de févrir 1774, il forma une assemblée de quatre docteurs de la Faculté de médecine, appelés en consultation. La question était de savoir si l'on pouvait mourir d'ennui : ils furent tous pour l'affirmative ; et après un long préambule où ils motivaient leur jugement, ils signèrent dans la meilleure foi du monde Croyant qu'il s'agissait de quelque parent du consultant, ils décidèrent que le seul remède était de dissiper le malade en lui ôtant de dessous les yeux l'objet de son état d'inertie et de stagnation.

Muni de cette pièce en bonne forme, le facétieux seigneur courut la déposer chez un commissaire, et y porta plainte en même temps contre le prince d'Hénin, qui, par son obsession continuelle autour de mademoiselle Arnould, ferait infailliblement périr cette actrice, sujet précieux au public, et dont en son particulier il désirait la conservation. Il requérait en conséquence qu'il fût enjoint audit prince de s'abstenir de toutes visites chez elle jusqu'à ce qu'elle fût parfaitement rétablie de la maladie d'ennui dont elle était atteinte, et qui la tuerait, suivant la décision de la Faculté... Cette plaisanterie, un peu forte, brouilla plus que jamais ces deux rivaux; ils se battirent, et le prince n'en continua pas moins ses visites chez Sophie, qui, pour le dédommager, finit par lui accorder ses bonnes grâces.

Par reconnaissance, le prince payait chaque année à sa maîtresse les frais d'un équipage.

Dans ces temps de débordement, les filles de spectacles se livraient aux goûts les plus condamnables. Sophie, se trouvant compromise dans quelques scènes scandaleuses qui entachaient sa réputation, voulut, par un piége adroit, détromper le public. Un émule de Vitruve la seconda, et Paris fut bientôt instruit d'un prétendu mariage de l'architecte Pelletier avec mademoiselle Arnould; mais elle négligea de conserver la renommée de cet hymen supposé, et répondit à ceux qui lui reprochaient de bonne foi de s'en tenir à un simple architecte après avoir vécu avec les plus grands seigneurs :

« Je n'avais rien de mieux à faire pour employer les pierres qu'on jette de tous côtés dans mon jardin. »

Sophie eut ensuite la fantaisie d'être dévote; sa mauvaise santé affaiblissait sa philosophie, et l'avenir parfois l'effrayait. Deux directeurs à rabat voulurent s'emparer de sa conscience.

« O ciel! s'écria-t-elle, c'est encore pis que des directeurs d'Opéra. »

Il parut alors une caricature représentant mademoiselle Arnould aux pieds de son confesseur, et derrière cet homme, était mademoiselle Raucourt, qui se désolait; au bas, on lisait ces vers :

Ne pleurez point, jeune Raucourt;
Arnould, courtisane prudente,
En quittant l'arène galante
Garde une réserve à l'amour.

La fortune qui jusque-là avait souri à mademoiselle Raucourt, lui fit éprouver ses disgrâces ; l'essor brillant qu'elle avait pris, ses goûts et ses folies occasionnèrent un déficit énorme dans ses finances, et cette actrice, poursuivie par ses créanciers, fut obligée de s'expatrier ; enfin l'affaire s'arrangea, les dettes furent payées, et Fanny revint à Paris, où ses talents lui valurent la réception la plus flatteuse.

Sophie, après avoir été quelque temps brouillée avec mademoiselle Raucourt, se rapprocha d'elle, et le comédien Fayel entra pour beaucoup dans le raccommodement. Cette société, tout en s'aimant beaucoup, ne renonçait point aux gaietés piquantes et saugrenues qui se présentaient.

Une demoiselle Véry, amie de Sophie, étant accouchée, fit prier cette dernière d'être la marraine de son enfant, et la proposition fut acceptée. Il fallut un parrain. L'accouchée crut faire sa cour en proposant Fayel. Sophie répondit qu'elle ne le connaissait pas le jour.

En remplacement, on parla d'Alfred Mirecourt, gendre de Sophie :

« C'est, reprit-elle, un ennuyeux qui ressemble à ces vieux laquais qu'on appelle la Jeunesse. »

Cette épigramme écarta encore le second parrain projeté. Enfin, Sophie, après avoir réfléchi, dit :

« Nous allons chercher bien loin ce que nous avons sous la main : le parrain sera Fanny. »

En effet, Fanny Raucourt, ayant revêtu des vêtements d'homme, se présenta à la cérémonie, qui fut accomplie le plus joyeusement du monde.

Mademoiselle Arnould se nommait Madeleine ; mais elle préférait le nom de Sophie, qu'elle avait choisi comme plus agréable et plus noble. C'est sous ce nom que tous ses amis la fêtaient. Voici des couplets qui lui furent adressés par Alfred Mirecourt avant qu'il entrât dans sa famille :

Amis, célébrons à l'envi
La fête de Sophie;
Que chacun de nous réuni
La chante comme amie.
Nous ne pouvons lui présenter
De fleur plus naturelle
Qu'en nous accordant pour chanter :
C'est toujours, toujours elle!

Si quelqu'un parle d'un bon cœur,
On cite alors Sophie;
Si l'on décerne un prix flatteur,
Elle est encore choisie;
Si quelqu'un trouve à l'Opéra
Grâce et voix naturelle,
Cet éloge désignera :
C'est toujours, toujours elle!

En vain l'Envie aux triples dents
Voulut blesser Sophie :
Elle répand que ses talents
Semblent rose flétrie.
Mais elle parut dans Castor
Si touchante et si belle,
Que chacun s'écria d'accord :
C'est toujours, toujours elle!

Le temps cruel, qui détruit tout,
Respectera Sophie;
Par son pouvoir, le dieu du goût
Prolongera sa vie.
Le charme de ses doux accens
Nous la rendra nouvelle
On répétera dans vingt ans :
C'est toujours, toujours elle!

On avait donné à l'abbé Terray le sobriquet de *grand houssoir,* nom qui convenait assez à sa figure et à sa besogne; il *houssa* terriblement les fermes au renouvellement du bail de 1774. Les nouvelles croupes (1) et les intérêts qui furent donnés à la famille du Barri et aux créatures du contrôleur général des finances, firent beaucoup crier les traitants. On apprit que Sophie Arnould avait une *croupe* dans le nouveau bail des fermiers généraux, et l'on fit circuler sous son nom la lettre suivante, adressée à l'abbé Terray, ministre des finances d'alors, célèbre par ses galanteries, et qui avait à ses gages les reines de tous les théâtres :

« Monseigneur,

« J'avais toujours ouï dire que vous faisiez peu de cas des arts et des talents agréables; on attribuait cette indifférence à la dureté de votre caractère. Je vous ai souvent défendu du premier reproche; quant au second, il m'eût été difficile de m'élever contre le cri général de la France entière; cependant je ne pouvais me persuader qu'un homme aussi sensible aux charmes de notre sexe pût avoir un cœur de bronze. Vous venez bien de prouver le contraire; vous vous êtes occupé de nous au milieu des fonctions les plus importantes de votre ministère. Forcé de grever la nation d'un impôt de cent soixante-deux millions, vous avez cru devoir en réserver une partie pour le théâtre lyrique et les autres spectacles : vous savez qu'une dose d'Allard, de Caillaud, de Raucourt est un narcotique sûr pour calmer les opérations que vous lui faites à regret. Véritable homme d'État, vous en prisez les membres, suivant l'utilité dont ils sont avec vous. Le gouvernement fait sans doute en temps de guerre grand cas d'un guerrier qui verse son sang pour la patrie; mais en temps de paix le coup d'œil d'un militaire mutilé ne sert qu'à affliger : il faut au contraire des gens qui amusent; un danseur, une chanteuse sont alors des personnages essentiels, et la distinction qu'on établit dans les récompenses des deux espèces de citoyens est

(1) On appelait croupe un intérêt dans les bénéfices d'une place, ou d'une entreprise de finance.

proportionnée à l'idée qu'on en a. L'officier estropié arrache avec peine et après beaucoup de sollicitations et de courbettes une pension modique; elle est assignée sur le trésor royal, espèce de crible sous lequel il faut tendre la main avant de recueillir quelques gouttes d'eau. L'acteur est traité plus magnifiquement; il est accolé à une sangsue publique, animal nécessaire, qu'on fait ainsi dégorger en notre faveur de la substance la plus pure dont il se repaît. C'est à pareil titre sans doute, monseigneur, c'est à la profondeur de votre politique que je dois attribuer le prix flatteur dont vous honorez mon faible talent. Vous m'accordez, dit-on, une croupe, mais c'est une croupe d'or; vous me faites chevaucher derrière Plutus. Je ne doute pas que, dressé par vous, il n'ait les allures douces et engageantes ; je m'y commets sous vos auspices, et cours avec lui les grandes aventures.

« Je suis avec un profond respect, monseigneur, etc. »

Quelle que soit l'authenticité de cette pièce, il est certain que Sophie obtint du contrôleur général, peu de jours avant la mort de Louis XV, un intérêt sur les fermes valant sept mille livres de rente.

Se trouvant à la vente de M. Raudon de Boisset, elle porta au double pour première enchère le prix mis par le crieur au buste de mademoiselle Clairon. L'admiration ferma la bouche à tous les amateurs ; on eût rougi de disputer à mademoiselle Arnould le prix du sentiment : le buste lui resta. Ce fut une espèce de couronne qui lui fut décernée au milieu des applaudissements de toute l'assemblée, et ce moment a été consacré par le quatrain suivant, qu'un anonyme lui envoya sur-le-champ.

Lorsqu'en t'applaudissant, déesse de la scène,
Tout Paris t'a cédé le buste de Clairon,
Il a connu les droits d'une sœur d'Apollon
Sur un portrait de Melpomène.

Sophie Arnould, malgré ses talents, étant devenue, en 1776, presque inutile aux directeurs de l'Opéra, ces messieurs, pour exciter son zèle, lui proposèrent de ne plus l'appointer et de lui payer une somme convenue chaque jour qu'elle paraîtrait; elle se fâcha, et menaça de donner sa *démission :* ce terme était alors devenu à la mode parmi les grands personnages du théâtre.

On donnait un soir un concert dans un appartement du Palais-Royal ayant vue sur le jardin; beaucoup de promeneurs écoutaient ; Sophie, malgré son timbre affaibli, s'avisa de chanter un air d'*Iphigénie*. Tout à coup une voix s'élève, interrompt ses chants par des sons lugubres, et fait entendre ces paroles, qu'une divinité infernale adresse à Alceste dans le dernier acte de cet opéra :

Caron t'appelle; entends sa voix.

La cantatrice fut abasourdie, et depuis ce moment, dès qu'elle paraissait en public, des gens charitables ne manquaient pas de fredonner l'air d'Alceste.

Quelque temps après, elle reçut une leçon aussi forte et plus désagréable encore ; jouant Iphigénie, elle disait à Achille :

Vous brûlez que je sois partie.

Le parterre lui appliqua ce vers et se mit à battre des mains. Elle fut d'ailleurs souvent maltraitée dans ce rôle, malgré la présence de la reine, qui la protégeait et qui l'applaudissait.

Sophie Arnould ayant perdu sa belle voix, son grasseyement, autrefois l'un des charmes de sa jeunesse, devint si désagréable qu'elle cessa tout à fait de plaire au public. L'abbé Galiani se trouvant au spectacle de la cour, on lui demanda son avis sur la voix de mademoiselle Arnould :

« C'est, dit-il, le plus bel asthme que j'aie entendu. »

Enfin, Sophie céda aux sages conseils de ses amis, et elle se retira, en 1778, avec une pension de deux mille livres. Cette actrice a obtenu autant de succès que de gloire, parce qu'elle unissait le sentiment à la perfection ; mais ce qu'on aura de la peine à croire, c'est que cette Sophie, si touchante au théâtre, si folle aux petits soupers, si redoutable dans les coulisses par ses épigrammes, employait ordinairement les moments les plus pathétiques, les moments où elle faisait pleurer ou frémir toute la salle, à dire tout bas des bouffonneries aux acteurs qui se trouvaient en scène avec elle ; et lorsqu'il lui arrivait de tomber gémissante, évanouie entre les bras d'un amant au désespoir : tandis que le parterre criait et s'extasiait, elle ne manquait pas de dire au héros éperdu qui la soutenait :

« Ah ! mon cher Pillot, que tu es laid ! »

On peut remarquer que tous les acteurs ont l'habitude de se dire de pareilles folies pendant leur jeu muet ; mais ce qui surprendra, c'est que celui de cette actrice n'en souffrait point, et il était impossible que le spectateur qui la voyait dans ces moments décisifs supposât qu'elle fût assez peu affectée pour dire des billevesées.

Le marquis de Poyanne était l'un des plus aimables seigneurs de l'ancienne cour, mais il avait dans le caractère un fond de bizarrerie qui le rendait quelquefois difficile à vivre. Tour à tour caressant et brusque, tendre et grondeur, jaloux et volage, il voulait régner en maître sur le cœur de ses maîtresses. Sa libéralité seule excusait ses défauts, et l'on sait que l'inconstance de ses goûts épuisa son immense fortune. Sophie lui fut toujours attachée, et, dans le calme de l'âge mûr, elle regrettait encore le temps orageux de ses premières amours. Elle en causait un jour avec Rhulières ; et, lui racontant les fureurs de son premier amant, elle ajouta avec une naïveté charmante :

« Ah ! c'était le *bon* temps ; j'étais bien *malheureuse !* »

Les yeux de Sophie faisaient l'un des plus grands agréments de sa figure, et c'est ce don de la nature qui avait surtout contribué à captiver le marquis. Celui-ci, lorsque l'âge et aussi l'inconstance eurent refroidi le feu dont il avait brûlé pour sa maîtresse, avait l'habitude de dire, en voyant les jolis yeux de Sophie :

« *Delicta juventutis meæ ne memineris, domine.* » (1)

Ce seigneur l'avait aimée beaucoup et avait longtemps entretenu des relations avec elle ; mais on se lasse de tout, c'est une loi de la nature. Un jour il lui reprochait d'être un peu médisante :

« Si vous m'aimiez encore, reprit-elle, vous oublieriez près de moi tous les défauts de mon sexe. »

Sophie Arnould a eu du marquis de Poyanne trois garçons et une fille. L'aîné s'appelait Louis Dorval, le second Camille Benerville, et le troisième Constant Dioville ; Alexandrine était le nom de leur sœur. Le premier mourut à l'âge de quatre ans. Les deux derniers, ayant été légitimés, portèrent dans la suite le nom de leur père. Constant de Poyanne, devenu colonel des cuirassiers, fut tué à la bataille de Wagram.

Alexandrine Arnould, née en 1767, épousa, en 1780, Alfred Mirecourt ; c'était un jeune littérateur, dont on a ébauché le portrait dans les couplets suivants :

Hormis à table,
Il est toujours au lit ;
Qu'il est aimable
Quand il sait ce qu'il dit !
Mais c'est pis qu'un diable
Pour cacher son esprit.

A l'art de plaire,
Qu'il esquive souvent
Par caractère,
Il joint heureusement
L'esprit de se taire,
Et chacun est content.

M. Mirecourt, tout en parcourant la lice académique, ne cessait d'en-

(1) Seigneur, oubliez les délices de ma jeunesse.

fanter des madrigaux en l'honneur de mesdemoiselles Arnould, mère et fille ; voici des vers qu'il destinait à être mis au bas du buste de Sophie :

Ce buste vous enchante ; oh ! fuyez, mes amis,
Fuyez ! Que de périls on court près du modèle !
Je n'ai jamais vu d'homme en sa présence admis
Qui n'entrât inconstant et ne sortît fidèle.

Ce poëte était si épris de sa future, d'une figure commune et passablement laide, qu'il la considérait comme une Vénus ; il lui adressa le quatrain suivant, qui, dans le temps, parut d'un ridicule rare aux yeux de ceux qui connaissaient l'héroïne :

Celle dont le portrait ici n'est point flatté,
Digne des chants d'Ovide et du pinceau d'Apelle,
N'a rien vu sous les cieux d'égal à sa beauté,
Rien, si ce n'est l'amour que je ressens pour elle.

Alexandrine prenait auprès de sa mère des leçons d'amabilité. Un jour elle lui demanda ce qu'il fallait pour toujours plaire aux hommes. Sophie répondit :

« Douce humeur, douce peau et douce haleine. »

L'esprit de madame Mirecourt tenait beaucoup de celui de sa mère ; ces deux personnes se faisaient parfois des niches assez gaies. Sophie avait aimé le comédien Fayel, et, après quelques mois, l'avait congédié avec éclat. Madame Mirecourt fut enchantée de cette rupture, qu'elle croyait sincère. Un matin elle alla voir sa mère, et la trouva en tête-à-tête avec Fayel ; quand celui-ci se fut retiré, elle témoigna son étonnement à Sophie :

« C'est pour affaire que cet homme est venu ici, dit-elle, car je ne l'aime plus.

— Ah ! j'entends, répliqua madame Mirecourt, vous l'estimez à présent. »

Allusion au conte qui finit par ce vers :

Combien de fois vous a-t-il estimé ?

On demandait à Alexandrine quel âge avait sa mère :

« Je n'en sais plus rien, répondit-elle ; chaque année ma mère se croit rajeunie d'un an ; si cela continue je serai bientôt son aînée. »

L'épigramme, comme on voit, était héréditaire dans cette famille.

Quelques années avant la révolution, Sophie Arnould habitait à Clichy-la-Garenne une maison de campagne, où, partagée entre les souvenirs et les jouissances que lui assurait son amour pour les arts, elle se livrait presque entièrement à l'agriculture et aux douceurs d'une vie paisible.

Elle vendit cette propriété, et acheta à Luzarches, en 1790, la maison des pénitents du tiers-ordre de Saint-François ; elle fit graver sur la porte cette inscription :

Ite missa est.

Elle avait choisi au fond du cloître un endroit qu'elle destinait pour son tombeau, et elle y fit inscrire ce verset de l'Évangile :

Multa remittuntur ei peccata quia dilexit multùm. (1)

Des agents du comité révolutionnaire de Luzarches vinrent un jour chez elle faire une visite domiciliaire ; quelques *frères* la traitant de suspecte :

« Mes amis, leur dit-elle, j'ai toujours été une citoyenne très-active, et je connais par cœur les droits de l'homme. »

Un des membres aperçut alors sur une console un buste de marbre qui la représentait dans le rôle d'Iphigénie ; il crut que c'était le buste de Marat, et, prenant l'écharpe de la prêtresse pour celle de leur patron, ils se retirèrent très-édifiés du patriotisme de l'actrice.

La révolution dispersa tous les amis de Sophie ; l'actrice perdit alors une grande partie de sa fortune, qui se montait à près de trente mille livres de rente, tant en pension qu'en contrat ; néanmoins elle eût pu s'assurer un sort indépendant si elle n'eût pas mis toute sa confiance dans un homme d'affaires dont les malversations achevèrent de la ruiner.

(1) Beaucoup de péchés lui seront remis, parce qu'elle a beaucoup aimé.

Malgré les malheurs du temps, mademoiselle Arnould était toujours portée à la plaisanterie, et ses saillies ne tarissaient point sur les événements et les innovations de l'époque.

Elle était à l'assemblée nationale le jour qu'on arrêta la vente des biens ecclésiastiques. Ce décret excita, comme cela se devait, des réclamations bruyantes; chaque membre du clergé se levait et changeait de place à chaque instant. Mademoiselle Arnould, impatiente de ce brouhaha, dit à quelques abbés :

« Messieurs, on veut vous raser; mais si vous remuez tant vous vous ferez couper. »

Lorsqu'on proposa dans l'assemblée Constituante de charger les magistrats civils de quelques fonctions religieuses exercées par les prêtres, elle dit :

« Je ne serais pas fâchée que l'on supprimât le baptême; du moins tout ne se ferait pas par compère et par commère. »

Il fut ordonné, en 1793, que chaque individu affichât sur sa porte son nom, son âge et sa profession. Sophie Arnould subit la loi commune, mais elle ne mit que quarante-trois ans, quoiqu'elle eût deux lustres de plus.

« Je crois que vous trichez, lui dit un de ses amis, car tout le monde vous donne cinquante ans.

— Il se peut qu'on me les donne, reprit-elle, mais je ne les prends pas. »

La disette était si grande en 1795, que le peuple de Paris fut réduit à de faibles rations de pain. On chantait alors dans tous les spectacles *le Réveil du peuple*. Un jour qu'à l'Opéra on demandait à grands cris *le Réveil du peuple*, elle dit tout bas à ses amis qui criaient comme les autres :

« Ne l'éveillez pas : qui dort dîne. »

Un poëte de l'époque lui disait qu'il était fort difficile d'improviser en vers français, parce que cette langue a beaucoup de mots qui n'ont point leurs semblables pour la rime. Tel est le mot *peuple,* par exemple.

« Ah! reprit-elle, je savais bien que le peuple n'a ni rime ni raison. »

Elle dissertait avec un membre de l'Institut, sur le nouveau système des poids et mesures ; elle en approuvait l'uniformité, mais elle en blâmait la dénomination.

« On aura beau faire, disait-elle, les hommes auront toujours deux poids et deux mesures. »

Puis, prenant son ton plaisant, elle ajouta :

« Cette nomenclature scientifique ne pourra jamais se loger dans la tête des femmes ; comment, par exemple, leur parler *de stère.* »

Un député ayant prononcé au conseil des Cinq-Cents un discours en faveur des enfants nés hors du mariage, quelqu'un marqua son étonnement de voir les bâtards aussi bien traités que les enfants légitimes.

« C'est cependant assez naturel, reprit-elle, car maintenant rien n'est plus légitime que tout ce qui ne l'est pas du tout. »

Le divorce, qui avait été proclamé par les Chambres législatives, n'avait point l'approbation de Sophie Arnould ; peut-être à cause de l'inconstance de sa fille, qui profita de cette loi pour contracter un nouveau mariage. Alexandrine Arnould faisait mauvais ménage avec M. Mirecourt ; malgré les deux enfants que lui avait donnés son mari, un jour elle le quitta, et vint demeurer chez sa mère, qui déplorait cette désunion. A Luzarches, Alexandrine fit connaissance d'un nommé Lanoue, fils du maître de poste de l'endroit, et trouvant sans doute dans cet amant les qualités qu'elle désirait dans un mari, elle divorça pour l'épouser. Sophie blâma beaucoup l'inconduite de sa fille, et répondit à quelqu'un qui voulait l'excuser :

« Une telle union me paraît un scandale ; le divorce n'est que le *sacrement de l'adultère.* »

M. Bourgueil a fait sur ce trait le quatrain suivant :

L'autre soir du divorce on causait entre amis;
Chacun de cette loi parlait à sa manière.
Cette loi, dit Chloé, moi, je la définis :
Le sacrement de l'adultère.

Les malversations d'un intendant infidèle et les désordres de la révolution, avons-nous dit, lui enlevèrent presque tous ses biens. On a vu, dans ces temps de confusion, cette femme, célèbre par son esprit et ses conquêtes; cette femme, qui pouvait le mieux rappeler l'image d'une courtisane grecque, implorer vainement des secours auprès du gouvernement. On a entendu mêler aux concerts mystiques des obscurs théophilanthropes cette voix qui tonnait dans *Armide*, qui soupirait dans *Psyché*, et on a gémi en pensant à l'incertitude des événements et aux mystères de la fatalité.

Sophie végétait dans un dénûment presque absolu, lorsqu'elle apprit, en 1797, que Fayel venait d'être nommé l'un des premiers magistrats de l'État; son cœur tressaillit et s'abandonna facilement à la douce espérance que son ancien ami, élevé au faîte des grandeurs, viendrait bientôt à son secours : elle lui fit part de sa position pénible, et il l'invita à dîner pour le lendemain.

Madame Deflandre, présente à cette réunion, fut enchantée de rencontrer Sophie Arnould, qu'elle ne connaissait que de réputation; elle alla lui faire une visite, et, la voyant misérablement logée chez un perruquier de la rue du Petit-Lion, elle lui proposa un appartement dans sa maison. Sophie accepta avec la plus vive reconnaissance une offre aussi généreuse, et trouva bientôt près de sa nouvelle amie tous les charmes que les bons cœurs répandent autour d'eux.

Fayel, redevenu ministre en 1798, fit obtenir à Sophie une pension de deux mille quatre cent francs, et un logement à l'hôtel d'Angevilliers, près du Louvre. Alors quelques amis se rapprochèrent d'elle; des gens de lettres et des artistes lui formèrent encore une société agréable.

Sophie Arnould conserva jusqu'au dernier instant tout l'enjouement de son esprit; les grâces semblaient avoir effacé la date de son âge, et l'on pouvait encore lire dans ses yeux toute son histoire. Malgré une maladie cruelle (1), qui la faisait beaucoup souffrir, elle avait conservé toute sa gaieté, et la vivacité de ses saillies faisait le charme de tous ceux qui la visitaient. Comme on la félicitait de posséder encore cet heureux don de la nature :

« Hélas! dit-elle, tout passe avec l'âge ; une vieille femme n'est plus qu'une *vielle* organisée. »

Elle mourut à l'hôtel d'Angevilliers, le 22 octobre 1802. Elle était âgée de soixante et un ans.

Peu d'heures avant de mourir, elle disait au curé de Saint-Germain-l'Auxerrois, qui lui avait administré tous les sacrements :

« Je suis comme Madeleine, beaucoup de péchés me seront remis, parce que j'ai beaucoup aimé. »

Sophie Arnould a occupé pendant une trentaine d'années une place distinguée parmi les beaux-esprits : elle était charmante au théâtre et jouait dans la perfection ; mais ce qui la faisait rechercher avec empressement, c'était l'esprit à la mode, cet esprit frondeur et libertin qui plaisait dans le monde, et donnait du relief à celui ou à celle qui le mettait en usage. Elle était vive, étourdie, et hasardait toutes les idées qui se présentaient à son imagination. Un grand nombre de ses bons mots ont le ton de fille, mais d'une fille de beaucoup d'esprit.

Fontenelle a dit :

« Lorsque je me permets quelque plaisanterie un peu libre, les jeunes filles et les sots ne m'entendent point. »

Sophie Arnould n'eût osé donner cette excuse, car la gaze dont elle

(1) Elle était attaquée d'un squirrhe au rectum, qui lui était survenu à la suite d'une chute.

voilait ses gaillardises était quelquefois si légère, qu'on devinait aisément ce qu'elle voulait déguiser.

Pendant longtemps, Sophie vit naître autour d'elle tous les agréments que procure l'opulence : l'indépendance était à ses yeux le premier des biens; et elle refusa plusieurs partis qui eussent pu séduire son ambition, si elle n'eût mis les plaisirs du cœur au-dessus des calculs de l'intérêt. Son âme voluptueuse considérait « l'amour comme le plus agréable épisode du roman de la vie, et l'hymen comme l'éteignoir de l'amour. »

Cette femme rare fut vivement regrettée de tous ceux qui l'avaient connue : des mélomanes pour ses talents, des gens d'esprit pour sa conversation, et de ses amis pour son bon cœur.

On a remarqué que les trois plus grandes actrices du dix-huitième siècle, mesdemoiselles Clairon, Dumesnil et Arnould, ont finit en 1802 leur brillante carrière; de même que les trois plus célèbres acteurs de leur temps, Eckhof en Allemagne, Garick en Angleterre, et Lekain en France, sont morts dans la même année, en 1778.

La dépouille mortelle de Sophie Arnould fut portée dans le champ de repos de Montmartre : aucune pompe funèbre ne l'accompagna, aucun marbre ne lui servit de tombe : un de ses amis, témoin de cette modeste sépulture, s'écria douloureusement :

Ainsi tout passe sur la terre,
Esprit, beauté, grâces, talents,
Et, comme une fleur éphémère,
Tout ne brille que peu d'instants !

Le château de Ruel reçut ses deux plus grandes illustrations du cardinal de Richelieu, qui le fonda, et de Sophie Arnould, qui l'habita souvent avec le marquis de Poyanne. Le marquis en fit le siége de ses amours avec la spirituelle actrice de l'Opéra.

Cette terre subit, en 1793, le sort de toutes es propriétés nationales; et, après avoir passé entre les mains de plusieurs acquéreurs, devint le domaine du maréchal Masséna, surnommé par Napoléon le *Favori de la victoire*.

Le parc du château a été fort embelli par le maréchal Masséna, pendant qu'il en était propriétaire. La superficie de ce parc est de cent soixante arpents. L'illustre guerrier fit aussi réparer et décorer l'intérieur des appartements.

En 1815, le village de Ruel ayant été pris par les Anglo-Prussiens, les Prussiens dévastèrent le parc du château, pendant que les Anglais couraient sur la Malmaison.

Ruel est situé sur la route de Saint-Germain. Il fait partie du département de Seine-et-Marne et de l'arrondissement de Versailles.

L'église de la paroisse, dont le portail est dû à la munificence du cardinal de Richelieu, renferme le monument sépulcral de l'impératrice Joséphine.

LUCIENNES.

Le vendredi soir, 21 (avril 1769), en revenant de la chasse, le roi annonça qu'il y aurait une présentation le lendemain..., que ce serait celle de madame du Barri. Le soir, un bijoutier apporta pour cent mille francs de diamants à cette dame.

Nouvelles à la main.

La bonne pâte de femelle!
Combien d'heureux fit-elle dans ses bras!
Qui, dans Paris, ne connut ses appas?
Du laquais au marquis, chacun se souvient d'elle.

VOLTAIRE, *Apothéose du roi Pétaud.*

On a généralement fait la remarque que de toutes les victimes de son sexe frappées par la hache révolutionnaire, madame du Barri est celle qui a montré le plus de faiblesse.

SAINT-EDME.

LUCIENNES.

Le château de Luciennes est situé à trois lieues de Paris, sur la route de Saint-Germain, au milieu d'un paysage riche et animé. Il remonte à l'époque du règne de Louis XIV, où madame de Maintenon était toute puissante, et où Sa Majesté *tenait sco Marly* à certaines saisons de l'année. Le pavillon de Luciennes fut probablement une des nombreuses maisons de plaisance qui furent construites à cette époque sur les hauteurs de Marly, au moment où la cour partageait son séjour entre Versailles et Marly-le-Roi.

Ce fut d'abord la propriété du comte de Toulouse; la famille de Penthièvre y habita longtemps; le dernier prince de Lamballe y mourut.

Louis XV acheta ce château pour y loger la comtesse du Barri. Peu d'années après, on bâtit à grands frais, sur les dessins de Ledoux et dans l'espace de trois mois, le nouveau pavillon sur la crête de la montagne de Luciennes et au-dessus de la machine de Marly : le nouveau pavillon, d'une richesse toute royale, éclipsa l'ancien; sa belle position, sa vue ravissante, l'élégance de son architecture, les objets précieux qui l'ornaient intérieurement, attiraient à Luciennes les curieux qui se trouvaient à Paris. Sculpteurs, peintres, décorateurs, tout s'était réuni pour faire de ce séjour un temple aux grâces et un palais à Louis XV : des statues, des bas-reliefs, exécutés par Pajou, le Comte, Moineau, Allegrain et Vasse; des peintures allégoriques de Vien et de Fragonard; des bronzes que l'habile main de Gautières a, pour ainsi dire, pétris et animés, voilà quels étaient les principaux ornements de la retraite de la trop célèbre du Barri.

Les historiens s'accordent assez peu sur l'époque de la naissance de madame du Barri. Le pamphlétaire Morande la fait naître en 1744, et M. de Châteauneuf en 1751. Mais ces deux historiens se sont également trompés, car un arrêt récent de la cour royale de Paris, nous apprend que cette femme, trop célèbre, vit le jour le 19 août 1746, dans la patrie de Jeanne d'Arc, à Vaucouleurs. Singulier rapprochement et singulier contraste : les deux compatriotes surent exercer assez d'influence sur leur souverain : l'une pour sauver la France en danger, et l'autre pour la précipiter plus avant dans l'abîme.

Si les historiens ont été peu d'accord sur l'époque de la naissance de notre héroïne, ils ne l'ont pas moins été sur son origine elle-même. En effet, les uns la font naître d'un mariage légitime, et les autres d'une union clandestine. L'auteur de la *Biographie portative des contemporains* appuie cette dernière assertion, et, suivant du reste l'opinion la plus commune, il dit qu'elle était « le fruit du commerce d'un frère Picpus, nommé le père Gomard, dont elle reçut le nom avant d'avoir pris celui de Vaubernier, et d'une couturière Béca, laquelle épousa par la suite un commis aux barrières, nommé Vaubernier, à la charge par celui-ci de reconnaître la petite Gomard pour sa fille. » L'arrêt de la cour royale a confirmé en partie cette dernière assertion, en décidant que la compatriote de Jeanne d'Arc était une enfant naturelle.

« On le voit, assez d'obscurité a enveloppé la naissance de madame du Barri ; et cette obscurité s'étend également sur ses aventures jusqu'au moment où elle fit la connaissance du comte Jean du Barri, dit le Roué. Les seules choses qu'on ne puisse révoquer en doute, sont : sa présentation au baptême par Billard du Monceau, riche financier de cette époque ; son entrée au couvent de Sainte-Aure ; son apprentissage dans un magasin de modes de la rue Saint-Honoré, et son admission, en qualité de demoiselle de compagnie, chez une dame de la Garde.

« Le hasard procura pour parrain à la jeune Marie-Jeanne le sieur du Monceau, qui, de suite après la cérémonie, quitta Vaucouleurs, où son service l'avait momentanément appelé. Plusieurs années s'écoulèrent. Le financier avait sans doute oublié sa filleule, lorsqu'un jour il la vit arriver chez lui, à Paris, accompagnée de sa mère. Celle-ci était veuve et dans la dernière misère ; du Monceau lui procura une place, et fit entrer la jeune fille dans la communauté de Saint-Aure, pour y recevoir quelque éducation. Il ne paraît pas que les religieuses fussent très-satisfaites de la conduite de leur élève, qui déjà semblait promettre tout ce qu'elle a tenu par la suite (1). »

A sa sortie du couvent, elle entra, sous le nom de mademoiselle Lançon, dans le magasin de madame Labille, marchande de modes de la rue Saint-Honoré. Là elle se trouva en relation avec plusieurs compagnes, qui lui firent connaître le monde qu'elles fréquentaient, et l'initièrent à leurs plaisirs. Notre héroïne ne tarda pas à faire connaissance avec la Gourdan, l'une des messagères d'amour les plus renommées du temps, et qui recevait chez elle une foule de gens de robe, d'épée, d'église et de finances. Nous ne suivrons pas mademoiselle Lançon dans les visites qu'elle rendit

(1) Saint-Edme.

à *la petite comtesse* (1); laissons dans l'ombre ces tableaux : nous en aurons assez d'autres à mettre sous les yeux de nos lecteurs.

Pendant son séjour chez madame Labille, mademoiselle Lançon avait remarqué un jeune commis de la marine, nommé Duval, qui logeait dans la même maison qu'elle. Duval était riche, et en outre très-bien fait. La modiste avait jugé qu'il ferait assez bien son affaire. Un jour qu'il était absent de chez lui, mademoiselle Lançon crayonna tant bien que mal les traits du jeune commis sur la porte même de l'appartement qu'il occupait. Celui-ci ne put faire autrement que de jeter les yeux sur ce portrait, ce qui piqua un peu sa curiosité. Il écrivit au bas de l'ébauche :

« Je voudrais bien connaître l'auteur. »

La réponse ne se fit pas longtemps attendre. La modiste crayonna le lendemain, à côté du premier, un autre portrait aussi imparfaitement tracé que le précédent ; ce second portrait représentait une femme, et au bas on lisait ces mots :

« C'est moi. »

Duval se douta bien que son peintre n'était autre que l'une des sémillantes modistes qui travaillaient dans le magasin de madame Labille. Il s'y rendit, examina toutes ces demoiselles avec attention, et en aperçut une qui souriait malignement en le voyant. Le commis crut avoir découvert celle qui l'intriguait; il ne fut pas fâché d'apercevoir chez elle le plus joli minois qu'il eut encore admiré. Le soir, il écrivit de nouveau sur sa porte :

« Quand mon peintre pourra-t-il m'achever de plus près ? »

Mademoiselle Lançon répondit par ces mots, qu'elle écrivit le lendemain :

« Votre peintre ira déjeuner chez vous, dimanche, à neuf heures ; laissez votre porte entr'ouverte. »

L'entrevue eut lieu le jour indiqué, et le commis et la modiste s'ap-

(1) C'était ainsi qu'on nommait la Gourdan.

plaudirent tous les deux du résultat de leur singulière correspondance.

Mademoiselle Lançon quitta le magasin de modes de la rue Saint-Honoré, pour entrer, en qualité de dame de compagnie, chez madame la Garde, veuve d'un fermier général. L'ex-modiste crut, en changeant de maison, devoir aussi changer de nom; elle se fit appeler, à cette époque, mademoiselle Vaubernier. Sous ce nouveau nom, elle ne fut pas plus sage. Ayant eu une double intrigue avec les deux fils de madame la Garde, elle fut renvoyée chez sa mère, qui demeurait alors rue de Bourbon, et qui venait de se remarier.

Le temps que mademoiselle Vaubernier avait passé chez madame la Garde, avait autant servi à son plaisir qu'à son éducation. Dans cette maison se réunissaient habituellement beaucoup de personnes de distinction, et entre autres plusieurs littérateurs, tels que d'Alembert, Diderot, Grimm, Marmontel, et même Voltaire. La dame de compagnie s'était un peu débarrassé de ce ton de grisette, de cet air de petite fille qu'elle avait puisé dans son magasin de modes; elle avait acquis les formes et les manières de la bonne société, et elle pouvait désormais se présenter convenablement partout où il lui plairait.

Il y avait à Paris deux sœurs charmantes, les demoiselles Verrière. Elles tenaient le sceptre de la haute galanterie, et pour mieux ruiner le monde, ces demoiselles donnaient à jouer; leur salon était le rendez-vous, sinon de la meilleure, du moins de la plus brillante société. Les grands seigneurs et les riches financiers abondaient chez elles, et comme il fallait de jolies femmes partout où il y avait des financiers et des grands seigneurs, mademoiselle L'Ange, car c'est ainsi qu'elle se faisait appeler alors, fréquenta les salons des demoiselles Verrière. Ces salons, puisqu'il faut les appeler par un nom honnête, avaient pour habitués les plus fidèles, le chevalier de la Morlière, le chevalier d'Arc, le prince de Soubise, Radix de Sainte-Foix, etc.

Le chevalier de la Morlière était un misérable déshonoré par cent vilaines actions, et qu'on recevait partout parce qu'il était redoutable ferrailleur. Bel esprit avorté, faisant le capable, il avait pris à la Comédie-Française l'emploi de tyran du parterre. A voir sa haute taille et sa mauvaise mine, vous auriez là l'idée du Rolando de Gilblas; il avait l'air galant et empressé auprès des femmes, mais c'était pour escroquer celles qui l'écoutaient; il jouait, et il empochait toujours l'argent gagné sans payer l'argent perdu.

Le chevalier d'Arc, avec de belles manières, une taille parfaite, une figure distinguée et tous les dehors d'un homme de son rang, ne valait guère mieux au fond que le chevalier de la Morlière : c'était un véritable roué dans toute la force du terme. Voici un trait de lui qui le peint dans toute son effronterie : Il avait eu à se plaindre de la duchesse de la V..., sa maîtresse; que fit-il? Il découpa en rond la fin d'une de ses lettres où étaient quelques phrases très-significatives, la mit sous glace, et la fit placer sur une énorme tabatière garnie d'un cercle de diamants. Il portait négligemment ce trophée sur la table où il jouait, et chacun pouvait venir lire à son aise les extravagances de la duchesse; le chevalier ne demandait pas mieux. Cela occasionna un scandale épouvantable. Le roi en fut instruit, et envoya au chevalier un de ses gentilshommes ordinaires, avec l'ordre de faire brûler, sous ses yeux, le dessus de la tabatière, et ce qui pouvait rester de cette curieuse correspondance. Toute la conduite du chevalier était parfaitement en rapport avec ce trait-là.

Le prince de Soubise était le digne compagnon du chevalier d'Arc. Malgré son immense fortune, les agréments de son esprit, la douceur de son caractère, et la confiance intime dont le roi l'honorait, il ne jouissait d'aucune estime, ni à la ville, ni à la cour. Jamais il ne fut grand seigneur plus *populacier*. On le trouvait partout où il y avait de la considération à perdre et du mépris à gagner. Il ne se contentait pas de courir les mauvais lieux, il les soutenaient; il était le protecteur-né de toutes les *abbayes* de Paris. Le duc d'Aiguillon disait de lui :

« Le prince de Soubise a dans son département les provinces Gourdan, Levacher, etc. »

Mauvais militaire, il s'était fait battre honteusement; courtisan débauché, il passa les dernières années de sa vie chez la Guimard, danseuse de l'Opéra, où il faisait les mêmes honneurs avec le même orgueil que s'il eût été dans le superbe hôtel de ses pères. En vérité, la famille des Rohan a joué de malheur dans le siècle dernier. Le prince de Guémenée, qui fit une faillite de vingt-cinq millions; le prince Louis, qui fut le triste héros de la trop célèbre affaire du collier; et, avant eux, le prince de Soubise : quels pauvres hommes pour de si illustres personnages.

Mademoiselle L'Ange fit, chez les demoiselles Verrière, la connaissance de Radix de Sainte-Foix, petit financier, qui avait une réputation de *probité* très-équivoque, et qu'on appelait à cause de cela *le grand pillard*. Il était du reste galant, spirituel, aimable, et il ne tarda pas à gagner le cœur de l'ex-modiste. Mais les relations qu'il eut avec elle ne durèrent pas longtemps. Il voulut la faire servir à divers projets : elle refusa; l'autre lui mit le marché en main : elle accepta, bien sûre que les protecteurs ne lui manqueraient pas.

Comme elle n'était pas trop mal dans ses affaires, elle voulut se donner le temps de choisir. Se sentant soutenue par sa beauté, elle s'était élevée peu à peu plus haut. Elle allait actuellement chez plusieurs femmes de qualité, qui faisaient le métier dans lequel on prétend que la noblesse ne déroge pas. Beaucoup de ces femmes faisaient alors ce métier; leurs maisons étaient d'ailleurs des lieux fort agréables. On y voyait beaucoup de monde; on pouvait y former des liaisons *utiles;* on y soupait tous les soirs; on y dansait souvent; ce n'étaient que plaisirs, que fêtes. Mademoiselle L'Ange était là dans son élément.

Ce fut dans une de ces maisons qu'elle rencontra Jean du Barri, dit le Roué. Il n'était plus de la première jeunesse : il pouvait avoir de quarante-quatre à quarante-cinq ans; et avec sa mauvaise santé et sa mauvaise humeur continuelle, on lui aurait donné davantage. C'était un homme bien né, sa famille était alliée à ce qu'il y avait de mieux dans la Gascogne et le Languedoc. Elle n'était pas riche, et vivait dans cette sorte d'indigence gentilhommière si commune de nos jours. Le comte du Barri avait épousé une femme respectable et aisée. Mais emporté par la vivacité de ses passions et le besoin de faire fortune, il était venu à Paris; se trouvant sans ressources, il avait fait des dettes, et les avait payées avec la gloire du jeu et les charmes de ses maîtresses qu'il savait faire valoir à propos. La beauté de mademoiselle L'Ange le frappa; il comprit le parti qu'il pouvait en tirer.

« C'était alors une nymphe toute fraîche, qui n'était point encore connue dans l'ordre des courtisans, et dont la figure voluptueuse et les grâces folâtres devaient à coup sûr faire tourner une multitude de têtes. Il chercha donc à cultiver la jeune personne et à l'éblouir par les promesses les plus magnifiques. Il lui fit l'énumération des filles qui avaient avancé sous ses auspices, s'étaient illustrées, et étaient alors citées comme du plus grand ton... » (1)

Mademoiselle L'Ange, enchantée du rôle que le comte Jean promettait de lui faire jouer, acquiesça à sa proposition, et le jour même elle allait s'établir dans l'appartement du gentilhomme gascon.

Huit jours après cette installation, lorsque le comte Jean sentit sa passion un peu amortie, il dit à sa maîtresse :

« Voilà qui est fait, à présent je ne suis plus jaloux. »

Et aussitôt il rouvrit sa maison à tous ses amis, aussi débauchés, aussi corrompus que lui, et les charmes de mademoiselle L'Ange ne tardèrent pas à lui rapporter, ce qu'on appelle dans le commerce, d'assez beaux bénéfices.

« Nous ne pouvons, dit un auteur déjà cité, donner la liste des gens

(1) *Anecdotes sur la comtesse du Barri*, par Morande.

illustres auxquels le comte Jean a communiqué un trésor dont il se réservait adroitement la propriété. Ces marchés secrets n'ont qu'une publicité vague, sans qu'on puisse assigner exactement les copartageants. Il est constant, d'ailleurs, qu'outre les seigneurs, M. du Barri ne refusait pas les matadors de la finance en état de payer ses services et en volonté de les acheter au poids de l'or. »

Pendant que le comte Jean était en train d'exploiter les charmes de sa maîtresse, il se trouva un jour en rapport avec Lebel, premier valet de chambre de Louis XV. Ce Lebel avait des fonctions assez singulières à la cour : c'était lui qui était chargé de l'intendance des menus plaisirs de Sa Majesté, et qui avait mission de rechercher de côté et d'autre les minois les plus jolis, les plus agaçants, les plus capables de satisfaire les goûts voluptueux, mais blasés du vieux monarque. Un jour que Lebel n'avait point réussi dans ses recherches aussi bien qu'il le désirait, il fit part de son embarras au comte Jean, qui lui dit :

« N'est-ce que cela, j'ai votre affaire. Venez tantôt dîner chez moi, et je vous fais voir la femme la plus jolie, la plus fraîche, la plus séduisante ; un vrai morceau de roi. »

Lebel fut enchanté de cette découverte; mademoiselle L'Ange lui convint à merveille ; et elle ne tarda pas à être introduite, sous le nom de comtesse du Barri, dans la couche royale.

Le monarque, de son côté, fut ravi de la beauté et des talents de sa nouvelle maîtresse.

« Sans doute, dit Morande, il avait passé dans le lit du prince des femmes aussi instruites que celle-ci ; mais elles n'étaient pas d'un caractère assez libre, assez vrai, assez hardi pour se vanter de leur savoir-faire, et pour oser le mettre en usage. Celle-ci, au contraire, ingénue, franche et décidée, était dirigée d'ailleurs par une homme exercé au libertinage le plus raffiné. Il se doutait de l'effet prodigieux que devait produire le contraste frappant des leçons qu'il avait données à son élève, avec les caresses froides et compassées des premières maîtresses du roi. Il n'eut qu'à laisser prendre l'essor à cette nymphe endoctrinée; et le succès de son premier triomphe encouragea merveilleusement celle-ci à déployer l'étendue de son art. »

Louis XV, encore sous l'impression du bonheur extraordinaire qu'il avait éprouvé, ne peut s'empêcher d'en parler à ses petits soupers, où il ne recevait que des intimes.

« Elle m'a donné, dit-il en parlant de madame du Barri, des plaisirs que j'ignorais encore.

— Sire, c'est que vous n'êtes jamais allé au *bazard,* » lui dit le duc d'Agen en se servant d'un mot beaucoup plus énergique.

Ce mot aurait dû ouvrir les yeux du monarque, s'il eût été susceptible de vaincre cet indigne attachement. Mais ce charme était trop puissant, et l'ancienne élève de la Gourdan devint la nouvelle odalisque de Versailles.

Dès que l'on connut la faveur dont jouissait la comtesse à la cour, une foule de couplets, pleins de malignité, coururent tout Paris et égayèrent les salons. Parmi ces productions satiriques, en voici quelques couplets qui eurent beaucoup de succès et qui courroucèrent Sa Majesté parce qu'ils frappaient juste :

. . . . . .
Elle excite avec art
Un vieux paillard.

En maison bonne
Elle a pris des leçons;
Elle a pris des leçons
En maison bonne,
Chez Gourdan, chez Brisson;
Elle en sait long.

Que de postures!
Elle a lu l'Arétin;
Elle a lu l'Arétin,
Que de postures!

Elle en sait en tous sens
Prendre les sens.
Le roi s'écrie :
L'Ange, le beau talent !...

Les satires et les couplets ne produisirent d'autre effet sur Louis XV que de le mettre en colère. Le monarque n'en persista pas moins à conserver auprès de lui, mais le plus mystérieusement possible, celle qui excitait toutes ces clameurs. Lebel, qui voyait prendre à la fausse comtesse chaque jour plus d'empire, fut effrayé des suites de son imposture ; il déclara à Louis XV qu'il l'avait trompé, que la nouvelle favorite était loin d'être une femme de qualité, qu'elle avait été introduite sous un faux nom, et qu'elle n'était pas mariée.

« Tant pis, dit le roi, qu'on la marie, et qu'on me mette dans l'impossibilité de faire une sottise. »

Ce mot du roi ne fut pas perdu, et le comte Jean voulut que sa protégée devînt favorite en titre, qu'elle eût une place ostensible à la cour, et qu'elle remplaçât sous tous les rapports la marquise de Pompadour, qui venait de mourir quelques années auparavant.

La favorite ne pouvait paraître convenablement à la cour si elle n'était pas mariée ; le comte Jean avisa de suite aux moyens de lever cet obstacle. « Pour cela, il jeta les yeux sur un de ses frères, très-propre à jouer le rôle qu'il lui destinait. Guillaume du Barri avait tous les vices du comte Jean, sans en avoir les qualités. Sans esprit, grossier, joueur, ivrogne, libertin, il ne fut pas difficile à persuader, quand on lui eut fait entendre que sa complaisance lui procurerait la facilité de mener plus librement et en grand le genre de vie qui lui convenait. Il se rendit à ces arguments irrésistibles, et le mariage fut célébré à la paroisse Saint-Laurent, le 1er septembre 1768. Là, pour la première fois, Guillaume vit celle à laquelle il allait donner son nom ; et, la cérémonie terminée, il salua son épouse, prit la poste et se retira à Toulouse. Ainsi mademoiselle

L'Ange devint la belle-sœur du comte Jean, son ancien amant; et échangea tous ses noms d'emprunt contre le nom légitime de comtesse du Barri. Le roi fut bien aise de la conclusion de cette affaire, et l'ambition de la nouvelle famille de la comtesse ne connut plus de bornes. Le comte Jean, homme froid et réfléchi, jugea sainement sa position personnelle, celle de sa belle-sœur et de ses autres parents; il agit en conséquence. D'après la connaissance qu'il avait du caractère et de l'esprit de son ancienne maîtresse, il résolut d'avoir continuellement l'œil sur elle, de la diriger dans ce monde inconnu dont elle ignorait encore les habitudes; en un mot, de lui dicter un plan de conduite dont elle n'eut pas à s'écarter : mais ce plan demandait beaucoup d'adresse et de circonspection. Heureusement pour lui, sa belle-sœur avait dans ses conseils une aveugle confiance; seulement il fallait dérober aux regards de la cour les fils secrets qu'il allait faire mouvoir. Pour mieux y parvenir, il parut abandonner la favorite à elle-même, et s'en éloigna. Il eut soin toutefois de mettre auprès d'elle une demoiselle du Barri, sa sœur, assez laide pour n'inspirer aucun soupçon de rivalité, mais fine et spirituelle. » (1)

Il s'établit ainsi une circulation continuelle du frère à la sœur, et de celle-ci à la comtesse; et de même de la comtesse à mademoiselle du Barri, et de la sœur au frère. De jeunes confidents, stylés par le comte, étaient continuellement sur la route de Versailles, et portaient ses ordres, verbalement ou par écrit, suivant les circonstances. Les messagers étaient multipliés au besoin, et la favorite était par là dirigée à la minute. Quelquefois elle faisait de petits voyages à Paris, où, n'ayant pas de maison, elle logeait chez son beau-frère, et y puisait des instructions générales qu'il ne s'agissait plus que d'appliquer à des cas particuliers.

L'élévation de madame du Barri n'eut pas lieu cependant sans occa-

(1) Saint-Edme.

sionner bien des tracasseries au monarque ; mais les contradictions ne servirent qu'à rendre la passion de Louis XV plus opiniâtre. C'est peut-être la seule occasion où, se raidissant contre les difficultés, il ait témoigné une fermeté persévérante, dont il manquait dans les choses les plus importantes.

Le premier obstacle de ce côté vint de la part d'une femme jalouse, non du cœur du roi, mais de son sceptre qu'elle voulait partager. Il s'agit de la duchesse de Grammont, sœur du duc de Choiseul, ministre tout-puissant d'alors. Altière, impérieuse, avide du pouvoir à l'excès, elle avait déjà tellement subjugué son frère, que ce ministre, si fier, si absolu, s'en laissait gouverner à son gré. Ne sachant à quoi attribuer ce singulier ascendant, la malignité des courtisans leur en avait fait chercher le principe dans une intimité plus que fraternelle entre ces deux personnages, d'ailleurs trop au-dessus des préjugés l'un et l'autre pour se laisser arrêter par ceux de religion ou d'honnêteté publique. Quoi qu'il en soit, cette anecdote, fort accréditée à la cour, où l'on croit tout, parce qu'on s'y sent capable de tout, avait été consignée d'une manière très-adroite et très-ingénieuse dans les quatre vers suivants, relatifs aux principaux événements d'alors, l'expulsion des jésuites et la mort de la marquise de Pompadour :

Après avoir détruit l'autel de Ganimède,
Vénus a quitté l'horizon :
A tes malheurs encor, France, il faut un remède ;
Chasse Jupiter et Junon.

La duchesse de Grammont, sans doute de concert avec son frère, pour consolider et perpétuer le pouvoir dans leur famille, avait imaginé de devenir maîtresse du roi. Quoiqu'elle ne fût ni jolie, ni jeune, la connaissance qu'elle avait du passé et du caractère du prince, l'autorisait à espérer le succès de son dessein. L'exemple de madame de Mailly, n'ayant ni plus de charmes ni plus de fraîcheur, qui avait réussi cependant, grâce à sa hardiesse et à son impudence, était un grand encouragement, et la duchesse se regardait comme victorieuse, lorsqu'elle se vit expulsée par une nouvelle venue. Elle en fut d'autant plus furieuse, qu'elle ne tarda pas à être instruite quelle espèce de femme lui était préférée. Elle fit passer sa rage dans le cœur de son frère, dont l'âme élevée le faisait répugner naturellement aux avances de ce parti, car les du Barri, n'osant lutter d'emblée contre ce ministre tout-puissant, cherchèrent d'abord à se le concilier. On assure même que la comtesse lui fit des agaceries, qui auraient pu aller plus loin s'il en eût voulu profiter. Sa hauteur envers eux, les progrès incroyables de la favorite dans le cœur du monarque, et les rivaux des Choiseul, qui se rangèrent de leur côté, les poussèrent à une guerre ouverte qui devait aboutir à une disgrâce, dont le duc, endormi par dix années de prospérité, se jugeait bien éloigné. Ce fut donc moins dans cette crainte que pour satisfaire le ressentiment de sa sœur, qu'il résolut d'ouvrir les yeux de son maître sur l'infamie dont son choix l'allait couvrir, non directement, il en connaissait trop le danger, mais indirectement et par les voies les plus détournées. Il mit d'abord en mouvement ses espions pour constater la filiation scandaleuse des aventures de la comtesse ; il les fit consigner dans des vaudevilles, dans des nouvelles manuscrites, dans de petites historiettes, dont on amusait les cercles. La police à ses ordres, loin de jeter officieusement le voile sur les turpitudes du souverain, contribua la première à les divulguer. Voici un échantillon de ces *nouvelles,* dites *à la main,* qui étaient répandues et colportées à travers tout Paris par les soins du ministre :

3 septembre 1768... « Il a paru à Compiègne une comtesse du Barri, qui a fait grand bruit par sa figure. On dit qu'elle plaît à la cour et que le roi l'a très-bien accueillie. Sa beauté et cette prompte célébrité ont excité les recherches de beaucoup de gens. On a voulu remonter à l'ori-

gine de cette femme; et si l'on croit ce que l'on publie, elle est d'une naissance très-ignoble : elle est parvenue par des voies peu honnêtes, et toute sa vie est un tissu d'infamies. Un certain du Barri, qui se prétend issu des Barrimore d'Angleterre, et qui l'a fait épouser à son frère, est l'instigateur de cette nouvelle maîtresse. On assure que le goût et l'intelligence de cet aventurier dans le détail des plaisirs, le font aspirer à la confiance du roi pour les amusements de Sa Majesté, et qu'il succédera au sieur Lebel en cette partie. »

Voltaire, qui était à la tête de la secte philosophique, favorisée par le duc de Choiseul, crut devoir lancer quelques traits dans cette guerre d'épigrammes; il fit paraître à cette occasion *l'Apothéose du roi Pétaud,* qui était dirigée autant contre le roi que contre la courtisane. Donnons-en ici quelques vers :

Il vous souvient encor de cette tour de Nesles:
Mivintille, Lymail, Rouxchâteau, Papomdour; (1)
Mais dans la foule, enfin, de peut-être cent belles,
Qu'il honora de son amour,
Vous distinguez, je crois, celle qu'à notre cour
On soutenait n'avoir jamais été cruelle.
La bonne pâte de femelle!
Combien d'heureux fit-elle dans ses bras!
Qui, dans Paris, ne connut ses appas?
Du laquais au marquis, chacun se souvient d'elle.

Il ne suffisait pas à madame du Barri d'être aimée de Louis XV et de posséder la clef de toutes les faveurs, elle voulait régner ostensiblement sur le cœur du roi, et avoir ses entrées dans les grands appartements comme toutes les personnes reçues à la cour. Mais pour cela il fallait être présentée cérémonieusement par une marraine; et la difficulté était non-seulement de trouver une personne assez dévouée pour remplir ce rôle, dans cette circonstance, mais aussi d'avoir l'assentiment du monarque,

(1) Mesdames de Vintimille, de Mailly, de Châteauroux et de Pompadour.

qui redoutait le scandale et les cris que cette présentation pourrait causer. La comtesse, endoctrinée et encouragée par son beau-frère, le comte Jean, ne se laissa pas effrayer par les difficultés: elle commença par mettre de son côté plusieurs personnages influents, tels que le duc d'Aiguillon, le duc de Richelieu, le conseiller Meaupou, et plusieurs autres seigneurs, puis elle se décida à parler au roi de ce qu'elle appelait son plus cher désir.

Un jour que le roi était venu la visiter, elle fit semblant d'être en proie à un grand chagrin. Le monarque s'aperçut de sa tristesse :

« Qu'avez-vous donc? lui dit-il avec intérêt.

— Ce que j'ai! répondit-elle, c'est que je voudrais être morte plutôt que de rester dans la situation où je suis à votre cour.

— Eh, bon Dieu! que vous est-il donc arrivé? lui demanda le roi.

— On prend plaisir à m'insulter, à hurler contre moi; on dit que j'ai le malheur de ne plus être dans les bonnes grâces de Votre Majesté.

— Oh! pour cela, on en a menti par la gorge, répondit le roi en riant et la baisant au front. Vous êtes la femme que j'ai le plus aimée, et celle que je veux combler le plus d'honneurs.

— Votre Majesté me parle avec beaucoup de bonté, répliqua-t-elle, et néanmoins elle donne gain de cause aux dames de la cour qui ne peuvent me souffrir.

— Sur quelle herbe avez-vous donc marché aujourd'hui? En vérité, vous êtes un vrai petit diable.

— Je voudrais l'être pour punir les méchantes langues, puisqu'il n'y a pas un roi de France pour me venger.

— Voilà qui est bien dur, madame, » répliqua Louis XV en tâchant, mais en vain, de se donner un air fâché.

La comtesse s'aperçut de son succès.

« Oui, sire, ajouta-t-elle, il m'est insupportable que l'on croie que je ne possède pas votre amitié, et que je ne joue auprès de vous qu'un rôle de passade. Cela me désespère; ne m'en voulez pas si je me plains de vous à Votre Majesté même.

— Allons, allons, folle; que faut-il faire? qui faut-il exiler?

— Eh! sire, personne; avec votre appui auguste je ne crains personne; je ne crains que les apparences.

— Vous êtes une excellente créature : à votre place madame de Pompadour aurait fait enfermer la moitié de la France... Mais si nous n'enfermons ni n'exilons personne, continua le roi, comment ferons nous peur?

— Ce n'est pas peur que je veux faire, reprit la favorite, c'est envie. Que je sois présentée à la cour, et tous mes vœux sont comblés.

— En vérité, je ne vois pas pourquoi vous tenez tant à venir vous ennuyer en cérémonie chez moi et chez mes filles (1). Dieu vous garde des ennuis de la présentation : elle n'amuse pas tout le monde! »

Et Louis XV soupira.

« Avez-vous bien pensé, ajouta-t-il, à toutes les vanités, à tous les intérêts que j'ai à ménager, à toutes les intrigues que l'on va faire, à toute la résistance que l'on va m'opposer? La cour, la ville et le peuple se soulèveront contre moi; on criera, on clabaudera, on gémira : les vers, la prose, les épigrammes, les pamphlets iront leur train. Vous serez d'abord attaquée et la haine peut-être osera monter jusqu'à moi. Je reverrai ces temps où Damiens, au nom du Parlement, disent les uns; au nom des Jésuites, disent les autres, et, ce qui est plus vrai, au nom... »

Le roi s'arrêta tout à coup. Une sombre mélancolie s'imprima sur ses traits; sa tête s'affaissa sur sa poitrine. Louis XV resta ainsi quelque temps immobile; à la fin :

« Eh bien! dit-il en essayant de sourire, eh bien, je ferai en sorte que vous ayez le moins de tracasseries possible; veuillez surtout compter sur mon amitié. »

(1) La reine alors était morte.

Puis il s'empressa de sortir de la chambre de sa maîtresse, et se déroba ainsi à de nouvelles instances.

Les amis de madame du Barri, qui s'appuyaient sur sa faveur, désiraient aussi ardemment qu'elle sa présentation, qui devait définitivement fixer sa position au château. La favorite ne possédait encore à la cour qu'une existence équivoque, n'ayant ni rang au jeu et au spectacle, ni jour public de réception; de sorte que, si le caprice du roi finissait, on pouvait la renvoyer aussi aisément qu'une des demoiselles du Parc-aux-Cerfs. Le duc d'Aiguillon, qui avait une très-fâcheuse affaire sur les bras, à cause de sa mauvaise administration dans son gouvernement de Bretagne, avait besoin d'un puissant auxiliaire auprès du roi. Il s'était attaché au char de madame du Barri, et calculait fort bien les avantages de cette présentation. La présentation devait placer la comtesse sur le même pied que madame de Pompadour, et obliger les ministres à venir travailler avec elle. Le duc ne doutait pas que M. de Choiseul ne se refusât à rendre ses devoirs à la nouvelle odalisque, et qu'à la fin cette résistance n'amenât la chute du ministère. Mais, pour que la comtesse fût présentée, il fallait non pas seulement que le roi y consentît, mais encore qu'il le voulût, et on ne pouvait pas compter sur son vouloir.

La comtesse résolut de frapper un grand coup. Elle se concerta pour cela avec le chancelier de Meaupou et le duc de Richelieu, qui étaient assez vils pour se soumettre à ses caprises, à sa dévotion, et les pria de se trouver chez elle au moment où le roi venait la visiter. Les deux seigneurs étaient les familiers des petits appartements du roi, et étaient initiés à toutes les orgies des petits soupers et du Parc-aux-Cerfs. Ils étaient venus au rendez-vous de la comtesse et causaient de choses indifférentes avec le roi, lorsque la favorite se lève tout à coup de son fauteuil, va à Sa Majesté, et, après une profonde révérence, se jette à ses pieds. Louis XV veut la relever :

« Non, lui dit-elle, je resterai où je suis, tant que vous ne m'aurez pas accordé la grâce que je désire.

— Si vous restez dans cette posture, dit le roi, je m'y mettrai moi-même.

— Eh bien, puisque vous ne me voulez pas à vos genoux, je me mettrai dessus. »

Et elle s'assit sur lui sans façon.

« Écoutez, monsieur, lui dit-elle, ce que j'entends que vous répétiez mot à mot au roi de France. Il faut qu'il autorise ma présentation ; car, autrement, un beau jour, devant toute la cour, j'irai dans les grands appartements, et nous verrons s'il me fera mettre à la porte.

— C'est qu'elle aurait cette audace, dit le roi au chancelier.

— Je le crois, sire. Une femme jeune et belle, honorée de vos bontés, se croit en droit de tout oser.

— N'est-il point désolant pour moi, continua-t-elle, que, comblée des faveurs de Votre Majesté, je reste ainsi cachée, tandis que des femmes que vous ne pouvez souffrir vous assiégent de leur présence et vous ennuient en grande pompe?

— Madame a raison, reprit le duc de Richelieu ; je m'aperçois que vous la cherchez tous les soirs où elle n'est pas et où elle devrait être.

— Ah ! vous aussi, duc de Richelieu, vous partagez la félonie de mon chancelier.

— J'arracherais les yeux à ces messieurs, dit la comtesse, s'ils étaient d'un autre avis que le mien.

— Oh ! dit le roi en riant, cette punition n'en serait pas une pour M. de Meaupou ; la justice doit être aveugle ; et quant à vous, Richelieu, il vous reste votre bâton. (1)

— Qu'il a noblement gagné, ajouta la favorite, en combattant les en-

(1) Le duc de Richelieu était maréchal de France.

nemis de Votre Majesté, et dont il se rend digne aujourd'hui en me protégeant contre les miens.

— Cette rébellion, dit le roi, ne peut pas durer ; je me verrai contraint de tenir un lit de justice.

— Et moi, reprit-elle, je vous jure que je ne recevrai personne dans le mien, tant que je ne serai pas présentée. »

Cette nouvelle boutade excita la gaieté du roi.

« Eh bien, dit-il, puisque vous le voulez absolument, vous serez présentée. »

A ce mot, la comtesse sauta au cou du roi en poussant un cri de joie ; puis, s'avançant vers les deux messieurs qui l'avaient si bien soutenue, elle leur tendit à chacun une main, qu'ils prirent et baisèrent avec galanterie.

Dès que Mesdames, filles du roi, connurent les intentions de leur père, elles firent tous leurs efforts pour l'en détourner, et se refusèrent à voir la favorite. Les partisans du duc de Choiseul excitaient sous main les princesses à tenir ferme, et redoublaient d'efforts pour éclairer Sa Majesté, lui dessiller les yeux et la faire rougir de son goût. Mais ce fut en vain ; Louis XV, constamment obsédé par sa maîtresse, resta sourd à toutes les observations, et Mesdames furent obligées de céder devant l'inflexible volonté de leur père.

Mais ce fut une autre difficulté quand il fallut trouver une marraine qui se chargeât du cérémonial. Aucune dame de la cour ne voulait servir d'introductrice à l'ancienne modiste de la rue Saint-Honoré ; et le projet de la présentation faillit ainsi tomber un moment de lui-même. Ce dénoûment à tant d'intrigues ne convenait point du tout au comte Jean, qui voyait dans cette défaite la perte prochaine de la faveur de sa belle-sœur, ainsi que des rentes énormes qu'il prélevait chaque mois sur la cassette particulière de celle-ci. Après bien des recherches, des peines, des démarches, il trouva enfin la marraine si désirée. C'était une madame de Béarn, vieille plaideuse qui s'était ruinée en procès, et qui était bien aise de refaire sa fortune par un moyen quelconque. Elle consentit à tout ce que l'on voulut d'elle, à la condition qu'on lui donnerait deux cent mille livres pour elle et un régiment pour son fils. La présentation de cette manière put avoir lieu, et elle fut fixée au 22 avril 1769.

Il y eut encore à cette occasion une guerre de chansons et d'épigrammes, qui vinrent de nouveau échouer devant la ferme volonté de Louis XV. Parmi les nombreux couplets qui parurent à cette époque, il y en eut plusieurs à la louange de la favorite. Parmi ces derniers, nous citerons les plus remarquables ; ce sont ceux qui furent attribués au chevalier de Boufflers :

Lisette, ta beauté séduit
Et charme tout le monde.
En vain la duchesse en rougit
Et la princesse en gronde :
Chacun sait que Vénus naquit
De l'écume de l'onde.

En vit-elle moins tous les dieux
Lui rendre un juste hommage,
Et Pâris, ce berger fameux,
Lui donner l'avantage,
Même sur la reine des cieux,
Et Minerve la sage ?

Dans le sérail du Grand-Seigneur,
Quelle est la favorite ?
C'est la plus belle au gré du cœur
Du maître qui l'habite;
C'est le seul titre en sa faveur,
Et c'est le vrai mérite.

Les *Nouvelles à la main* rendirent compte de la présentation de la manière suivante :

« Le vendredi soir (21 avril), en revenant de la chasse, le roi annonça qu'il y aurait une présentation le lendemain... que ce serait celle de madame du Barri. Le soir, un bijoutier apporta pour cent mille francs de diamants à cette dame. Le lendemain, l'affluence fut si grande, qu'on la jugea plus nombreuse que celle occasionnée précédemment par le mariage de monseigneur le duc de Chartres; au point que le monarque, étonné de ce déluge de spectateurs, demanda si le feu était au château. Madame la comtesse du Barri a été fort bien reçue de Mesdames, et même avec des grâces particulières. Le lendemain, dimanche, elle a assisté à leur dîner. Tous les spectateurs ont admiré la noblesse de son maintien et l'aisance de ses attitudes. Ce rôle de femme de cour est ordinairement étranger les premiers jours qu'on le fait; et madame du Barri l'a rempli comme si elle y eût été habituée depuis longtemps. Depuis lors, madame la comtesse du Barri donne des soupers où elle invite tous les grands de la cour et les ministres. Au bas de l'invitation, on assure qu'on lit ces mots : *Sa Majesté m'honorera de sa présence.* »

Le post-scriptum des billets de la favorite prouve bien qu'elle connaissait la cour et les courtisans. Les femmes ne répondirent pas d'abord à ses invitations; mais, insensiblement, leur orgueil s'humanisa, et on les vit les unes après les autres venir se jeter dans les bras de la favorite. La comtesse de l'Hôpital, madame de Valentinois, la maréchale de Mirepoix, donnèrent l'exemple; le comte de la Marche vint grossir le nombre de ses adorateurs, et le prince de Condé se crut très-honoré de la recevoir avec le roi dans son château de Chantilly. C'est ainsi que les noms les plus illustres de la monarchie rivalisaient de bassesse pour faire leur cour à la maîtresse du roi.

Le duc de Choiseul commença à s'apercevoir qu'il n'avait pas été assez politique à l'égard de madame du Barri; mais, trop aveuglé par le ressentiment de sa sœur, il s'était porté à un éclat dont il ne pouvait plus revenir. Il courut les risques de l'orage qui se préparait, et, l'envisageant avec fermeté, se disposa à lui tenir tête. Il vit son parti diminuer insensiblement, et les créatures qu'il se croyait les plus attachées se tourner contre lui. La favorite, qui connaissait la haine que le ministre lui portait, n'en était que plus ardente à tramer sa perte. Pour elle, elle ne prenait pas la peine de cacher son antipathie ; ses menées étaient franches ; elle conspirait ouvertement. Ce qui la rendait plus dangereuse auprès du maître, c'est qu'elle donnait à la poursuite de son dessein une tournure puérile et folâtre qui ne laissait point d'être agréable à Louis XV. Quelquefois elle prenait une orange dans chacune de ses mains, et les lançait en l'air alternativement en s'écriant : « Saute, Choiseul ! saute, Praslin ! » (1)

Une autre fois, ayant renvoyé un cuisinier qui ressemblait au duc son ennemi, elle dit au roi :

« J'ai chassé mon Choiseul ; quand chasserez-vous le vôtre ? »

Louis XV, obsédé, circonvenu, sollicité de toutes parts, et par la comtesse et par ses partisans, consentit enfin à la chute de son ministre, comme il avait consenti à la présentation, en disant ces mots, qui révèlent toute sa faiblesse :

« Puisqu'il le faut, que cela soit ainsi ; mais je m'en lave les mains. »

A cette époque d'absolutisme, quand un ministre était renvoyé de son poste élevé, il ne rentrait pas aussitôt, comme de nos jours, dans les droits communs : ordinairement le monarque délivrait contre lui quelque lettre de cachet qui l'éloignait pour quelque temps de la cour, et le condamnait à l'exil. Telle était la récompense que les rois décernaient alors à leurs ministres au moment où ils croyaient n'avoir plus besoin de leurs services. En conséquence de cette manière de procéder, le duc de Choiseul, en recevant la nouvelle de sa disgrâce, fut exilé à son château de Chanteloup, et le duc de Praslin reçut ordre de se renfermer dans son château de Praslin.

(1) Le duc de Praslin était ministre de la marine et cousin du duc de Choiseul. Il possédait le château de Vaux-le-Praslin, qu'il avait acheté du duc de Villars. Le duc de Praslin est l'un des ancêtres du duc de Praslin qui, de nos jours, rendit son nom si tristement célèbre par le meurtre de sa femme.

La lettre de cachet du duc de Choiseul était conçue en ces termes :

« Mon cousin,

« Le mécontentement que me causent vos services, me force à vous exiler à Chanteloup, où vous vous rendrez sous vingt-quatre heures. Je vous aurais envoyé beaucoup plus loin, si ce n'était l'estime particulière que j'ai pour madame la duchesse de Choiseul, dont la santé m'est fort intéressante. Prenez garde que votre conduite ne me fasse prendre un autre parti. Sur ce, je prie Dieu, mon cousin, qu'il vous ait en sa sainte garde. »

La lettre de cachet envoyée au duc de Praslin était beaucoup plus courte et aussi plus méprisante ; elle ne renfermait que ces mots :

« Je n'ai plus besoin de vos services, et je vous exile à Praslin, où vous vous rendrez dans vingt-quatre heures. »

La favorite choisit un ministère entièrement à sa dévotion : le duc d'Aiguillon fut appelé au département des affaires étrangères ; le marquis de Monteynard, à celui de la guerre ; le duc de la Vrillière, à celui du palais ; le marquis de Boisnes, à celui de la marine, et l'abbé Terray, à celui des finances. Les membres les plus saillants de ce ministère étaient le duc d'Aiguillon et l'abbé Terray.

Le premier se fit surtout remarquer par sa bassesse servile auprès de madame du Barri, bassesse à laquelle il forçait la duchesse, sa femme, de s'associer ; il compromit sa dignité jusqu'à se laisser gouverner par tous les roués qui entouraient la favorite, par tous ces du Barri qui lui faisaient perpétuellement sentir les obligations qu'il leur avait, en exigeant, en retour, une dépendance absolue. Dans son gouvernement, il encouragea l'espionage et la délation. En violant le secret des lettres, dont sa place le rendait maître, il poussa l'infamie jusqu'à la révélation, la rétention, la soustraction quelquefois absolue des lettres. Maître des lettres de cachet, il multiplia à l'infini ces abus d'autorité contre quiconque non-seulement était coupable, mais suspect à ses yeux.

L'événement le plus important arrivé en Europe sous le ministère du duc d'Aiguillon, fut le partage de la Pologne, opéré par les cours de Russie, de Prusse et d'Autriche. Le ministre reçut, en plus d'une occasion, l'avis de ce qui se passait; mais il fit peu d'attention à ces avertissements, soit qu'il ne pût croire à un concert si difficile à réaliser, soit que, connaissant l'amour de son maître pour le repos, il fût bien aise de ne point entamer une négociation dont les résultats eussent été peut-être la guerre. Quoi qu'il en soit, lorsque le partage eut eu lieu, le duc fut accusé de négligence par le roi lui-même, qui, se souvenant d'avoir été le pacificateur de l'Europe, et comparant ce rôle glorieux à celui qu'on lui faisait remplir en ce moment, ne put s'empêcher de s'écrier douloureusement :

« Oh! si Choiseul avait été ici, cela ne fût pas arrivé. »

Cette exclamation n'était que l'élan momentané d'une âme qui avait eu de l'élévation autrefois; elle retomba bientôt dans son abaissement. Louis XV oublia, dans les bras de sa maîtresse, toute l'amertume d'une si fatale nouvelle, et, raccommodé par madame du Barri avec son ministre, il continua d'accorder la confiance qu'il lui avait d'abord donnée.

L'abbé Terray était certainement l'abbé le plus cynique, le plus voluptueux, le plus corrompu de l'époque. Indifférent au bien ou au mal, il faisait l'un sans goût, et l'autre sans remords. Sous Henri IV, il eût peut-être été un Sully; sous Louis XV, il fut tout autre chose; il se montra digne du maître qu'il servait. L'abbé Terray ne connaissait point les douceurs de l'amour; mais il avait du tempérament, et il apportait dans sa lubricité le même sang-froid que dans tout le reste. Dans sa maison de la rue Notre-Dame-des-Champs, il avait un lit superbe, dont le fond était garni d'un rideau voilé; en levant le rideau, on trouvait une femme nue, et il disait aux curieuses :

« Mesdames, voilà le costume. »

Il avait beaucoup de maîtresses, mais il avait pour principe de ne s'attacher à aucune. La baronne de la Garde, l'une d'elles, vendait assez publiquement les faveurs de ce ministre ; celui-ci se prêtait à ce trafic, parce qu'il était commode de la payer ainsi ; mais dès qu'il vit que cela pouvait lui faire tort, et qu'il en résultait des murmures trop dangereux, il la fit exiler, et la renvoya de chez lui très-durement. Il avait sans scrupule des relations intimes avec madame Damerval, sa bâtarde ; c'était un morceau friand qu'il s'était réservé ; il avait fait élever cette jeune personne exprès pour son lit ; il s'en détacha quand il plut à madame du Barri, et qu'il fut question de la proposer à Louis XV.

Le ministre des finances s'embarrassait peu des plaintes des mécontents. Il s'opposait à ce qu'on voulût les étouffer ; il disait :

« Qu'il fallait laisser crier ceux qu'on écorchait. »

La même bonne foi le faisait convenir de ce qu'il était. Les agents du clergé lui représentant, dans une circonstance qui concernait leur ordre, qu'il commettait une injustice, il répondit :

« Qui vous dit que c'est juste? Suis-je fait pour autre chose ? »

Une autre fois que l'un d'eux, violemment indigné, s'écria :

« Mais, monseigneur, c'est prendre l'argent dans la poche. »

L'abbé répliqua :

« Où voulez-vous donc que j'en prenne autrement ? »

Il se souciait fort des quolibets, des épigrammes, des pamphlets : on l'appelait à la cour *l'enfant gâté*, ou *le grand houssoir*, parce qu'il touchait à tout pour en retirer des impôts. Son seul souci était de trouver de l'argent, afin de n'être pas renvoyé ; et, comme tous les expédients lui étaient bons, il se donnait fort peu de peine pour en trouver. On aurait dit que ce ministre n'était occupé qu'à rendre des édits bursaux. Le jour même de la mort du monarque, un plaisant afficha dans le parc de Versailles, l'un de ces édits publié depuis peu de temps, et mit au bas de l'affiche cette inscription :

C'est ainsi qu'en partant je vous fais mes adieux.

« Quoi de plus extravagant, dit un historien de Louis XV (1), que tout ce qui se passait alors à la cour; que les scènes privées entre les deux amants, toujours trop publiques, puisque des témoins indiscrets les révélaient! Une fois, c'était madame du Barri qui, en présence du roi et de son notaire, sortait nue de son lit, se faisait donner une de ses pantoufles par le nonce du pape, et la seconde par le grand aumônier; et les deux prélats s'estimaient trop dédommagés de ce vil et ridicule emploi, en jetant un coup d'œil furtif sur les charmes secrets d'une pareille beauté. Une autre fois, c'était la marquise de Roses, dame pour accompagner madame la comtesse de Provence, fouettée par les femmes de chambre de la favorite, sous ses yeux, sous prétexte que le roi, l'excusant sur sa jeunesse à l'égard de quelque manquement envers elle, avait dit en riant :

« Bon! c'est un enfant propre à recevoir le fouet! »

« Et ces deux folles s'embrassant ensuite, et se liant plus étroitement que jamais.

« C'était par une adulation plus méprisable, que le duc de Tresme, ne trouvant pas la favorite chez elle, écrivait à sa porte :

« Le sapajou de madame la comtesse du Barri est venu pour lui rendre ses hommages et la faire rire. »

« Parce que la favorite s'amusait de la bosse de ce seigneur, et qu'il s'estimait d'en être le joujou.

« C'était M. de Boisnes, accordant la croix de Saint-Louis à un commissaire de la marine, en reconnaissance d'une perruche dont il avait fait présent à la comtesse.

« Quel comique indécent encore de voir madame du Barri frappant sur le ventre du duc d'Orléans, qui venait la solliciter d'être favorable à son mariage avec madame de Montesson, et lui dire :

(1) *Vie privée de Louis XV*, tome IV, page 230.

« Gros père, épousez-la toujours; nous verrons à faire mieux ensuite : vous sentez que j'y suis fortement intéressée. »

« Comme si elle n'eût pas désespéré de marcher quelque jour sur les traces de madame de Maintenon.

« Rien n'égalait, sans doute, l'abjection de Louis XV, qui, partageant avec Zamore, le négrillon de cette dame, ses faveurs, pour plaire à celle-ci, créait celui-là gouverneur du château de Luciennes, aux appointements de six cents livres, et lui en faisait sceller les provisions par le chancelier ; de ce Louis XV qui, se laissant assimiler par sa maîtresse à ses valets, en avait reçu le surnom de *la France,* et s'en égayait dans ses petits cabinets, où il aimait à faire lui-même son déjeuner. Qui dans le royaume n'a su ce propos de madame du Barri dans son lit, pendant que le roi, préparant le café, était distrait de quelque autre objet :

« Eh ! prends donc garde, la France, ton café f... le camp. »

« C'était cette même femme, si dévergondée, si grossière, si dégoûtante dans son intérieur, qui donnait audience aux ambassadeurs ; qui se voyait entourée des députés des confédérés, de ceux de toutes les petites principautés d'Allemagne, tremblantes pour leur destin lors du partage de la Pologne, et sollicitant sa protection auprès du roi pour leur soutien. C'était cette même femme que Louis XV promenait en triomphe au décintrement du pont de Neuilly, fête dont les princesses et madame la Dauphine avaient été exclues, afin que rien ne pût l'éclipser. C'était cette femme qui lui faisait trouver mauvais que l'héritier présomptif du trône l'eût écartée de la société de son auguste compagne, dans un souper de raccommodement qu'une intrigante de la cour avait imaginé, au point d'en témoigner son humeur en s'écriant :

« Je vois que mes enfants ne m'aiment pas ! »

« C'était cette même femme pour qui l'on travaillait une toilette d'or, quoique la Dauphine n'en eût pas, et que la reine n'en eût jamais eue :

on remarquait surtout le miroir surmonté de deux petits Amours tenant une couronne suspendue sur sa tête, toutes les fois qu'elle s'y regardait.... C'était cette femme qui, ne se trouvant pas assez bien logée au palais d'une princesse du sang, avait fait bâtir le nouveau pavillon de Luciennes, colifichet dont on ne pouvait calculer la dépense, parce que tout y était de fantaisie et n'avait d'autre prix que la cupidité de l'artiste et la folie du propriétaire. C'était cette femme enfin qui, sur des chiffons signés de sa main, puisait à son gré au fisc public, elle et tous les siens; qui coûtait plus à elle seule que toutes les maîtresses que Louis XV avait eues jusque-là, et, malgré la misère des peuples et les calamités publiques, allait tellement croissant en prodigalités et en déprédations, qu'elle eût en peu d'années englouti le royaume, si la mort de Louis XV n'y eût mis un terme. »

L'historien de Louis XV exagère sans doute beaucoup les prodigalités de la comtesse; néanmoins il est certain que tous les membres de sa famille, et surtout le comte Jean, tiraient d'elle toutes les sommes qu'ils pouvaient. Ce dernier ne se faisait aucun scrupule d'avouer la source où il puisait l'argent qu'il dépensait ou qu'il exposait souvent au jeu. Un jour, perdant une somme considérable sur parole, et son adversaire paraissant inquiet sur le payement :

« Soyez tranquille, lui dit le comte, Frérot (c'est ainsi qu'il appelait Louis XV) payera tout cela. »

Une autre fois il se vantait des dépenses qu'il faisait. Quelqu'un lui faisant remarquer qu'il épuisait le trésor :

« L'accusation est injuste, répondit-il, je n'en suis qu'à mon cinquième million. »

Le Parlement, qui avait voulu faire le procès au duc d'Aiguillon pour ses actes de tyrannie exercés dans la Bretagne, ne tarda pas à éprouver le sort du ministère Choiseul. Il fut exilé au mois de janvier 1771, et fut remplacé par un autre de la composition du chancelier Meaupou. Ce fut madame du Barri qui amena encore Louis XV à cette mesure. Le chancelier Meaupou avait donné à sa cousine (car c'est ainsi qu'il appelait la favorite) un tableau représentant Charles Ier, ce roi d'Angleterre qui fut détrôné et décapité par son peuple. Toutes les fois que Louis XV parlait de l'opposition que lui faisait le Parlement, la favorite montrait le tableau au monarque, en lui disant :

« La France, tu vois ce tableau ! si tu laisses faire ton Parlement, il te fera couper la tête, comme le parlement d'Angleterre l'a fait couper à Charles. »

Lorsque la chute de la magistrature fut opérée, un grand nombre de pairs, parmi lesquels se trouvait le duc de Nivernois, protestèrent contre la décision royale, et tinrent ferme pendant quelque temps. Le roi alors tint un lit de justice dans lequel il déclara qu'il était résolu à maintenir son nouveau Parlement, que ses intentions étaient arrêtées, et qu'il *ne changerait jamais*. Ces derniers mots furent prononcés par le monarque d'un ton qui annonçait de sa part une volonté inébranlable.

« Vous avez entendu les dernières paroles du roi ? dit la favorite au duc de Nivernois, qu'elle avait rencontré chez une dame de la cour.

— Oui, madame, je les ai entendues, répondit-il ; mais, en les prononçant, Sa Majesté vous regardait. »

Il parut encore à cette occasion une foule de pamphlets et d'épigrammes qui coururent les salons et alarmèrent la royauté sur le trône et au sein de ses plaisirs. Nous citerons ici quelques-unes de ces productions.

La suivante fait allusion au surnom de *bien-aimé* que l'on donnait au monarque :

Le bien-aimé de l'Almanac
N'est pas le bien-aimé de France ;
Il fait tout *ab hoc* et *ab hac*,
Le bien-aimé de l'Almanac :

Il met tout dans le même sac,
Et la justice et la finance;
Le bien-aimé de l'Almanac
N'est pas le bien-aimé de France.

La misère du peuple, qui était très-grande, et les divers autres événements dont nous venons de parler, produisirent une parodie du *Pater*, que nous retrouvons dans les mémoires du temps :

« Notre père, qui êtes à Versailles, que votre nom soit glorifié. Votre règne est ébranlé. Votre volonté n'est pas plus exécutée sur la terre que dans le ciel. Rendez-nous notre pain quotidien que vous nous avez ôté. Pardonnez à vos parlements, qui ont soutenu vos intérêts, comme vous pardonnez à vos ministres qui les ont vendus. Ne succombez plus aux tentations de *du Barri*, mais délivrez-nous du diable de chancelier. Ainsi soit-il. »

Le duc de Choiseul et madame de Pompadour avaient fait exiler les jésuites; madame du Barri, pour faire de l'opposition au ministre en faveur, devait protéger la compagnie de Jésus et, en effet, la protégea. Cette étrange alliance de la favorite avec les jésuites valut à ceux-ci e couplet suivant :

Pourvu que Choiseul détale,
La jésuitique cabale
Dit que le roi, sans scandale,
Peut vivre avec du Barri;
Que le ciel choisit l'impure
Pour montrer à la nature
Qu'il n'est vile créature
Dont il ne tire parti.

Les vers suivants ne sont pas moins caustiques que ceux que nous venons de rappeler :

Le mot *royalement* jadis était louange;
Tout ce qu'on faisait bien était fait *comme un roi*.
On disait : *comme un dieu*, *comme un roi*, *comme un ange*.
Mais aujourd'hui ce mot est d'un tout autre aloi

Juger royalement, c'est dire *n'y voir goutte*,
Et n'écouter jamais qu'un gueux de chancelier.
Payer royalement, c'est faire banqueroute ;
Vivre royalement, c'est être put.......

Citons encore quelques vers de l'*Épître à Margot,* qui fit tant de bruit, et qui est bien supérieure à tous les couplets précédents. Cette pièce est attribuée à Dorat :

Pourquoi craindrais-je de le dire?
C'est Margot qui fixe mon goût.
Oui Margot. Cela vous fait rire :
Que fait le nom ? La chose est tout.
Je sais que son humble naissance
N'offre point à l'orgueil flatté
La chimérique jouissance
Dont s'enivre la vanité;
Que, née au sein de l'indigence,
Jamais un éclat fastueux,
Sous le voile de l'opulence,
N'a pu dérober ses aïeux;
Que sans esprit, sans connaissance,
A ses discours fastidieux
Succède un stupide silence :
Mais Margot a de si beaux yeux,
Qu'un seul de ses regards vaut mieux
Que fortune, esprit et naissance.
Quoi ! dans ce monde singulier,
Irai-je consulter d'Hozier !
Non, l'aimable enfant de Cythère
Craint peu de se mésailler :
Souvent, pour l'amoureux mystère,
Ce dieu, dans ses goûts roturiers,
Donne le pas à la bergère,
En dépit des seize quartiers.
Et qui sait ce qu'à ma maîtresse
Garde l'avenir incertain?
Margot, encor dans sa jeunesse,
N'est qu'à sa première faiblesse;
Laissez-la devenir c....,
Peut-être alors la destinée
La fera marquise ou *comtesse*.

La faveur de madame du Barri ne finit qu'avec la mort de celui qu'elle avait si bien captivé. En 1773, divers avertissements de la nature montraient au roi qu'il n'était plus propre aux plaisirs de l'amour. Lui-même avait dit à son chirurgien :

« Je vois bien qu'il faut que j'enraye. »

Sur quoi celui-ci lui avait répondu avec franchise et sur le même ton :

« Sire, vous feriez bien mieux de dételer tout à fait. »

La mort du marquis de Chauvelin, l'un de ses compagnons de débauche, et tombé sous ses yeux dans une orgie, l'avait vivement frappé : il y songeait sans cesse. Celle du maréchal d'Armentières, à peu près semblable, et presque de l'âge du monarque, avait augmenté sa mélancolie. Enfin, un sermon prêché devant lui, le jeudi saint, par le fameux évêque de Senez, avait fait entrer le remords dans son cœur. Cet éloquent prélat lui rappelait l'époque de sa maladie de Metz, circonstance la plus glorieuse de sa vie, puisque c'était là que l'amour de ses sujets s'était manifesté au plus haut degré. Il ne lui dissimulait pas que cet amour s'affaiblissait ; que la nation, accablée de subsides, ne pouvait plus que gémir sur ses propres maux. Il faisait pressentir au monarque qu'étant sur le trône, il avait des amis et était digne d'en avoir, mais que son meilleur ami devait être son peuple ; il finissait par l'exhorter à ne pas se fier aveuglément, pour l'administration, aux conseils de ses ministres, trop souvent intéressés à le tromper, mais à ne s'en rapporter qu'à lui-même, à son cœur, à l'expérience de plus d'un demi-siècle.

Louis XV n'avait pas été mécontent de cette hardiesse évangélique; il avait très-bien accueilli le prédicateur, et lui avait fait prendre l'engagement de revenir prêcher le carême suivant. Depuis ce temps, il avait redoublé ses visites à madame Louise, l'une de ses filles, qui s'était faite religieuse, et l'on savait que cette princesse employait tous ses soins pour le ramener à Dieu. Les courtisans pervers craignirent que la même faiblesse qui le rendait leur esclave ne le rendît celui des prêtres. Un comité tenu chez la favorite décida qu'il fallait tirer Sa Majesté de cet état par quelque orgie capable de le distraire et de lui rappeler le goût du plaisir. On l'engagea à ordonner un voyage à Trianon, où l'on mît sous les yeux du monarque un objet armé de tous les charmes de la séduction. Par suite de cette fatalité aveugle qui se joue des projets humains, les efforts mêmes de ces corrupteurs pour perpétuer leur empire tournèrent contre eux, et la France fut délivrée d'un joug qui lui pesait.

La beauté novice livrée à la lubricité du roi recélait dans son sein les germes de la petite-vérole. Le miasme pestilentiel fut communiqué au roi, et le monarque mourut, quelques jours après, de cette affreuse maladie.

Le cinquième jour de sa maladie, il avait dit à ceux qui l'entouraient :

« Je n'ai point envie qu'on me fasse renouveler ici la scène de Metz. Qu'on dise à madame d'Aiguillon qu'elle me fera plaisir d'emmener madame la comtesse du Barri. »

La favorite dut se résigner. Elle se retira à Ruel, abandonnée de tout le monde.

Tous les parents de son mari sortirent avec elle du château, et l'on dit, à cette occasion, que « les tonneliers allaient avoir de l'occupation, parce que tous les *barils* s'enfuyaient. »

On peut juger de l'amour que la nation portait au monarque *bien-aimé* par ce bon mot, que l'on attribue à l'abbé de Sainte-Geneviève. Pendant la maladie du roi, l'on avait fait des prières de quarante heures, et l'on avait exposé la châsse de Sainte-Geneviève. Comme on plaisantait sur l'inefficacité de ces prières, et surtout de la pieuse exposition :

« Eh bien ! répondit l'abbé, de quoi vous plaignez-vous ? Est-ce qu'il n'est pas mort ! »

Les premiers soins du nouveau gouvernement furent d'expédier à madame du Barri une lettre de cachet. Le duc de la Vrillière qui, de vil adulateur de la favorite, était devenu tout à coup, sous le nouveau règne, l'un de ses ennemis les plus ardents, fut chargé de porter à la comtesse la lettre de cachet, qui était conçue en ces termes :

« Madame la comtesse du Barri, et pour des raisons à moi connues, qui tiennent à la tranquillité de mon royaume, et à la nécessité de ne point permettre la divulgation du secret de l'État, qui vous a été confié, je vous fais cette lettre pour que vous ayez à vous rendre à *Pont-aux-Dames* sans retard, seule avec une femme pour vous servir, et sous la conduite du sieur Hamont, l'un de nos exempts. Cette mesure ne doit pas vous être désagréable, elle aura un terme prochain. La présente n'étant à d'autres fins, je prie Dieu qu'il vous ait en sa sainte garde. »

La comtesse, qui ne se gênait pas avec le duc, qu'elle avait coutume d'appeler le *petit saint,* s'écria en recevant ce message :

« Le beau f.... règne, qui commence par une lettre de cachet. »

Malgré la répugnance de l'ancienne favorite à obéir à l'ordre de Louis XVI, il fallut céder, et peu d'instants après, elle était installée au milieu des religieuses, dans la retraite qui lui avait été désignée.

D'après le rapport de l'abbesse du Pont-aux-Dames, chargée particulièrement d'inspecter sa conduite, et le témoignage des religieuses, compagnes et témoins de sa retraite, il paraît qu'on n'a eu aucun écart, aucune faute grave à lui reprocher ; qu'on s'est même loué de sa conduite, et qu'elle a été bonne, douce et honnête envers tout le monde. Quant à son âme, on n'y a point vu cette douleur emportée d'une femme altière, qui, élevée au faîte des grandeurs, ne les sent pas au-dessus d'elle, s'y arrache en furieuse, et dont l'ambition mesure sans cesse, dans son désespoir, la hauteur dont elle se voit précipitée. Elle n'avait point non plus cette douleur muette, profonde et stupide d'une femme tendre, à qui la mort enlève un amant chéri, l'unique idole de son cœur, qu'aucun objet ne peut y remplacer, ne désirant plus rien après lui, n'envisageant désormais qu'un vide affreux dans la nature. La comtesse paraissait sans douleur, sans crainte, sans regret ; elle était résignée à un sort qu'elle avait probablement prévu.

Elle ne resta qu'une année à l'abbaye du Pont-aux-Dames, près de Meaux. Après cet intervalle, elle reçut la liberté, et fut remise en possession du château de Luciennes. Là, elle vécut très-heureuse jusqu'au moment de la révolution. Plusieurs amis lui étaient restés fidèles : c'était avec eux qu'elle passait la plus grande partie de son temps. Le duc de Cossé-Brissac fut celui qui parut alors le plus assidu auprès d'elle. Il avait la réputation d'être son amant ; on disait même qu'il avait été le rival heureux de Louis XV et du duc d'Aiguillon.

L'amour de la comtesse pour le duc de Cossé-Brissac se manifesta un jour d'une façon singulière. La favorite se promenait avec sa belle-sœur, mademoiselle du Barri, dans le grand parc de Versailles, lorsque tout à coup elles semblent entendre un cliquetis d'armes qui se choquent. Saisies de frayeur, redoutant quelque embûche, elles se disposent à fuir du côté de leur voiture ; mais à peine ont-elles fait plusieurs pas, qu'elles aperçoivent deux hommes se battant à outrance, et cherchant à se percer mutuellement de leur épée. Le duc de Cossé était l'un des deux champions, et le marquis de Langeac, l'amant de mademoiselle du Barri, était l'autre. Dès que les deux jeunes femmes eurent reconnu les combattants, animées par un sentiment plus fort que la crainte, elles courent vers les duellistes et se précipitent sur leurs épées.

« Mon ami, que faites-vous ? » dit la comtesse avec émotion et en étreignant le duc dans ses bras.

« Vous voulez donc me faire mourir, disait mademoiselle du Barri au marquis de Langeac, qui voulait continuer le combat.

— Eh non, dit le duc d'Ayen, caché derrière un arbre ; ils veulent seulement les mille écus que votre *humanité* me fait perdre. »

En effet, le combat des deux adversaires n'était que simulé. Le duc d'Ayen, n'ayant pas voulu croire à la conquête du duc et du marquis,

LES DEUX JEUNES FEMMES SE PRÉCIPITENT SUR LEURS ÉPÉES.

Mystères des Vieux Châteaux de France.

ceux-ci s'étaient engagés, par un pari de mille écus, à lui donner une preuve irrécusable de leur bonne fortune. Ils avaient préparé, en conséquence, sans en rien dire à leurs maîtresses, la scène qui venait d'avoir lieu.

Pendant la révolution, la maison de l'ancienne favorite devint le rendez-vous de tous les amis de Louis XVI et de la reine. Les gardes du corps, échappés au massacre du 6 octobre, se traînèrent de Versailles à Luciennes, et la comtesse les fit soigner dans son château, comme auraient fait leurs propres parents.

La reine Marie-Antoinette l'ayant fait remercier de cet acte de générosité envers des serviteurs de la royauté, madame du Barri répondit à la princesse par la lettre suivante, où elle lui faisait l'offre des bijoux qu'elle possédait.

« Madame, ces jeunes blessés n'ont d'autre regret que de n'être point morts avec leurs camarades, pour une princesse aussi parfaite, aussi digne des hommages que l'est Votre Majesté. Ce que je fais ici pour ces braves chevaliers est bien au-dessous de ce qu'ils méritent : si je n'avais point mes femmes de chambre et mes autres serviteurs, je servirais vos gardes moi-même. Je les console, et je respecte leurs blessures quand je songe, Madame, que sans leur dévouement et ces blessures, Votre Majesté n'existerait peut-être plus. Luciennes est à vous, Madame ; n'est-ce pas votre bienveillance et votre bonté qui me l'ont rendu ? Tout ce que je possède me vient de la famille royale : j'ai trop bon cœur et trop de reconnaissance pour l'oublier jamais. Le feu roi, par une sorte de pressentiment, me força d'accepter mille objets précieux avant de m'éloigner de sa personne. J'ai eu l'honneur *de vous offrir ce trésor* du temps des notables ; je vous l'offre encore, Madame, avec empressement et toute sincérité : vous avez tant de dépenses à soutenir, et des bienfaits sans nombre à répandre. Permettez, je vous en conjure, que je rende à César ce qui appartient à César. »

La reine, dit Lafont, n'accepta pas ce trésor, offert pour la seconde fois.

« Le jour des épreuves était arrivé. On apprend tout à coup que madame du Barri a été volée par d'audacieux brigands, qui se sont introduits à Luciennes, et ensuite réfugiés en Angleterre. La comtesse part pour Londres, où se trouvaient alors une foule d'émigrés; dit y avoir reconnu ses diamants, revient à Paris, retourne en Angleterre, où elle voit fréquemment Colonne et autres personnages marquants, et repasse enfin la mer. Les événements avaient suivi leur cours. Le duc de Cossé-Brissac, son amant, étant arrêté et renvoyé par devant la cour criminelle d'Orléans; son aide de camp, Moussabré, vient en porter la nouvelle à la comtesse, est surpris chez elle par les Marseillais et massacré. Pendant ce temps, Brissac tombe à Versailles sous le fer des assassins, qui, le soir, se présentent au château de Luciennes, et jettent aux pieds de la comtesse une tête sanglante.

« Elle se décida à un dernier voyage en Angleterre, qu'elle prétendit encore relatif au vol de ses diamants (1). On la laissa partir, mais on la fit suivre par des espions. Quelque temps après, malgré tout ce qu'on put lui dire, elle s'empressa de revenir pour satisfaire aux lois sur les émigrés. Sa perte était jurée; les agents qui la consommèrent furent un Irlandais, nommé Graive, et ce Zamore qu'elle avait comblé de bienfaits. Ils la dénoncèrent, et donnèrent sur elle une foule de détails, vrais ou faux, qui devaient infailliblement la conduire à l'échafaud. Elle fut arrêtée le 22 septembre 1793. » (2)

Traduite devant le tribunal révolutionnaire, elle fut accusée par Greive d'avoir empêché le recrutement à Luciennes, enfoui ses trésors, ainsi que les bustes de Louis XV, du régent et d'Anne d'Autriche; supposé le vol des diamants et trompé la Convention au sujet de sa fortune, qui devait être

(1) On connaît aujourd'hui le noble et généreux emploi qu'elle fit de ses diamants.

(2) Saint-Edme.

beaucoup plus forte que celle qu'elle avouait. L'espion qui l'avait suivie à Londres, l'accusa d'avoir eu des relations avec un agent secret de Pitt, et avec tous les émigrés de distinction; d'avoir porté le deuil de *Capet*, et entendu les messes célébrées en Angleterre en mémoire du tyran. Zamore prétendit que la comtesse l'avait chassé de chez elle pour avoir manifesté en sa présence des sentiments républicains; un domestique lui reprocha d'avoir déploré le meurtre de Foulon et de Berthier, et d'avoir dit à cette occasion que le peuple n'était qu'un ramassis de misérables et de brigands.

Interrogée par Damas, président du tribunal, elle répondit que, présentée à la cour en 1769, elle y était restée jusqu'en 1774; que Beaujon, par l'ordonnance du ministre Bertin, acquittait toutes les dépenses de sa maison sur des bons signés d'elle; qu'elle avait influencé et déterminé quelque fois le roi dans les choix qu'il faisait; que devant deux millions sept cent mille livres en 1775, elle fit proposer à Louis XVI de payer cette dette; que sur le refus du roi, elle avait échangé avec lui, pour des espèces, ses contrats, ses bijoux, des tableaux et de la vaisselle, jusqu'à la concurrence des millions qu'elle devait. Elle s'acquitta ainsi, sauf deux cent cinquante mille francs qu'elle devait encore. Elle ajouta que ses dépenses à Luciennes étaient moins grandes que son revenu de deux cent mille francs; elle avoua que le capital provenait des largesses de Louis XV. « Quant à mon mobilier, continua-t-elle, j'en ignorais la valeur. Les diamants qui m'ont été volés en 1791, je les évaluais à un million cinq cent mille francs, et ce n'était qu'une partie de ceux que j'avais possédés. »

Après plusieurs autres interrogations, le président du tribunal révolutionnaire résuma les débats avec son *impartialité ordinaire,* de la manière suivante :

« Vous voyez, dit-il, cette Laïs, célèbre par l'éclat de ses débauches, associée au despote, qui lui sacrifia les trésors et le sang de ses peuples.

Le scandale de son élévation et sa honte ne sont pas ce qui doit fixer votre attention : vous avez à décider si cette Messaline, née dans le peuple, a conspiré contre la liberté et la souveraineté de la nation ; si elle est devenue l'agent des conspirateurs, des nobles et des prêtres. Les débats ont jeté le plus grand jour sur un vaste complot : royalistes, fédéralistes, divisés en apparence, ont le même but : la guerre civile et la guerre extérieure. Dumouriez et Pétion marchent également sous les ordres de Pitt. Le voile qui couvrit tant de scélératesses est déchiré en entier. Oui, Français, nous le jurons, les traîtres périront ; la liberté résistera à tous les efforts des despotes, des prêtres et des esclaves. La conspiratrice qui est devant vous pouvait, au sein de l'opulence acquise par ses charmes, vivre heureuse dans une patrie où était enseveli avec son amant le souvenir de sa protection ; mais la liberté du peuple fut un crime à ses yeux ; il fallait qu'elle fût esclave, qu'elle rampât encore sous des maîtres. »

Après une courte délibération, le jury déclara madame du Barri coupable et convaincue « d'avoir conspiré contre la République française, favorisé le succès des armes de ses ennemis, en leur procurant des sommes exorbitantes, dans les différents voyages qu'elle avait faits en Angleterre, où elle avait émigré, et d'où elle n'était de retour que depuis le mois de mars précédent ; d'avoir porté à Londres le deuil du tyran ; d'y avoir vécu familièrement avec le parti ministériel, et particulièrement avec Pitt, dont elle avait rapporté l'effigie empreinte sur une médaille d'argent, qu'elle conservait précieusement ; d'avoir complété une collection d'ouvrages et d'estampes contre-révolutionnaires ; d'avoir entretenu des correspondances et des liaisons intimes avec des émigrés et autres ennemis de la liberté et de l'égalité ; d'avoir enterré les lettres de noblesse d'un émigré, ainsi que les bustes de la ci-devant cour ; enfin, d'avoir dilapidé le trésor de l'État par ses dépenses effrénées. »

L'ancienne favorite de Louis XV fut condamnée à la peine capitale.

En entendant prononcer cet arrêt fatal, la comtesse s'évanouit. On la transporta dans la prison avant qu'elle eût repris ses sens.

Après sa condamnation, elle écrivit au comité de sûreté générale pour offrir une révélation. Élie Lacoste et Vadier se transportèrent auprès d'elle.

« Messieurs, leur dit-elle, accordez-moi la vie, avec la liberté de quitter la France, et je vais donner à l'État mes diamants et mes joyaux, qui sont d'un grand prix. Tous ces objets seront ignorés et perdus, si vous me faites perdre la vie. »

Les deux agents feignirent d'aller consulter la Convention sur un cas de cette importance. Après un délai suffisant, ils reparurent à la conciergerie, et dirent à la comtesse :

« Tes offres sont acceptées : tu vivras, si le trésor existe aux lieux que tu vas indiquer. »

Elle l'indiqua. Les comités firent le pillage, et l'on envoya la comtesse à l'échafaud !

Avant de monter sur la sanglante charrette, elle déclara qu'elle voulait encore faire des révélations. On la conduisit à l'hôtel de ville. Elle dénonça un grand nombre de personnes dont elle citait les noms au hasard, et fut cause ainsi de la mort de plus de quarante victimes. La comtesse n'avait d'autre but que de reculer le plus possible l'affreux moment.

Elle avait conservé quelque espoir de salut ; mais, à l'aspect de l'horrible charrette, sa force s'évanouit. « On a généralement fait la remarque, dit Saint-Edme, que de toutes les victimes de son sexe frappées par la hache révolutionnaire, madame du Barri est celle qui a montré le plus de faiblesse. En effet, ajoute le même auteur, pendant le trajet, sa pâleur fut extrême ; une agitation convulsive se manifestait dans ses traits. Ses compagnons de mort cherchèrent vainement à lui rendre quelque courage : *A moi, à moi!* criait-elle au peuple, qu'elle croyait intéresser à son sort. Arrivée à l'échafaud, elle respirait à peine, et son corps était presque entièrement renversé sur l'exécuteur. Mais, quand celui-ci voulut remplir ses terribles fonctions, elle se ranima et se débattit avec tant de violence, qu'il fallut employer la force pour la fixer à la planche fatale. Un cri déchirant, affreux, se fit entendre : *Encore un moment, monsieur le bourreau! encore...* La hache, plus prompte, l'empêcha d'achever. »

Après la mort de madame du Barri, le château de Luciennes devint une propriété nationale, et fut vendu à des spéculateurs, qui, faisant argent de tout, dépouillèrent ce charmant pavillon de ce qu'il avait de plus beau et de plus précieux. Tout ce qui pouvait se déplacer disparut; il ne resta plus bientôt que des murs et des ruines.

Cette propriété, ayant été achetée par le banquier Jacques Laffitte, reçut alors de grandes réparations et de nombreux embellissements. Le goût et la simplicité remplacèrent le luxe royal qui y avait régné sous la favorite; de nouvelles constructions et des plantations bien ordonnées en avaient fait une des habitations les plus agréables des environs de Paris.

Mais la révolution de Juillet, que Jacques Laffitte avait organisée, ayant nui considérablement à la fortune de ce banquier, il fut obligé de vendre ce beau domaine; et aujourd'hui le château de Luciennes existe bien encore, mais morcelé, divisé en plusieurs petites propriétés et compartiments qui le rendent presque méconnaissable.

RAMBOUILLET.

Henri IV était très-galant. Il eut tant de maîtresses, qu'il est impossible de les compter. Les principales furent Gabrielle d'Estrées et mademoiselle d'Entragues.

Estienne.

RAMBOUILLET.

La construction bizarre, irrégulière du château de Rambouillet est loin de répondre à la célébrité de ce lieu.

Dès longtemps consacrés aux chasses royales, la forêt et le château ont cependant subi des accroissements successifs.

Des cinq tours qui composent le château, la principale, où mourut François Ier, est évidemment la partie la plus ancienne de l'édifice. Ce prince y succomba, à une longue et douloureuse maladie, en 1547. Son portrait, son casque et son armure se voyaient autrefois dans ce château. On s'y rappelle encore les galanteries de ce monarque, mais on y cherche en vain l'image et la dépouille du roi chevalier.

Sous le règne de François Ier, le marquis de Sivray, gouverneur du château de Rambouillet, fut accusé d'avoir trempé dans la conjuration du duc de Bourbon, et enfermé en conséquence dans un des cachots du château dont il avait la garde. Le marquis de Sivray avait une fille de dix-huit ans, nommée Louise, qui avait la fraîcheur et la beauté de l'amour.

Quelques mémoires du temps rapportent que la jeune fille alla implorer pour son père la commisération du galant monarque; que celui-ci accorda la grâce qu'on lui demandait, mais qu'il mit pour condition à cet acte de clémence, le déshonneur de celle qui était venue se jeter à ses genoux. On voit que c'est tout à fait la répétition d'un trait que nous avons déjà décrit et qui concerne Diane de Poitiers. Mademoiselle de Sivray, si l'on en croit encore les mémoires, accepta, non sans répugnance, les propositions qui lui étaient faites, et promit au monarque de se rendre à ses désirs aussitôt que son père serait libre.

Des ordres furent donnés pour que les cachots de Rambouillet fussent ouverts, et la jeune fille put porter à l'infortuné marquis la nouvelle de sa délivrance.

« Mon père, dit-elle en se précipitant dans les bras du prisonnier, je viens vous apporter votre grâce. »

La jeune fille, en prononçant ces paroles, ne put réprimer l'émotion qui l'agitait; elle se mit à sangloter et à verser un torrent de larmes.

« Mais, pourquoi pleures-tu? dit le marquis en embrassant sa fille; si je suis libre, comme tu me l'annonces, nous ne devons avoir que de la joie dans le cœur... Viens, ma fille, sortons de ces lieux humides, et allons de suite remercier le roi de sa clémence.

— Oh! non, dit mademoiselle de Sivray en tremblant de tous ses membres; oh! non, restons encore un instant ici.

— As-tu quelque chose à me communiquer, ma fille, parle; car il me semble que tu ne dois rien cacher à ton père. »

Mademoiselle de Sivray ne répond que par des pleurs et des gémissements à la demande qui lui est faite.

« Je t'en supplie, ma Louise bien-aimée, dis-moi la cause de ta douleur...

— Le roi, répondit la jeune fille, veut me voir tout à l'heure...

— Eh bien ! reprit le marquis, est-ce là ton grand sujet de peine?

— Oui, mon père. »

M. de Sivray réfléchit un instant. Connaissant la corruption de la cour d'alors et les entreprises galantes du monarque, il ne tarda pas à soupçonner l'affreuse vérité.

« Le roi a sans doute mis des conditions à ma liberté? dit le prisonnier à sa fille.

— Oui, mon père, répondit celle-ci.

— Des conditions infâmes, sans doute, » ajouta le marquis avec une colère concentrée.

Un signe affirmatif fut la réponse de la jeune fille.

« Puisqu'il en est ainsi, reprit le père, je ne veux pas sortir de cette prison ; je préfère la mort à ma liberté obtenue à un tel prix. »

Le marquis s'assit alors sur la froide pierre de son cachot, en versant des larmes de rage et de désespoir, et sa fille, à genoux, le sollicitait par les paroles les plus touchantes à la suivre hors de ces lieux infects.

Un rayon lumineux, qui passait à travers une petite grille, éclairait cette scène de douleur.

Après quelques minutes d'un profond silence, le prisonnier se lève comme sous l'impression d'une idée subite :

« Viens, dit-il à sa fille, viens, sortons d'ici. »

Le marquis sortit de son cachot avec sa fille qu'il tenait par la main, alla donner des ordres à un serviteur fidèle, et le soir même de cette journée douloureuse, il fuyait, avec sa Louise bien-aimée, un pays où la vie ne lui était accordée qu'en échange du déshonneur de celle qui lui était plus chère que l'existence.

Sous le règne de Henri IV, le château de Rambouillet reçut divers agrandissements. Le roi gascon, qui ne cédait en rien, sous le rapport de la galanterie, au roi chevalier, fit souvent de Rambouillet un rendez-vous d'amour ; aussi, prendrons-nous ici l'occasion de parler de nouveau de Henri IV (1), et de rappeler le plus brièvement possible, les nombreuses galanteries ou plutôt les nombreuses faiblesses que l'histoire reproche à ce monarque.

Une des premières maîtresses de Henri IV fut la comtesse de Guiche, veuve de Philibert, comte de Grammont, qui fut tué en Picardie. Lors de ses liaisons avec cette dame, Henri n'était encore que roi de Navarre, et combattait contre la Ligue, pour la cause de Henri III. Ce fut à Bordeaux qu'il vit cette dame pour la première fois. Elle lui parut charmante, lui fit plusieurs visites, et la comtesse ne tarda pas à répondre à l'amour du roi gascon.

Cependant les partis étaient en armes. La guerre avait son temps pour venger les haines particulières, et l'amour le sien pour donner des plaisirs. Les amusements, qui pouvaient être funestes au roi de Navarre, lui furent quelquefois avantageux. Le duc de Mayenne, qui était en Gascogne, informé que le roi allait voir souvent la comtesse de Guiche, crut qu'il ne serait pas difficile de le surprendre. Pour cet effet, il distribua sa cavalerie, et fit occuper les lieux par lesquels il croyait qu'il devait passer. Mais soit que le roi de Navarre fût averti de tous ces mouvements, ou qu'on ne fît pas bonne garde, le duc de Mayenne perdit inutilement près de deux mois à cette belle expédition, et donna le temps à plusieurs villes de songer à leur défense.

Ce ne fut pas la même chose après la bataille de Coutras. Le roi de Navarre, ayant défait les troupes de Joyeuse, au lieu de profiter de son succès pour combattre de suite les Espagnols qui venaient au secours de la Ligue, il quitta tout à coup son armée malgré les remontrances du prince de Condé, et se rendit chez la comtesse de Guiche, en sacrifiant ainsi les affaires de son parti au violent amour qu'il avait pour cette dame.

On a dit de Henri VIII, roi d'Angleterre, qu'il a passé toute sa vie à

(1) Voyez le *Château de Pau*, au cinquième volume.

se marier et à se démarier. On pourrait dire de Henri IV qu'il a passé toute sa vie à courir de maîtresse en maîtresse ; car, à l'exception de la duchesse de Beaufort et de la marquise de Verneuil, la passion qu'il a eue pour les autres n'a été qu'un feu passager. Cependant la comtesse de Guiche fut celle de ses maîtresses qui contribua le plus à l'avancement de ses affaires. Elle fit la guerre à ses dépens, et lui envoya des secours considérables d'hommes et d'argent. On dit qu'il lui avait donné une promesse de mariage écrite et signée de son sang. Mais comme l'amour que de jolis yeux ont fait naître s'affaiblit d'ordinaire dès qu'ils ne marquent plus les mêmes charmes, la comtesse ayant acquis beaucoup d'embonpoint et son teint s'étant légèrement couperosé, le roi s'en dégoûta, et chercha les moyens de se délasser ailleurs.

Je ne saurais m'empêcher de rapporter la plaisanterie que le duc d'Orléans faisait au comte de Grammont. Il lui disait qu'il était son frère, puisque Henri IV, son père, avait couché avec sa mère. Le comte répondait qu'il était vrai que ce prince avait couché avec la comtesse de Guiche, sa mère, mais qu'il y avait une bûche entre deux ; de sorte que quand le duc d'Orléans parlait de Grammont, il l'appelait son frère Bûche.

Le roi de Navarre commençait à oublier la comtesse de Guiche, lorsque, passant en Normandie, il vit Antoinette de Pons, marquise de Guercheville, veuve de Henri de Sillery, comte de la Roche-Guyon. Le prince en fut charmé, et éprouva pour elle une passion si violente, qu'il oublia tout à fait la comtesse. Outre que la marquise avait de la beauté et de la jeunesse, elle était aussi d'une conversation fort agréable : elle avait été élevée à la cour de Henri III, la plus galante et la plus polie de ce temps-là, et avait toute la délicatesse qui distingue ordinairement les personnes du premier rang ; au lieu que la comtesse, pour laquelle le roi eut néanmoins toujours de l'estime, était une provinciale qui n'était jamais venue à la cour. Le monarque trouva plus de résistance avec la marquise qu'il ne se l'était imaginé : elle avait autant de vertu que de beauté, et ne voulait jamais rien lui accorder. Aux propositions galantes du prince, elle répondit par ces mots, qui sont devenus historiques :

« Je suis de trop bonne maison pour être la maîtresse d'un roi, et d'origine trop peu élevée pour être sa femme. »

Comme la vertu a quelque chose de respectable aux yeux mêmes des personnes les plus corrompues, Henri ne put s'empêcher d'admirer tant de sagesse, et eut un instant le dessein d'épouser la vertueuse marquise. Mais l'absence le guérit de cette passion, comme elle l'avait guéri de plusieurs autres, et la vue d'une autre belle ne lui donna pas le temps de se chagriner de la cruauté de la marquise, ni de se souvenir des facilités qu'il avait trouvées auprès de la comtesse.

Lorsque les deux rois étaient occupés au siége de Paris, qui était le centre de la Ligue, Marie de Beauvilliers, fille du comte de Saint-Agnan, et abbesse de Montmartre, fit demander au roi de Navarre une sauvegarde pour son couvent. Celui-ci accorda à l'abbesse l'objet de sa demande. Quelques jours après elle vint remercier le prince en personne, ce qu'elle fit de si bonne grâce, qu'elle charma aussitôt le cœur de Henri IV. Celui-ci n'était pas homme à étouffer sa passion naissante et à demeurer à moitié chemin. Il crut qu'il serait dommage de laisser au fond d'un cloître obscur une si charmante personne. Il parla donc, fut écouté, et eut la joie de s'apercevoir que ses avances n'étaient pas inutiles.

Sur ces entrefaites, Henri III ayant été sacrifié au fanatisme de la Ligue, par la main parricide de Jacques Clément, moine jacobin, le roi de Navarre, que nous appellerons désormais Henri IV, fut obligé de lever le siége de Paris. Mais en s'éloignant de la capitale, il ne voulut pas abandonner la jolie abbesse de Montmartre; il la fit conduire à Senlis, ville soumise à son obéissance, et là demeura avec elle pendant plusieurs semaines. Comme elle avait été forcée de prendre le voile, et

VUE GÉNÉRALE DE L'ABBAYE DE MONTMARTRE

Mystères des Vieux Châteaux de France.

que certains intérêts de famille l'avaient condamnée à un genre de vie si opposée à son inclination, elle fut ravie de se voir aimée d'un prince qui pouvait lui rendre la liberté. C'est ainsi que la guerre et les difficultés de la circonstance ne pouvaient empêcher le prince de songer à l'amour, et d'aller chercher des maîtresses jusque dans les monastères, avec autant de loisir que s'il eût été en paisible possession de la couronne.

Henri IV fut forcé de quitter Senlis pour se rendre à Mantes. Un soir, s'entretenant avec quelques seigneurs de la beauté des dames de sa connaissance, il n'oublia pas l'abbesse, qu'il préféra à toutes les autres. Le duc de Bellegarde, qui était de la conversation, lui dit qu'il changerait de sentiment s'il voyait mademoiselle d'Estrées. En même temps, il fit de cette demoiselle un portrait si magnifique, qu'il donna au roi l'envie de s'assurer par lui-même si le portrait était véritable.

Quelques jours après, Bellegarde demanda au monarque la permission d'aller au château de Cœuvres, situé entre Soissons et Laon, château où résidait alors Gabrielle d'Estrées, qu'il aimait passionnément, et avec laquelle il entretenait des relations intimes. Sa Majesté refusa au duc la permission de faire ce voyage, à moins qu'elle ne fût de la partie. Ce fut alors que Bellegarde sentit la faute qu'il avait faite; mais il n'y avait pas moyen de refuser. Il partit avec le roi, arriva à Cœuvres, trouva la belle Gabrielle; mais il eut le déplaisir de voir que le prince trouvait mademoiselle d'Estrées plus belle encore qu'il ne l'avait cru. Bellegarde fut ainsi, par son indiscrétion, la cause de sa mésaventure : il n'eut plus la liberté de voir sa maîtresse, et faillit perdre l'amitié de son maître et la faveur dont il jouissait à la cour.

Gabrielle d'Estrées était fille de Jean-Antoine d'Estrées, marquis de Cœuvres, et de Françoise Babou de la Bourdaisière (1). C'était la plus

(1) Gabrielle d'Estrées était cousine germaine de Marie de Beauvilliers, abbesse de Montmartre.

belle personne de la cour; aussi le roi en fut-il charmé. Il la fit venir à Mantes. Elle y fit une nouvelle conquête, en captivant Henri d'Orléans, duc de Longueville, qu'elle enleva à madame d'Humières. Mademoiselle d'Estrées lui ravit sa liberté, et il n'y eut point de devoirs qu'il ne lui rendît pour se faire aimer, pendant que le roi était occupé à achever de détruire le parti de la Ligue. L'absence de Henri IV, qui fut longue, ne refroidit aucunement l'amour qu'il avait pour mademoiselle d'Estrées; au contraire, à son retour, il s'attacha plus fortement à elle et lui déclara en maître, qu'il ne voulait partager son cœur avec personne. Le duc de Longueville en fut affligé, mais Bellegarde le fut encore davantage: les espérances du premier pouvaient être sans fondement; mais l'autre était obligé de renoncer à un cœur dont il était déjà en possession. Il fallut pourtant obéir; du moins Bellegarde promit au roi tout ce qu'il voulut. La suite fera connaître s'il tint bien ou mal sa parole. Cependant Bellegarde s'en plaignit à sa maîtresse de la manière du monde la plus touchante: cette belle, de son côté, ne manqua pas de prendre part à son affliction. Comme les femmes sont plus violentes que les hommes dans leurs passions, mademoiselle d'Estrées n'eut garde d'être aussi modérée que Bellegarde. Elle s'emporta, et dit au roi avec une extrême chaleur, qu'elle ne prétendait pas être gênée dans ses inclinations, que la violence n'attirerait que son mépris et sa haine, si on l'empêchait d'épouser un homme dont ses parents approuvaient la recherche. Son chagrin alla même si loin, qu'elle partit de Mantes sans prendre congé du roi, et s'en retourna en Picardie.

Cette résistance rendit le roi plus amoureux. Il était également affligé de sa colère et de son départ, et résolut de faire les dernières soumissions pour faire la paix avec cette belle. La difficulté était de la voir, car il ne pouvait aller à Cœuvres sans beaucoup de risque. Il fallait faire sept lieues en pays ennemi, traverser un grand bois, et passer à la vue de deux garnisons de la Ligue. Se faire accompagner, était rendre sa passion publique, et chagriner sa maîtresse de nouveau; y aller seul, était trop s'exposer, parce que la campagne était couverte de troupes; pénétrer de vive force avec une armée, cela n'était pas impossible, mais il fallait livrer bataille. Ces difficultés le désespéraient, et comme les désirs les plus modérés deviennent violents par les obstacles qu'ils rencontrent, le roi, qui n'était déjà que trop amoureux, se résolut à tout risquer. Il monta donc à cheval avec quelques officiers de confiance, et fit quatre lieues avec eux. Comme il était à trois lieues de la maison de sa maîtresse, il renvoya sa compagnie, mit pied à terre, s'habilla en paysan, se chargea d'un sac plein de paille, et acheva son voyage à pied avec son sac sur le dos : il n'y avait rien qu'il ne fît lorsqu'il était amoureux. Il avait quelquefois des désirs qui ne lui duraient qu'une nuit; mais lorsqu'il trouvait des beautés qui le frappaient au cœur, il aimait jusqu'à la folie, et dans ces violents transports, il ne paraissait rien moins que Henri le Grand. La Fable nous apprend qu'Hercule prit la quenouille, et fila pour plaire à la belle Omphale. L'aventure du sac de paille et de l'habit de paysan est quelque chose de plus bas encore. La marquise de Verneuil l'a vu plus d'une fois à ses genoux, essuyer ses dédains et ses injures. Ce bizarre voyage lui réussit fort mal. Mademoiselle d'Estrées était avec madame de Villars, sa sœur, à la fenêtre d'une galerie d'où l'on découvrait toute la campagne. Elle vit venir cet illustre paysan; et comme elle ne s'attendait pas à une aventure si extraordinaire, elle le prit effectivement pour ce qu'il paraissait. Le roi ne fut pas plutôt entré dans la cour du château, qu'il se défit de son sac, et, sans faire demander personne, il monta dans la galerie où il avait vu sa maîtresse. Il ne faut pas demander si mademoiselle d'Estrées fut surprise de le voir dans un équipage si peu convenable à sa dignité; et au lieu de lui tenir compte de ce qu'il avait hasardé pour elle, les civilités qu'il lui fit en l'abordant, n'empêchèrent pas qu'elle ne le reçût d'un air fort méprisant. Elle ne demeura qu'un moment avec lui, encore ne fut-ce que pour lui dire qu'il était si mal qu elle ne pouvait souffrir sa pré ence, tant il est vrai que l'aversion empoisonne toute chose, et même celles dont il semble qu'on devrait tenir le plus de compte. Tout déplaît en ceux qu'on n'aime pas, et tout plaît au contraire en ceux qu'on aime. Je suis sûr que si Bellegarde avait fait la même chose pour elle, il n'en aurait pas été reçu de cette manière. En un mot, elle lui dit durement qu'il allât changer d'habit, et le quitta fort brusquement, laissant à sa sœur le soin de suppléer à son peu de civilité.

L'absence du roi mit tout le monde en peine ; on ne savait ce qu'il était devenu ; et quand on aurait publié sa mascarade, personne n'aurait pu le croire. Il ne put jamais rien obtenir de mademoiselle d'Estrées; aussi ne fut-il pas longtemps à Cœuvres : il revint à son armée, et rassura tout par sa présence. On voyait écrit sur son visage, en gros caractères, le mauvais succès de son voyage, et son affliction paraissait si grande, qu'on eût dit qu'il avait perdu la moitié de son royaume. Étant enfin revenu de son abattement, il reprit à l'ordinaire le soin de ses affaires ; mais, tout ingrate qu'était mademoiselle d'Estrées, il ne pouvait s'empêcher de songer à elle. Il ne pouvait s'imaginer qu'une si belle personne pût pousser la cruauté jusqu'au bout, et il ne désespérait pas de lui faire entendre raison. Il ne s'agissait que de voir cette belle, et de la voir sans courir tant de risque. Le roi fit donc savoir au père de Gabrielle, qui était gouverneur de l'Ile-de-France, qu'il lui destinait une place dans son conseil ; il lui ordonna d'en venir prendre possession, et, pour cet effet, de se rendre à Mantes avec toute sa famille.

La suite fit voir que le roi avait bien jugé, et qu'il n'y a guère de belles à l'épreuve d'un prince amoureux. En effet, l'élévation de M. d'Estrées et les bienfaits qu'il recevait tous les jours du roi rendirent mademoiselle d'Estrées plus humaine, et l'obligèrent à mieux traiter un prince si libéral. Malheureusement il n'avait guère le temps d'en profiter et de goûter le plaisir d un si agréable changement ; car, étant obligé d'être à tout moment à cheval, ou pour exécuter quelque dessein contre les ennemis, ou pour s'opposer aux leurs, cette cruelle nécessité l'arrachait d'auprès de cette belle.

Mademoiselle d'Estrées, qui ne voulait rien perdre, et qui regardait la pluralité d'amants comme la marque d'un grand mérite et comme un avantage qui met la beauté en réputation, fit toujours l'amour avec Bellegarde pendant que le roi fut absent, et ne laissa pas d'écouter le duc de Longueville, de lui écrire et d'en recevoir des lettres; mais Henri IV n'eut pas plutôt mis ordre à ses affaires, qu'il écarta tous ses rivaux, et ne voulut partager avec personne une beauté dont il se croyait seul digne.

Le duc de Longueville fut le plus résigné, et n'eut pas trop de répugnance à sacrifier son amour à sa fortune. Il fit les premiers pas, et pria sa maîtresse de finir un commerce qui pouvait leur être également fatal; il la pria aussi de lui rendre ses lettres, et lui promit de lui rapporter les siennes. Mademoiselle d'Estrées n'eut pas la moindre peine à rompre une intrigue qui, dans le fond, ne lui était pas fort chère, et l'on convint du jour où l'on devait rendre les lettres de part et d'autre. Elle fut de fort bonne foi, et rendit tout ce qu'elle avait; mais le duc ne fut pas si sincère, et retint les plus tendres, espérant de la mettre par ce moyen dans une espèce de dépendance. Elle fut fort indignée de cette supercherie, et promit de s'en venger. Elle n'y réussit que trop bien; elle lui rendit de si mauvais offices auprès du roi, que le duc, poussé par le ressentiment de sa disgrâce, s'engagea dans une ligue criminelle, et fut tué d'un coup de mousquet en faisant son entrée à Dourlens, par un soldat de la garnison, qui fit une décharge pour lui faire honneur. On parla de cette mort avec l'incertitude de la vérité, comme il arrive d'ordinaire à la mort des personnes distinguées. Quelques-uns dirent que c'était un effet de la vengeance de mademoiselle d'Estrées, et allèrent même jusqu'à avancer qu'elle avait fait faire le coup; et, à vrai dire, il y avait bien de l'apparence.

Quoique le roi fût fort économe, ce n'était pas avec ses maîtresses ; car il n'avait rien de réservé pour elles. Il lui était important que le marquis d'Estrées demeurât à la cour ; aussi n'épargnait-il rien pour l'y retenir. Le bonhomme, qui savait que sa femme lui avait fourni une pépinière de filles peu sages, comme il s'en était expliqué en secret à un de ses amis, et n'ayant pas grand sujet de croire que mademoiselle d'Estrées fût la seule Lucrèce de sa maison, regardait les bienfaits qu'il recevait du roi comme un prélude de l'illustre naufrage que sa fille allait faire. La marquise, sa femme. n'avait pas déjà trop bonne réputation, ou plutô elle en avait une fort mauvaise. Elle s'était réfugiée en Auvergne, suivie du marquis d'Allègre, avec lequel elle vivait dans un concubinage public, sans se mettre en peine du scandale qu'elle causait. Antoine d'Estrées, qui avait de l'honneur ne voulait pas qu'on l'accusât d'avoir été la cause du déréglement de mademoiselle d'Estrées ; et pour se dispenser du soin de veiller sur sa conduite, il résolut de la marier. Il jeta les yeux sur Nicolas d'Armeval, seigneur de Liancourt, gentilhomme illustre par sa naissance et par ses grands biens, mais, au reste, aussi mal fait de corps que d'esprit.

Mademoiselle d'Estrées connaissait le personnage, et eût pu faire, au besoin, le catalogue de ses infirmités : cependant elle ne laissa pas de consentir au mariage, dans l'espérance de se débarrasser par là des soins trop importuns de son père. D'ailleurs elle avait fait promettre au roi qu'il ne laisserait pas consommer le mariage. Elle fit valoir sa fidélité auprès de ce prince, lui protesta qu'elle ne lui serait infidèle qu'à l'extrémité, et le fit jurer de venir à son secours le jour de ses noces, pour la délivrer par sa présence des entreprises de son époux. Le roi, qui n'oubliait jamais les affaires de l'amour, se souvint bien de son engagement, mais il lui fut impossible de se rendre au rendez-vous. La nouvelle mariée, cependant, voyait arriver l'heure fatale où elle devait être livrée au monstre qu'on lui avait choisi pour époux ; et ne voyant point paraître son amant pour la délivrer d'un péril qu'elle craignait autant que la mort, elle pesta dans l'âme contre sa négligence, résolut de s'en venger, et ranima toute sa vigueur pour soutenir courageusement toutes les attaques qu'on pourrait lui donner. Elle vit bien qu'elle ne devait chercher de secours que dans sa résolution ; aussi fut-elle si ferme, que son mari, malgré son impatience, ne put jamais l'obliger à se coucher, quelques prières qu'il lui en fît. Le lendemain il l'emmena chez lui, espérant qu'il viendrait mieux à bout de vaincre ses résistances dans un lieu où il serait le maître : mais cette précaution ne lui réussit pas mieux ; car elle se fit accompagner par tout ce qu'elle avait de parents à la noce, et ne voulut pas les laisser partir que son amant ne fût venu à son secours.

Le roi qui comptait les moments, et qui pestait peut-être de son côté contre les soins auxquels sa couronne l'engageait, arrive enfin à la ville prochaine, mande à Liancourt de le venir trouver ; et ce mari commode fut assez bon pour amener sa femme avec lui, espérant tirer quelque avantage pour sa fortune, de l'amour que le roi avait pour elle. Il ne fut pas plutôt arrivé, que le roi partit pour aller assiéger Chartres. Je ne sais ce que devint M. de Liancourt ; mais pour madame, elle suivit le roi, et se fit accompagner par sa sœur et par une de ses cousines. Le siége fut long, et le roi eut le temps de faire venir au camp Élisabeth de Babou, femme de François d'Escoubleau, marquis de Sourdis, tante de Gabrielle d'Estrées, pour lui servir de gouvernante. Cette femme, rusée et habile en tout ce qui s'appelait galanterie, donna de si bonnes leçons à sa nièce, qu'elle se rendit entièrement maîtresse de l'esprit du roi par ses complaisances, et obtint, pour le marquis de Sourdis, le gouvernement de Chartres, après que la place aurait été prise ; gouvernement qu'il avait eu autrefois, et dont il avait été dépouillé par la Ligue.

Le roi, avant son commerce galant avec mademoiselle d'Estrées, avait fait proposer à la reine Marguerite, sa femme, de consentir à la dissolution de leur mariage, moyennant certaines conditions, et cette princesse n'était pas trop éloignée de satisfaire aux vues du roi; mais le monarque fut le premier à faire naître des obstacles, parce qu'il aimait passionnément mademoiselle d'Estrées, et qu'il craignait qu'étant libre, ses sujets ne le pressassent de se remarier. Il l'aurait bien voulu, pourvu que c'eût été avec sa maîtresse; mais la chose était difficile, celle-ci ayant déjà un mari. De cette sorte, les deux amants ne se parlaient que d'amour sans noces.

Cependant, comme le roi souhaitait extrêmement d'avoir un prince qui lui succédât, il eut dessein de marier sa sœur Catherine de Navarre. Cette princesse était âgée de quarante ans, plus agréable que belle, un peu boiteuse, et assez spirituelle. Elle aimait les belles-lettres, et savait beaucoup pour une femme. Le comte de Soissons en avait été autrefois amoureux, et le roi avait eu quelque pensée de la lui donner. On dit même qu'il en avait fait faire la proposition, et que ce fut pour cela que le comte quitta le parti de la Ligue, et se rendit auprès de Henri IV. Mais le roi ayant eu avis que le comte de Soissons agissait de concert avec ses ennemis, que son dessein était d'épouser la princesse, et puis de rentrer dans les intérêts de la Ligue, ce mariage fut retardé; de sorte que le roi et le comte se quittèrent enfin, fort mal satisfaits l'un de l'autre.

Cependant, la comtesse de Guiche, fâchée de ce que Henri IV non-seulement ne l'aimait plus, mais même se faisait une espèce de honte de l'avoir aimée, parce qu'elle était fort laide, ne manqua pas de profiter de l'occasion pour se venger d'un outrage que le beau sexe ne pardonne jamais, et fit en sorte que le comte et la comtesse se virent et se firent de nouvelles protestations d'amour; ils s'entre-donnèrent même des promesses de mariage, résolus de s'épouser lorsqu'ils le pourraient, sans se mettre en peine du consentement du roi. Le siége de Rouen s'étant fait quelque temps après, ils crurent que la conjoncture était favorable pour l'exécution de leurs desseins. Il y eut des relais disposés de distance en distance; et le comte, sous prétexte de faire un voyage à Nogent, se rendit en Béarn avec toute la diligence possible. Mais ils ne furent ni assez fins ni assez secrets. Le roi fut averti de toutes leurs démarches, et quelque célérité qu'y mît le comte, l'officier du roi fut plus tôt arrivé que lui; de sorte qu'il trouva des oppositions partout, et fut contraint de s'en retourner sans rien faire. Le comte, qui était un jeune homme tout plein de cœur, ne pouvant souffrir l'affront qu'on lui avait fait, chercha les moyens de s'en venger, et pensa replonger le royaume dans les premiers malheurs.

Le roi, tout en surveillant les menées du comte, fit venir la princesse à la cour, et alla la recevoir sur les bords de la Loire, où il lui présenta le duc de Montpensier, qu'il lui destinait pour époux. La princesse reçut le duc fort mal, soit qu'elle ne le trouvât pas à son gré, soit qu'ayant déjà donné son cœur au comte de Soissons, elle n'eût rien à donner à un autre. Cependant elle arriva à Dieppe, et y trouva madame Gabrielle; car c'est ainsi qu'on appelait mademoiselle d'Estrées depuis son mariage. Elle la trouva belle, et digne en un mot de l'amour de son frère; ce qui ne fit qu'augmenter l'envie qu'elle avait déjà contre elle. Gabrielle eut besoin de tout son courage pour soutenir la hauteur avec laquelle Madame la traita; mais enfin sa constance étant à bout, elle pria le roi de les séparer, après lui en avoir fait ses plaintes. Henri IV, qui voulait contenter sa maîtresse sans désobliger sa sœur, laissa celle-ci à Dieppe, et mena l'autre à tous les voyages qu'il était obligé de faire.

Gabrielle ne quittait presque plus le roi; elle profita si bien des conseils de la marquise de Sourdis, sa tante (qui fut depuis maîtresse du chancelier de Chiverny), qu'elle prit une grande connaissance des affaires, et fit voir tant de pénétration et de jugement dans les matières même les plus délicates et les plus importantes, qu'elle se procura par ce moyen l'entrée du conseil. Le chancelier ne contribua pas peu à lui procurer cet avantage. Il en était devenu amoureux, et il n'avait pu s'empêcher de le lui faire connaître, tant il est vrai qu'il n'y a rien de plus puissant que l'exemple du souverain. Le roi, qui eût voulu que tout le monde eût été amoureux comme lui, n'était pas fâché, à son intérêt près, qu'un homme de cette gravité fût atteint du même mal. Ici il n'avait aucune inquiétude, parce qu'il comptait que le chancelier se ferait assez justice pour sentir que ses charmes n'étaient pas assez grands pour engager Gabrielle à trouver bon qu'il l'entretînt de son martyre. Le chancelier le sentit en effet si bien, qu'il borna tous ses soins à se rendre nécessaire et à procurer à la favorite les moyens de satisfaire son ambition.

Mais, comme il n'y a point de bonheur durable, et que les plaisirs les plus doux sont détrempés de quelques peines, la joie de Gabrielle fut interrompue par la nouvelle qu'elle reçut de la mort de sa mère, massacrée par le peuple d'Issoire, en Auvergne, qui s'était mutiné contre le marquis d'Alègre, son galant. Cette femme, comme on l'a déjà dit, vivait d'une manière fort scandaleuse; aussi mourut-elle comme elle avait vécu. On trouva même après sa mort des marques de ses débauches que la pudeur empêche de particulariser.

Gabrielle était trop habile à goûter les plaisirs pour ne pas savoir modérer le chagrin qu'elle eut de la mort de sa mère; aussi s'en consola-t-elle avec le duc de Bellegarde, qu'elle aimait toujours, et avec lequel elle entretenait un commerce secret sans que le roi pût la convaincre d'infidélité. Ce n'est pas qu'il ne la soupçonnât; mais elle lui faisait tant de caresses et tant de protestations de fidélité, qu'elle dissipait tous ses soupçons. Il s'en fallut cependant de peu que ses précautions ne fussent inutiles. Le hasard faillit la découvrir; mais l'amour la tira d'affaire. Henri IV écrivit à Gabrielle de venir le trouver. Elle obéit, comme vous pouvez croire. Un dessein que le roi avait en tête, et qu'il voulait exécuter, l'obligea à partir de grand matin. Gabrielle resta au lit, sous prétexte qu'elle se trouvait incommodée. Bellegarde, informé du départ du roi, fit semblant de s'en retourner à Mantes; mais ce n'était que pour mieux jouer son rôle. Le roi ne fut pas plutôt parti que la Rousse, confidente de Gabrielle, et dont le duc de Sully fait un si vilain portrait, introduisit Bellegarde dans un cabinet dont elle seule avait la clef, et d'où elle le fit sortir aussitôt que sa maîtresse se fut débarrassée de certain fâcheux qui était alors dans sa chambre.

A peine les deux amants avaient-ils commencé à se prodiguer les plus tendres caresses et à se mettre en état de goûter ce que l'amour a de plus doux, que le roi, ayant trouvé des obstacles à l'exécution de son dessein, revint, et les jeta par son retour dans un grand embarras. Au premier avis qu'on eut d'un contre-temps si peu attendu, la fidèle Rousse, qui ne manquait jamais au besoin à sa bonne maîtresse, enferma de nouveau le duc dans son cabinet, dont la porte donnait sur la ruelle du lit et les fenêtres sur le jardin. Le roi ne fut pas plutôt entré qu'il demanda des confitures; et, comme il savait que la Rousse les tenait enfermées dans ce cabinet, il en demanda la clef. Cette habile confidente, qui s'était mise en sentinelle, ou pour voir ce que le duc deviendrait, ou pour lui donner le temps, par son absence, de songer aux moyens de se sauver, servait d'excuse à Gabrielle, qui pestait contre cette fille, qu'elle disait avoir étourdiment emporté la clef. Le roi, dont l'imagination était déjà frappée, crut que tout cela était de commande, et se mit en devoir d'enfoncer la porte, quelques prières que pût lui faire Gabrielle. La favorite le suppliait d'épargner sa tête, qui, disait-elle, souffrait beaucoup d'un si grand bruit. Bellegarde vit qu'il était perdu s'il ne risquait le tout pour le tout; il ouvrit la fenêtre et sauta dans le jardin. Quoique la cabriole fût un peu extraordinaire, il eut le bonheur de ne se faire aucun mal. Est-ce l'humidité du terrain qui le sauva ou son agilité naturelle, c'est ce qu'il n'importe guère de savoir; il suffit de dire que l'amour eut soin de sa conservation, et qu'il se retira sain et sauf. La Rousse, qui était en faction, n'eut pas plutôt vu faire le saut, qu'elle revint toute échauffée et s'excusa en disant qu'elle n'avait pas cru que sa présence fût nécessaire. Elle ouvrit enfin le cabinet et donna au roi les confitures qu'il demandait.

Ce prince, surpris au dernier point de n'y trouver personne, se défiar de ses propres yeux, et croyait que Bellegarde avait, comme les gens d'Énée, le secret de se rendre invisible. Gabrielle, qui n'avait encore rien dit, devint plus hardie lorsqu'elle vit l'étonnement du roi, elle lui fit alors mille reproches injurieux.

« Je vois bien, sire, dit-elle en soupirant profondément, que votre amour commence à se glacer. Épargnez-vous la peine de me faire une querelle qui vous donne occasion de me quitter. Je suis résolue de vous prévenir et de me retirer auprès de mon époux. La confiance doit être réciproque en amour ; et, puisque vous ne m'aimez pas assez pour être assuré de ma fidélité, je dois au moins être assez généreuse pour mettre votre esprit en repos par une prompte retraite.

— Que vous me faites d'injustice, ma chère enfant ! répondit alors le roi. Ne savez-vous pas qu'un peu de jalousie est la marque assurée de l'amour le plus épuré et le plus violent? Si je vous estimais et aimais moins, je n'aurais pas tant de peur de vous perdre. Mais enfin, puisque mon procédé vous offense, je vous promets de n'être plus jaloux. Je mérite toute votre colère, ma chère enfant ; mais enfin, je ne suis pas indigne de grâce, puisque je reconnais ma faute à vos pieds.

— On est bien faible quand on aime, répartit Gabrielle. Hé! faut-il que les mouvements de mon cœur vous soient si favorables ? vous méritez tout mon ressentiment et je n'en saurais avoir. Tout mon dépit se dissipe à la moindre apparence d'une conversation de cœur. Mais, au moins, souvenez-vous de votre promesse, » lui dit-elle en lui jetant un de ces regards plein de langueur, qui disent si bien ce que la bouche ne saurait exprimer.

Ce prince fut si confus de la jalousie qu'il avait montrée, et de la scène qu'il avait faite à sa maîtresse, qu'il fut longtemps sans oser lui marquer le moindre soupçon.

Le roi était dans cette disposition, lorsque la duchesse de Guise, qui était demeurée à Paris avec les chefs de la Ligue, fit demander un passe-port pour aller passer avec sa fille quelque temps à une de ses terres. Ce passe-port lui fut non-seulement accordé de la meilleure grâce du monde, mais elle fut encore priée de passer par la ville où le roi était. Mademoiselle de Guise fut fort aise de ce voyage, moins pour contenter sa curiosité, défaut assez ordinaire au beau sexe, que pour satisfaire deux passions opposées : l'amour et la haine ; car elle aimait le roi, et haïssait Gabrielle, dont elle savait que le prince était aimé. De sorte qu'elle ne voulait voir l'un, qu'afin de le captiver, et l'autre que pour chercher les moyens de se venger.

Pendant que Paris fut assiégé, il y eut souvent des trêves, durant lesquelles tous les braves se rendaient sur le bord du fossé pour entrer en conversation avec les dames, qui, pour cet effet, se transportaient sur le rempart. Anne d'Anglure, seigneur de Givray, qui avait été élevé, pour ainsi dire, avec mademoiselle de Guise, l'aimait passionnément, et prenait soin de le lui faire connaître par ses déférences continuelles. Elle ne répondit point à son amour, parce qu'elle visait plus haut, comme nous l'avons dit tout à l'heure. Elle lui avait pourtant donné quelques espérances, et même on dit qu'elle lui avait promis de l'épouser. Givray, le cavalier le mieux fait et le plus accompli qui fût à la cour, soit par la bravoure, soit pour les connaissances qu'il avait dans les belles-lettres, soit par l'esprit et par la galanterie, fut si touché de son infidélité, qu'il s'abandonna bientôt après à son désespoir, et chercha partout une mort glorieuse qui finît tout ensemble et sa vie, et ses peines. Le siége de Paris lui fit trouver ce qu'il cherchait ; il se jeta si souvent dans le péril, qu'il y demeura comme il le souhaitait.

L'indifférence de mademoiselle de Guise l'empêcha de pleurer une mort qu'elle avait causée. Il est vrai qu'alors le roi lui avait demandé son portrait, et qu'il témoignait être disposé à l'épouser, en cas que ce mariage pût obliger les chefs de la Ligue à rentrer sous son obéissance. Une si magnifique espérance remplissait d'orgueil une âme qui n'en était pas déjà mal pourvue, et lui faisait mépriser tout ce qui n'approchait pas du trône; mais elle ne fut pas longtemps sans rabattre de cette fierté. Un des amis de Bellegarde l'ayant un jour sollicité de se trouver au lieu marqué pour la conversation avec les dames, celui-ci se laissa aller à cette invitation. Il vit mademoiselle de Guise, et la trouva si charmante, que ses yeux et son cœur furent également satisfaits. Cette princesse, qui n'était pas novice dans l'art de la galanterie, se fit une joie maligne de l'impression qu'elle s'aperçut que ses attraits avaient faite dans le cœur de ce gentilhomme; et comme nous expliquons toujours à notre avantage ce qui flatte notre vanité, elle s'en retourna avec la secrète joie d'avoir fait une conquête. Elle eut depuis occasion de voir le duc; et après l'avoir bien examiné, elle le trouva fort à son gré, et fort digne d'être aimé : si bien qu'elle croyait qu'il ne lui serait pas difficile de se consoler des grandeurs qu'on lui avait fait espérer, pourvu qu'elle passât le reste de sa vie avec un homme pour qui elle sentait déjà quelque chose de si tendre.

On avait répandu dans le public, que Bellegarde avait eu part à la mort du duc de Guise, qui fut tué aux états de Blois quelques années après la Saint-Barthélemy. Madame de Guise, à qui ces rapports avaient été faits, se fit montrer Bellegarde comme un homme qu'elle devait haïr, et fit tout ce qu'elle put pour cela ; mais il lui fut impossible d'obliger son cœur à suivre les mouvements de son esprit. L'amour et le devoir se trouvèrent alors aux prises ; mais le devoir ne fut pas le plus fort. Elle eut beau ranimer son ressentiment et rappeler la mémoire de son époux, le vivant l'emporta sur le mort, et elle sentit avec une espèce de confusion, qu'elle avait, pour le vivant, des sentiments bien opposés. Ainsi, la mère et la fille ne purent s'empêcher d'aimer une personne que des motifs de bienséance devaient leur rendre odieuse. Mademoiselle de Guise, qui avait démêlé les sentiments de sa mère, fut bientôt convaincue qu'elle aurait à disputer avec elle le cœur de Bellegarde, ce qui lui fit prendre la résolution de combattre sa passion naissante, ou du moins de la dissimuler. Si mademoiselle de Guise avait des raisons pour se ménager, Bellegarde n'en avait pas moins. Il était trop sage pour quitter le certain pour l'incertain ; il résolut donc, de son côté, d'étouffer les sentiments de tendresse qu'il avait pour mademoiselle de Guise, ou d'en faire au moins un grand mystère, de peur que Gabrielle, qui le soutenait à la cour, n'employât tout son crédit pour le ruiner, si l'infidélité du duc venait à sa connaissance.

Bellegarde était informé que mademoiselle de Guise n'ignorait pas les bruits qui avaient couru au sujet du meurtre de Blois. Ne pouvant souffrir qu'elle le regardât comme complice de la mort de son père, quoiqu'il ne songeât plus de s'en faire aimer, il fit agir ses amis, et les pria de dire, de sa part, à madame et à mademoiselle de Guise, qu'il était tout à fait innocent de la mort du duc. Comme on croit aisément ce qu'on désire, ses excuses furent si favorablement reçues, que la duchesse ne se contenta pas de dire à ceux qui en parlèrent, qu'elle n'avait jamais cru ces calomnies, mais même défendit à sa fille d'accuser Bellegarde, à l'avenir, de la mort de son père. La fille était pour le moins aussi facile à persuader que la mère ; jugez par là de la peine qu'elle eut d'obéir à un ordre si doux. En un mot, elles apprirent toutes deux, par expérience, qu'il n'y a point de crime, quelque grand qu'il soit, que l'amour ne puisse expier.

Bellegarde ne se trouva pas peu embarrassé des honnêtetés de la duchesse. Il ne savait quel parti prendre, et était également combattu par l'espérance et la crainte. Lorsqu'il se représentait de quelle manière mademoiselle de Guise avait répondu à ses regards passionnés, par d'autres qui ne l'étaient pas moins, il concluait qu'il pourrait s'en faire aimer ; d'un autre côté, lorsqu'il considérait que ce serait la dernière des ingratitudes de manquer de fidélité à une personne qui lui sacrifiait un grand roi, il ne savait à quoi se résoudre. La raison, l'ambition et la gloire lui faisaient condamner son inconstance. Cependant, après tout, il ne pouvait consentir à éteindre une passion qui lui donnait de si belles espérances ; et après s'être bien consulté, il ne voulut rompre ni avec l'une, ni avec l'autre, résolu de les servir toutes deux. Dans cette intention, il devait chercher les moyens de plaire à la duchesse de Guise, et, en habile homme, il fallait profiter de la bonne volonté que la fille avait pour lui. Il réussit également à satisfaire deux princesses. Il leur envoyait souvent des lettres et des messages, et n'en recevait que des réponses agréables.

Le duc de Guise s'étant alors sauvé du château de Tours, où il avait été retenu prisonnier depuis la mort de son frère, Bellegarde, qui le connaissait très-particulièrement, l'envoya complimenter par un trompette, qu'il chargea de deux lettres pour les princesses. Le trompette, en cette occasion, joua parfaitement son rôle, et trouva moyen de donner à mademoiselle de Guise la lettre qu'il avait pour elle, sans que personne s'en aperçut. Celle-ci était si observée, qu'elle ne put faire de réponse. Elle se contenta de faire connaître, par des signes obligeants, qu'elle recevait la lettre avec plaisir. Quelle joie pour Bellegarde d'apprendre, par le retour de son homme, une si agréable nouvelle !

Quelque temps après, madame de Guise voulut se rendre avec sa fille à Mantes, où était la cour. Bellegarde, en apprenant cette nouvelle, conseilla au roi d'envoyer quelqu'un au-devant de la duchesse, et il fit en sorte d'être chargé de cette commission. Le duc, la duchesse et sa fille se virent en particulier pendant plusieurs jours consécutifs. On ne sait rien au sujet de cette longue entrevue ; mais il y a pourtant apparence que la duchesse ne manqua pas l'occasion d'apprendre au duc le sentiment qu'elle lui portait, et que mademoiselle de

Guise rendit avec usure les regards tendres et passionnés que ce duc lui lançait. A Mantes, la duchesse ne pouvait se lasser de louer la beauté de Gabrielle ; plus elle la voyait, plus elle la trouvait aimable. Mademoiselle de Guise ne fit pas la même chose ; car, quoiqu'elle fût convaincue du mérite de la favorite, elle ne pouvait se résoudre à louer des charmes qui lui enlevaient un cœur sur lequel elle avait formé de grands desseins. Gabrielle, de son côté, faisait un grand usage de ses yeux ; car, les portant tantôt sur Bellegarde, tantôt sur mademoiselle de Guise, elle avait peine à modérer le secret dépit qu'elle avait de trouver cette princesse si charmante. En un mot, toutes deux rivales, toutes deux envieuses, elles eurent besoin de toute leur modération pour se contenir dans les bornes de la civilité réciproque qu'elles se devaient. Mademoiselle de Guise ne put soutenir ce rôle jusqu'au bout. S'étant trouvée au cercle sur le soir, elle dit à Bellegarde, qu'elle aperçut derrière sa chaise, après avoir examiné quelque temps Gabrielle, qu'elle n'était pas si belle qu'on l'avait publié. Le duc n'osa répondre, de peur d'être entendu de Gabrielle, qui n'était pas éloignée.

Le roi, qui se connaissait en amour, et qui savait que la duchesse de Guise aimait Bellegarde, conclut, sans balancer, qu'il ne faisait semblant d'avoir de la complaisance pour la mère, que pour mieux cacher la passion qu'il avait pour la fille. Ce jugement du roi produisit deux bons effets pour Bellegarde, car le prince fut guéri de sa jalousie à l'égard de Gabrielle, qu'il aima plus que jamais, et il renonça dès lors au dessein qu'il avait eu pour mademoiselle de Guise. Bellegarde avait besoin de l'un et de l'autre pour pouvoir continuer sûrement son intrigue avec ses deux maîtresses. Le bonheur de ce cavalier eût été complet, s'il avait pu dissiper aussi aisément les soupçons jaloux de Gabrielle que ceux du roi ; mais celle-ci était trop habile pour prendre le change et pour ne pas examiner de près toutes les actions de son amant. Aussi, le fit-elle avec tant d'exactitude, qu'elle ne fut pas longtemps à s'apercevoir des soins qu'il rendait à mademoiselle de Guise. La favorite était fort aise de l'erreur de Henri IV, mais elle avait tant de dépit de l'inconstance de Bellegarde, qu'elle ne pouvait goûter le plaisir que lui donnait la plaisante crédulité de Sa Majesté.

Si Gabrielle était fine et pénétrante, mademoiselle de Guise ne l'était pas moins. La princesse s'aperçut des inquiétudes de sa rivale ; et soit qu'elle fût bien aise de posséder seule Bellegarde, ou qu'elle fût assez vaine pour n'être pas fâchée qu'on sentît que ses charmes étaient à craindre, elle n'eut plus aucun ménagement, et même elle affecta, aux yeux de Gabrielle, de donner à Bellegarde toutes les marques d'amour qui pouvaient porter sa jalousie au souverain degré. Elle se faisait un sensible plaisir, ne pouvant rien gagner sur le roi, de triompher au moins de celle qui lui avait enlevé une si belle conquête, et elle croyait ne lui faire aucune injustice d'user de représailles, et de lui enlever Bellegarde, puisqu'elle lui avait enlevé le cœur du roi.

La duchesse de Guise ne demeura qu'un jour à la cour, et partit aussitôt qu'elle eut obtenu la neutralité qu'elle demandait pour la maison où elle se proposait de passer l'été. Comme les dames se traitent sans quartier lorsqu'il s'agit d'amour, Gabrielle ne put pardonner à mademoiselle de Guise l'attentat qu'elle avait commis sur le cœur de son amant. Elle eut une indisposition de commande qui lui servit d'excuse pour ne voir, à leur départ, ni la mère, ni la fille. La plupart des grands de la cour accompagnèrent les princesses fort loin ; on devine que Bellegarde fut du nombre. Le duc ne fut pas plutôt de retour, qu'il alla voir Gabrielle, pour lui rendre compte de ce qui s'était passé ; mais la favorite le reçut avec une froideur glaciale qui lui donna beaucoup d'inquiétude. Le duc craignait si fort de perdre les faveurs de Gabrielle dans l'intérêt de sa fortune, qu'il maudit cent fois son imprudence et sa légèreté.

Si Bellegarde était dans l'agitation, la duchesse de Guise n'y était pas moins ; elle ne pouvait vivre sans ce cavalier qui l'avait captivée ; cependant, il lui était difficile de le voir à l'aise tant que la guerre durerait. Elle résolut donc de lever cet obstacle, et porta le duc de Guise, son fils, à traiter avec le roi, auquel elle en donna avis par un courrier qu'elle lui dépêcha. C'est ainsi que les dames étaient le thermomètre des grandes affaires, qui ne haussaient ou ne baissaient qu'à proportion que l'amour les poussait. Le roi, ravi de faire rentrer ses sujets dans le devoir par la douceur, et surtout ce jeune prince, qu'il estimait et qui avait beaucoup de crédit dans le parti de la Ligue, accepta la proposition, et Bellegarde eut ordre d'aller négocier avec la duchesse. Gabrielle ne fut point du tout contente du choix que Sa Majesté avait fait. Elle fit tout ce qu'elle put pour faire nommer un autre ministre, et disait pour raison, que Bellegarde était jeune et sans expérience, que cet emploi ne lui convenait point, qu'il y réussirait mal, et que sa personne ne serait pas si agréable au fils qu'à la mère. Bellegarde, qui ne souhaitait rien tant que de revoir mademoiselle de Guise, employa tous ses amis pour se maintenir. Le duc de Nevers même, qui occupait alors la première place dans le conseil, en parla au roi, et applaudit au choix qu'il avait fait. Il ne fallait pas être très-éloquent pour persuader Henri IV en faveur de Bellegarde; il avait senti que Gabrielle n'agissait que par un motif de jalousie, et c'était cela même qui faisait que les raisons de sa maîtresse n'étaient pas de son goût.

Le duc de Bellegarde partit enfin, et sa négociation n'eut pas d'abord le succès qu'il s'en était promis. La réduction de Paris, qui affaiblissait extrêmement le parti de la Ligue, fut cause que le roi ne put se résoudre à accorder au duc de Guise les conditions qu'il demandait. Bellegarde ne se rebuta pas pour cela; et comme il était soutenu par le duc de Nevers, il parvint à décider Henri IV à accorder au duc de Guise des conditions très-favorables. Tout le monde fut surpris qu'une si grande affaire se terminât en si peu de temps, et d'une manière si avantageuse au duc. Le duc de Guise vint saluer le roi à Mantes; ensuite il rendit ses devoirs à Madame, qui le trouva fort à son gré, et crut qu'il était préférable au comte de Soissons.

Bellegarde ayant opéré l'accommodement du duc de Guise, Gabrielle voulut se faire honneur de celui du duc du Maine, dont elle espérait se servir pour le dessein qu'elle avait d'épouser le roi. Elle tournait alors toutes ses pensées de ce côté-là, et ce grand dessein était devenu le mobile de toutes ses actions. C'était dans cette vue qu'elle avait travaillé à convertir le monarque, et comme il n'y a point de raisons que l'éclat d'une couronne, et les sollicitations d'une maîtresse qu'on adore ne fassent trouver excellentes, elle eut le bonheur d'y réussir. Elle fit donc négocier auprès du duc, qui lui promit d'employer tout son crédit pour l'élever sur le trône: elle disposa les choses pour une trêve générale, et s'empara si bien de l'esprit du président Jannin, qui négociait cet accommodement par ordre du roi, qu'à la recommandation de cette dame, il passa plusieurs articles qui auraient été fort contestés sans cela.

A propos de la conversion du roi, il ne sera pas mal à propos d'insérer ici la lettre que le monarque écrivit quelques jours auparavant à Gabrielle. Cette lettre est originale; aussi n'y changera-t-on rien:

« Mon cœur, j'arrivai hier au soir de bonne heure, et fus importuné de Dieu-Gard jusqu'à mon coucher; nous croyons la trêve, et qu'elle doit se conclure aujourd'hui. Pour moi, je suis à l'endroit des ligueux de Saint-Thomas. J'ai commencé ce matin à parler aux évêques. Outre ceux que je vous envoyai hier pour escorte, je vous en envoie cinquante aujourd'hui, qui valent autant de cuirassiers. L'espérance que j'ai de vous voir demain, retient ma plume de vous faire plus long discours. Ce sera dimanche que je ferai le saut périlleux. A l'heure que je vous écris, j'ai cent importuns sur les bras, qui me font haïr Saint-Denis autant que vous haïssez Mantes. Bonjour, mon cœur; venez demain de bonne heure, car il me semble déjà qu'il y a un an que je vous ai vue. Je baise un million de fois les belles mains de mon ange, et la bouche de ma chère maîtresse. Ce 23 de juillet. »

Dans cette lettre, Henri IV appelle *saut périlleux,* l'acte de son abjuration. Cette épithète prouve bien que le monarque ne considérait pas sa conversion comme sérieuse. Dans son esprit, il accomplissait une mesure politique, et non pas un acte religieux. « Paris, disait-il à cette occasion, vaut bien une messe. »

Presque au moment de cette abjuration, Gabrielle accoucha de César, qui porta le titre de Monsieur, et qui fut fait depuis duc de Vendôme. Le roi en eut une joie extrême, et fit sa chère maîtresse *marquise de Beaufort.*

La marquise de Beaufort, car c'est ainsi que nous l'appellerons à l'avenir, soutenue de quelques grands de la cour, avait fait déclarer la guerre aux Espagnols, espérant de conquérir la Franche-Comté pour son fils. Cette entreprise fut malheureuse en tout. Les intelligences sur lesquelles on avait compté n'aboutirent à rien; et le roi, de retour à Paris, pensa être tué dans la chambre de madame de Beaufort, par un étudiant des Jésuites, qui lui donna un coup de couteau dans la lèvre inférieure; mais heureusement il en fut quitte pour une dent. Cet attentat fut suivi du fameux arrêt du parlement de Paris contre les Jésuites, qui furent bannis du royaume comme « perturbateurs du repos public, et corrupteurs de la jeunesse. »

La marquise de Beaufort, que l'attentat de Jean Chatel avait fort alarmée, et qui craignait que quelque fanatique ne renversât d'un seul coup toutes ses espérances, travaillait avec application à disposer le roi au mariage qu'elle souhaitait de tout son cœur. Elle avait deux grands obstacles à surmonter : il fallait faire rompre le mariage du roi, et même le sien. Le premier lui paraissait difficile, et ce fut aussi par là qu'elle commença. Il s'agissait d'avoir le consentement de la reine Marguerite. Elle lui en fit faire la proposition; mais ses amis ne revinrent pas satisfaits de leur négociation. Cette princesse ne pouvait se résoudre à abandonner une place dont elle avait été la maîtresse, pour la voir possédée par une personne d'un rang si inférieur au sien. La marquise de Beaufort fut fort affligée de ce mauvais succès; mais elle s'en consola avec Bellegarde, qui en devint plus passionné que jamais, et qui proportionnait ses caresses et ses assiduités au crédit de cette dame.

Madame, sœur du roi, et le duc de Guise, ne faisaient plus un mystère de leur amour. Quoique Bellegarde se fût racommodé avec madame de Beaufort, il ne laissait pas de voir à l'ordinaire mademoiselle de Guise. Ses visites étaient si fréquentes, que le frère de cette princesse commençait à le trouver mauvais. Il accusait Bellegarde de témérité, lui qui n'était pas moins téméraire que Bellegarde. Il fit à sa sœur des reproches si durs et si menaçants, que Bellegarde fut obligé de songer aux moyens de le mettre hors d'état de le traverser. Celui-ci fit entendre au duc de Nevers, qui ne pouvait lui rien refuser, que la recherche que M. de Guise faisait de Madame, sans la permission du monarque, blessait son autorité. Il fit enfin si bien qu'il fit reléguer le duc de Guise en Provence, sous prétexte de l'en faire gouverneur. Ce fut la marquise de Beaufort qui demanda ce gouvernement pour le prince, chose qu'elle obtint sans peine. Le prince eut ordre de partir incessamment, et n'eut presque pas le temps de prendre congé de Madame.

Cette princesse était au désespoir de la perte de son amant; et comme elle ne savait d'où lui venait le coup, elle s'en prenait à tout le monde. Elle mit tout en œuvre pour découvrir ses ennemis, mais, n'en pouvant venir à bout, elle attribua ce coup à la cruauté de sa destinée, et se consola enfin par la conquête qu'elle fit de Jean-Louis de Nogaret de la Valette, duc d'Épernon. Il n'était ni si jeune, ni si bien fait que le duc de Guise; elle ne laissa pas de s'en contenter, et d'entretenir avec lui un commerce de galanterie qui dura jusquà son mariage avec le duc de Bar, fils de Charles, duc de Lorraine, qui fut conclu à Monceaux, terre que le roi avait donnée à madame de Beaufort. Ce mariage avait traîné deux ans à cause de diverses difficultés sur le fait de la religion. Les deux époux étaient également mécontents d'être sacrifiés par leurs parents à des intérêts d'État contre les sentiments de leur conscience. Aussi ne vécurent-ils pas trop bien ensemble; car, six mois après leur mariage, le duc, prince fort bigot, fit un voyage à Rome, incognito, pour demander l'absolution au pape et dispense pour l'avenir, poussé qu'il était par les vains scrupules dont son confesseur avait alarmé sa conscience. Le pape lui refusa dispense, et lui donna l'absolution, à la condition de ne retourner jamais avec Catherine de Navarre, et de la répudier, si elle ne voulait pas se faire catholique. Ce pauvre prince fut assez simple et assez bigot pour promettre tout ce qu'on voulut, pourvu qu'on le reçût secrètement dans la communion de l'Église, en attendant qu'il pût l'être publiquement. Ainsi, cette infortunée princesse demeura veuve au milieu de son mariage.

Avant que nous sortions de Monceaux, disons un mot sur la maladie du roi, qui suivit de près la conclusion du mariage de madame Catherine. Ce prince,que le séjour des camps avait beaucoup fatigué, tomba malade d'une rétention d'urine accompagnée d'une grosse fièvre et de défaillance de cœur. Le mal fut violent, et l'on craignit pour sa vie; mais ce ne fut rien, et le roi fut sur pied deux ou trois jours après. Madame de Beaufort, qui s'était vue sur le bord du précipice, le sollicitait continuellement de l'épouser, et l'en sollicitait d'autant plus pressamment, que les soins qu'elle avait eus pour lui, et la tendresse qu'elle lui avait témoignée en cette occasion, semblaient obliger le prince à lui tenir parole. Le roi était résolu de la contenter, et, à la vérité, quelques historiens rendent à la favorite ce témoignage, qu'aux inconvénients près elle n'était pas indigne de cet honneur.

La solennité des noces de Madame avec le duc de Bar étant faite, cette princesse alla quelque temps après dans les États de son époux. Son départ fit grand plaisir à la marquise de Beaufort, qui se vit par là délivrée du chagrin qu'elle avait de rendre à la naissance de cette princesse, plutôt qu'à sa personne, des déférences qui étaient souvent mal reçues.

Nous avons dit que le départ de Madame fut un grand sujet de joie pour la marquise de Beaufort. Bellegarde sut profiter de ce moment de bonne humeur où la marquise se trouvait alors, pour la disposer à se lier d'amitié avec mademoiselle de Guise. Comme il craignait que l'amour qu'il avait pour celle-ci ne lui fît enfin perdre l'autre, il prit le parti de les mettre bien ensemble; et même il persuada si bien son ancienne maîtresse, qu'il lui fit comprendre que le seul moyen de guérir le roi de sa jalousie, dont il donnait de temps en temps des marques, était qu'elle trouvât bon qu'il donnât quelques soins à mademoiselle de Guise. Celle-ci, qui sentait bien qu'elle pouvait tirer de grands avantages de ce raccommodement, puisque toutes les grâces passaient alors par le canal de Gabrielle, en fit volontiers toutes les avances. Ces deux femmes furent depuis si bien unies, qu'on les voyait toujours ensemble, et qu'elles affectaient d'être habillées de la même manière et de porter les mêmes ornements. Le roi fut la dupe de cette réconciliation; car il demeura convaincu que Bellegarde n'avait aucun commerce avec la marquise. Un accident imprévu le détrompa, et le rejeta dans sa première jalousie. La marquise avait reçu un billet de Bellegarde; la Rousse, occupée d'une petite incommodité qu'avait alors sa maîtresse, l'oublia sur sa toilette. Le roi, qui avait grand soin de sa maîtresse, envoya de grand matin chez elle Béringhen, son premier valet de chambre, pour savoir l'état de sa santé. Béringhen, étant dans la chambre de madame de Beaufort, jette les yeux sur le billet, s'en saisit et le porte à son maître. Le roi, qui avait fort bonne opinion de tout ce qu'il aimait, ne savait ce qu'il devait en croire; cependant, il donna ordre à Béringhen d'observer ces deux amants. Il s'acquitta si bien de sa commission, qu'ayant vu entrer Bellegarde dans la chambre de la marquise, il s'empressa d'en avertir le roi, qui commanda sur-le-champ à Charles de Choiseul, marquis de Praslin, capitaine des gardes, d'aller tuer son rival entre les bras de son infidèle.

Praslin, qui aimait fort ces deux amants, fut au désespoir d'un ordre de cette nature. Il eût donné toutes choses pour en être dispensé ; mais il n'y avait pas seulement moyen de faire semblant d'avoir cette envie. Il obéit donc, mais si mal, que le coupable eut le temps de se sauver. En passant par la salle des gardes, il se fit suivre par cinq ou six hommes ; il fit tant de bruit et prit un si long détour, qu'étant entré il ne trouva que madame de Beaufort, à laquelle il apprit naturellement le sujet de sa visite. Celle-ci vit bien qu'il n'avait pas voulu la surprendre ; elle l'en remercia, et lui promit de se souvenir du bon service qu'il lui avait rendu. Aussi ne l'oublia-t-elle pas ; car, à sa recommandation, et à celle de mademoiselle de Guise, autant intéressée que la marquise à la conservation de Bellegarde, Praslin devint bientôt après maréchal, et l'un des plus puissants gentilshommes de la cour.

La marquise de Beaufort, dans cette occasion, se plaignit encore au roi ; elle lui reprocha ses injustes soupçons et le peu de fond qu'il y avait à faire sur ses promesses et sur son amitié. Le roi lui montra, pour se justifier, la lettre que Béringhen lui avait donnée. Elle jura qu'elle en ignorait le contenu, et qu'elle ne l'avait pas lue. En un mot, il lui fut facile de se justifier, parce qu'on était tout disposé à la trouver innocente, et qu'on eût été bien fâché de la convaincre. Cependant, l'esprit du roi n'était pas satisfait : la lettre l'embarrassait, et répandait de temps en temps certains nuages de défiance dont il ne se pouvait entièrement débarrasser. En un mot, il fallut, pour le mettre en repos, que la marquise consentît à la retraite de Bellegarde, qui eut ordre de quitter la cour, et de n'y revenir qu'il ne fût marié, et accompagné de sa femme.

Le duc obéit ; et, pour n'être pas longtemps éloigné du centre des plaisirs, il se maria à Anne de Beuil, fille d'Honoré de Beuil, sieur de Fontaine, qui fut tué au siége de Saint-Malo, après que cette ville se fût déclarée pour la Ligue. Le duc revint à Paris avec son épouse, et y trouva une nouvelle beauté qui ne faisait que d'arriver à la cour : c'était Louise de Budas, fille de Jacques de Budas, vicomte de Portes, et de Catherine de Clermont. Cette beauté, qui s'était mariée depuis peu au connétable de Montmorency, était la terreur de tout ce qu'il y avait de femmes galantes. Il n'y avait guère d'amants dont la fidélité fût à l'épreuve de ses charmes; mais elle avait tant de fierté, qu'elle regardait avec le même mépris la jalousie de ses pareilles et l'amour des courtisans. Le roi fut aussi sensible que les autres aux attraits de cette merveille, à laquelle il rendit de fréquentes visites, sans se mettre en peine s'il chagrinait ou non madame de Beaufort. La connétable se félicitait du chagrin qu'elle causait à la marquise, et, n'ayant aucun dessein de profiter des assiduités de Sa Majesté, elle s'en divertissait avec le maréchal de Biron, auquel elle avait donné toute son affection. Elle ne jouit pas longtemps ni des avantages de sa beauté, ni de la joie maligne qu'elle se faisait des inquiétudes de la marquise. Elle mourut en couche, et madame de Beaufort fut délivrée, par sa mort, d'une redoutable rivale. La connétable laissa deux enfants, tous deux fort jeunes : l'un était Henri, second du nom, duc de Montmorency, qui fut depuis pair et maréchal de France, et mourut à Toulouse sur l'échafaud, l'an 1632 ; et l'autre, Charlotte-Marguerite de Montmorency, qui hérita des charmes de sa mère, et fut mariée à Henri de Bourbon, premier prince du sang. Cette fille fit encore plus de fracas que sa mère, et mit toute la cour en combustion. Nous en parlerons en son lieu. Achevons l'histoire de madame de Beaufort.

Pendant que tout ceci se passait, la marquise de Beaufort accoucha de Catherine-Henriette, qui fut légitimée enfant de France et reconnue par Henri IV.

Gabrielle profita de cette circonstance pour faire dissoudre son mariage qui l'unissait au seigneur de Liancourt.

La marquise, se voyant libre par la dissolution de son mariage, tourna ses soins et son industrie à se mettre la couronne sur la tête. Le roi, plus amoureux que jamais et tout joyeux des enfants qu'elle lui avait donnés, fit tout ce qui dépendait de lui pour la satisfaire ; et il en était tellement épris, qu'il chassa de la cour Nicolas de Neuville, seigneur de Villeroy, secrétaire d'État, pour s'être donné la liberté de lui remontrer en bon et fidèle serviteur, les inconvénients où il s'exposait par un semblable mariage. Henri savait qu'il ne lui serait pas difficile d'y faire consentir la reine Marguerite ; de sorte que, ne s'agissant plus que d'avoir l'approbation de la cour de Rome, il l'envoya solliciter par Nicolas Brulard, seigneur de Sillery, auquel il donna la qualité d'ambassadeur extraordinaire. Sillery était alors président au parlement de Paris. Ce ministre était fort habile ; et, outre le zèle qu'il avait pour les intérêts de son maître, il devait une partie de sa fortune à la marquise de Beaufort, qui, pour mieux l'encourager à lui rendre cet important service, lui promettait la charge de chancelier, qu'elle lui fit donner en effet, sans se mettre en peine des intérêts de Chiverny, intime ami de sa sœur, pour laquelle elle croyait avoir assez fait en obtenant un chapeau de cardinal pour son fils aîné.

Cependant, comme les négociations étaient fort longues à la cour de Rome, et que la marquise de Beaufort attendait, avec une extrême impatience, le dénoûment de cette affaire, le roi, pour la consoler, la fit duchesse de Beaufort. Quelque temps après, elle devint grosse pour la troisième fois. Le roi l'en aima davantage, et n'en eut que plus d'impatience d'en faire sa légitime épouse. Aussi écrivit-il à Sillery, d'une manière fort pressante, d'activer le plus possible l'affaire dont il était chargé.

La grandeur enfle d'ordinaire les gens. Il n'en fut pas ainsi de la duchesse ; car le roi n'eut pas plutôt érigé en duché-pairie la terre qui portait son nom, qu'elle devint si populaire, si généreuse et si obligeante, que ceux qui ne voulaient pas l'aimer ne pouvaient pas se résoudre à la haïr. Elle commandait à tout le monde avec une extrême douceur et rendait service à tous ceux qui avaient besoin de son crédit. Le roi fit alors un voyage en Picardie et tomba malade en chemin ; ce qui obligea sa chère duchesse de lui écrire la lettre suivante :

« Je meurs de peur, rassurez-moi, en me disant comme se porte le plus brave du monde : je crains que son mal ne soit grand, puisque autre chose ne devrait me priver de sa présence. Dis-m'en des nouvelles, mon cavalier, puisque tu sais combien le moindre de tes maux m'est mortel. Quoique aujourd'hui j'aie reçu deux fois de vos nouvelles, je ne saurais dormir sans vous envoyer mille bonsoirs ; car je ne suis pas douée d'une ladre constance : je m'appelle la princesse Constante, et vis sensible pour tout ce qui vous touche, insensible à tout ce qui reste au monde. A Rambouillet, le 20 de mai. »

Cette lettre est assez originale. On verra, par ces échantillons, la manière d'écrire d'alors, qui ne laissait pas d'avoir ses beautés ; mais ce sont des beautés que nous ne sentons pas aujourd'hui, parce que nous sommes accoutumés à un autre usage. C'est ce qu'il y a de cruel dans la plupart des langues vivantes, et surtout dans la langue française, qu'on a gâtée, sans contredit, à force de raffinements. Une année voit naître et mourir, pour ainsi dire, la même façon de parler, et il n'y a presque personne qui ait conservé le bon goût de l'antiquité. L'amour n'est pas sujet à tant de variations ; il produit toujours les mêmes effets, et ceux qui sont sous son empire ont tous la même tendresse, exprimée, à la vérité, différemment, selon les divers temps, comme on verra par la éponse du roi.

« Mon cœur, j'ai reçu ce matin, à mon réveil, de vos nouvelles ; cela me rend cette journée plus heureuse. Je n'en ai pas eu du côté de Saint-Paule, depuis que je vous ai quittée. Je ne manquerai point de me ramentevoir deux fois ce jour aux bonnes grâces de mes chères amours, pour l'amour de qui je me conserve plus que je n'ai jamais fait. Vous verrez demain César, de quoi je vous porte envie. Aimez toujours votre cher sujet, qui, jusqu'au tombeau, n'aimera que vous. Sur cette vérité je finis, vous baisant un million de fois aussi tendrement que hier au matin. A Péronne, ce 26 de mai. »

Le traité de Vervins était alors fort avancé. Les deux partis étaient également las de la guerre, et chacun avait ses raisons de faire la paix. Quoique le parti de la Ligue fût entièrement épuisé, le duc de Mercœur reculait à faire son accommodement. Il s'était jeté entre les bras des Espagnols dans l'espérance qu'il serait compris dans le traité, en qualité de leur allié. Il avait formé un puissant parti en Bretagne, où il s'était flatté de se faire souverain ; mais la plupart des places dont il était en possession, ayant été prises aussitôt qu'attaquées, il vit bien qu'il ne devait chercher son salut que dans la clémence du vainqueur. Il eut recours au crédit de la duchesse de Beaufort, qui promit de lui procurer une défaite avantageuse, s'il voulait marier sa fille unique à son fils aîné, qu'on nommait ordinairement César-Monsieur. Le duc de Mercœur ne rejetait pas tout à fait cette proposition ; mais Marie de Luxembourg-Martigues, son épouse, princesse fière et ambitieuse, n'y pouvait consentir, parce qu'elle aspirait à une plus haute alliance. Le duc, cependant, se trouvant pressé, s'avisa pour donner le change à la duchesse de Beaufort, d'envoyer sa femme à la cour, avec ordre d'offrir leur fille au roi, pour en disposer en faveur de qui il voudrait.

Comme le duc de Mercœur savait que les dames avaient beaucoup de pouvoir sur l'esprit de Sa Majesté, il avait bonne opinion du voyage de sa femme : mais la duchesse de Beaufort, qui sentit le coup, et qui vit leur but, chercha à les contrarier dans leur dessein ; car, au lieu de travailler à leur rendre service, elle leur fit connaître qu'ils ne pouvaient se tirer d'affaire que par sa seule intercession. Aussi la duchesse de Mercœur fut-elle désappointée en arrivant aux portes d'Angers, où se trouvait alors le roi; car elle ne put entrer dans la ville et fut contrainte de se retirer au pont de Cé. Cette disgrâce imprévue abattit sa fierté : elle se soumit aux volontés de madame de Beaufort, qui dès lors lui fit ouvrir les portes d'Angers et l'introduisit à la cour. Le roi, toujours sensible aux larmes du beau sexe, et toujours prêt à faire tout ce que sa maîtresse voulait, n'eut rien à refuser à la duchesse de Mercœur, qui obtint, pour le duc son époux, des conditions non-seulement fort avantageuses, mais même fort honorables.

Peu de jours après ce traité, César, duc de Vendôme, légitimé de France, et la fille unique du duc de Mercœur, furent fiancés. Le contrat de mariage fut passé dans le château d'Angers, où le duc de Mercœur était venu rendre ses hommages au roi. La cérémonie des fiançailles fut faite par le cardinal de Joyeuse, avec autant de pompe et de magnificence que si c'eût été un fils de France.

Cependant Sillery pressait vivement, à la cour de Rome, la dissolution du mariage du roi, et y trouvait plus de difficultés qu'il n'avait cru; car la reine Marguerite, persuadée que son mariage ne serait pas plutôt cassé, que le roi épouserait la duchesse de Beaufort, faisait dire au pape qu'elle ne consentirait jamais, sur ce pied-là, au divorce prétendu. Le père, d'un autre côté, qui voulait se faire valoir, faisait naître tous les jours de nouveaux obstacles. Il ne voyait pas, disait-il, qu'il pût en conscience légitimer des enfants nés en adultère : d'ailleurs, il prévoyait que ce divorce produirait de grands troubles pour la succession et ne pouvait se résoudre à lâcher la bulle tant attendue. Cependant, les ambassadeurs du roi le pressaient extrêmement, et représentaient à Sa Sainteté que leur maître serait peut-être contraint d'agir comme Philippe le Bel, c'est-à-dire de faire faire le procès à la reine Marguerite à cause de ses nombreux débordements.

La mort de la duchesse de Beaufort, arrivée quelque temps après, aplanit toutes ces difficultés, et rendit un bon service au roi et au royaume. Bien des gens ne pouvaient croire que le roi pût être capable de faire une action qui lui aurait indubitablement attiré le mépris et l'aversion de son peuple. Cependant les sages, qui n'ignoraient ni les appas, ni l'artifice de la favorite, étaient dans des alarmes continuelles Elle avait gagné tous les courtisans à force de présents et de caresses : on craignait les funestes effets de la flatterie, mais plus encore le faible du roi, que la duchesse de Beaufort connaissait mieux que personne. On le regardait comme un grand prince à la vérité, mais on savait aussi qu'il avait trop de tendresse pour les dames, et que tout maître qu'il était de ses autres passions, il était esclave de l'amour.

Depuis que madame de Beaufort avait espéré de monter sur le trône, elle avait entièrement changé de conduite, et paraissait si réservée, que le roi se repentit plus d'une fois de l'avoir crue infidèle ; mais comme ce n'était pas assez que le roi fût persuadé de la fidélité et de la bonne foi de la duchesse de Beaufort, si le public ne l'était aussi ; Gabrielle résolut, pour cet effet, de venir à Paris, et d'y faire ses dévotions de Pâques. Sa Majesté avait passé le carême à Fontainebleau. Comme il y a certaines maladies qui, par un renouvellement de douleur, font sentir au patient les approches d'un mauvais temps, aussi les cœurs tendres et amoureux ont souvent des pressentiments secrets des malheurs qui vont leur arriver. La duchesse, comme si elle eût deviné sa destinée, eut beaucoup de peine à quitter le roi, et lui recommanda ses enfants, les yeux baignés de larmes.

Elle s'embarqua à Melun le mardi saint, et arriva à Paris d'assez bonne heure. Le roi l'avait priée de loger chez Sébastien Zamet, fameux financier, qui se disait riche de dix-sept cent mille écus de biens. Le roi aimait cet homme, et l'appelait Bastien par familiarité. Son hôte prit un soin particulier de bien traiter la duchesse et de lui faire servir les mets qu'il serait être de son goût. Le lendemain elle se rendit au petit Saint-Antoine pour y entendre les ténèbres : madame et mademoiselle de

Guise, la maréchale de Retz et ses filles l'y accompagnèrent. Elle y alla en litière, et toutes les autres dames en carrosse. Un capitaine des gardes du corps fut toujours à sa litière, et la conduisit à une chapelle qu'on lui avait destinée pour la dérober à la vue du peuple, et pour empêcher que la foule ne l'embarrassât. La favorite n'était pas si occupée des choses du ciel qu'elle ne songeât à celles de la terre : elle fit voir à mademoiselle de Guise des lettres qu'elle venait de recevoir de Rome, par lesquelles on lui apprenait que l'affaire qui lui tenait tant au cœur, serait bientôt terminée. Elle lui en fit voir deux autres qu'elle avait reçues du roi le même jour, où il y avait tant de marques de tendresse et d'impatience de la voir reine, qu'elle avait grand sujet d'être contente. Ce prince lui donnait avis qu'il envoyait à Rome du Frêne, secrétaire d'État, qu'elle regardait comme une de ses créatures. Il avait épousé une de ses proches parentes ; de sorte qu'elle était assurée qu'il n'oublierait rien pour vaincre la lenteur de Sa Sainteté.

Le service étant fait, elle retourna chez Zamet. Les uns disent qu'elle tomba en défaillance à l'église et qu'on la rapporta chez Zamet, où, ayant repris ses sens, elle se promena dans le jardin, se sentit frappée d'une apoplexie au cerveau, et que ses douleurs devenues moins violentes, elle se fit porter chez madame de Sourdis, sa sœur, près de Saint-Germain-l'Auxerrois, comme si la maison de Zamet eût été la cause de son mal. Elle pria mademoiselle de Guise de vouloir bien l'accompagner. Cependant madame de Beaufort prit le devant ; et lorsque mademoiselle de Guise arriva, elle trouva que la duchesse se faisait déshabiller, et qu'elle se plaignait d'un violent mal de tête. A peine fut-elle au lit qu'elle retomba en convulsion, d'où elle ne revint qu'après qu'on lui eût prodigué les plus grands soins. Dès qu'elle se sentit mieux elle voulut écrire au roi, et commença une lettre qu'une nouvelle convulsion l'empêcha de terminer. Cette attaque passée, on lui présenta une lettre du roi, qu'elle ne put lire, parce qu'elle retomba aussitôt dans ses mouvements convulsifs, qui ne finirent qu'avec sa vie. La violence de ses douleurs la fit accoucher le jeudi d'un enfant mort, et le samedi matin elle mourut, sans que la connaissance lui fut revenue, autant qu'on peut en juger.

On parla de cette mort avec la diversité dont on parle d'ordinaire de celle des grands. Le pape crut que c'était un effet de ses prières. D'autres disent que le diable l'avait mise en cet état, parce qu'elle s'était donnée à lui pour posséder seule les bonnes grâces de Sa Majesté. D'autres descendaient dans les détails et disaient que le dernier soir de sa vie, elle avait commandé à mademoiselle de la Bretonnière, l'une de ses confidentes, qui couchait ordinairement dans sa chambre, de ne pas s'alarmer si durant la nuit elle entendait du bruit, et de ne point quitter son lit; qu'effectivement pendant la nuit, cette fille entendit un bruit épouvantable, et semblable à celui que font des gens qui se battent à outrance; que, suivant l'ordre de sa maîtresse, elle demeura tranquille, et trouva le lendemain qu'on avait tordu le cou à madame de Beaufort. Quoi qu'il en soit, elle parut après sa mort si hideuse, et le visage si défiguré, qu'on ne pouvait la regarder qu'avec horreur; et ce fut peut-être cela qui donna occasion à ses ennemis de publier que le diable l'avait ainsi maltraitée. On a dit la même chose de la connétable de Montmorency, qui mourut cette année-là avec les mêmes symptômes. On ajoutait, pour embellir ces contes, que la duchesse savait longtemps à l'avance quelle devait être sa fin, et voici ce que l'on racontait à ce sujet : Un jour en se promenant aux Tuileries, madame de Beaufort y avait trouvé un célèbre magicien disant la bonne aventure à plusieurs dames de la cour; ayant elle-même la plus grande envie de savoir quelle serait sa destinée, elle le pressa fortement de la lui dire; le magicien, après s'en être longtemps excusé, lui dit que sa fortune était si grande qu'elle n'avait plus rien à souhaiter. Non contente de connaître une partie de son horoscope, elle insista pour savoir le reste, afin de ne pas ignorer comment elle finirait ses jours. Le magicien lui dit alors de prendre son miroir de poche, de s'y regarder et qu'elle satisferait sa curiosité ; ce que la duchesse fit aussitôt, et après y avoir vu le démon qui la prenait à la gorge, elle en fut tellement effrayée, qu'elle s'évanouit entre les bras d'une de ses filles qui la suivait.

La mort subite de Gabrielle rappelle celle d'Agnès Sorel et celle de Henriette d'Angleterre. La première était ostensiblement la maîtresse de Charles VII, et la seconde, secrètement, dit-on, l'amante de Louis XIV. La mort d'Agnès Sorel fut attribuée par quelques-uns à Louis XI, qui détestait la favorite, et celle de Henriette d'Angleterre au marquis d'Effiat, l'un des gentilshommes de Monsieur, lequel Monsieur n'aimait pas beaucoup sa femme. Henriette se trouva tout à coup malade à Saint-Cloud ; elle fut transportée évanouie sur son lit, où elle eut d'horribles vomissements avec d'horribles convulsions. Quelques instants après, son visage était tout contourné et entièrement méconnaissable.

Or, voici ce qu'on lit à ce sujet dans les Mémoires du duc de Saint-Simon :

« Le lendemain du sinistre événement, le roi fit amener devant lui un contrôleur de la bouche de Madame, appelé Morel.

« — Regardez-moi, lui dit Sa Majesté, et comptez sur la vie si vous êtes sincère.

« — Sire, je dirai la plus exacte vérité.

« — Rappelez-vous cette promesse ; si vous y manquez, votre supplice est prêt.

« — Sire, reprit avec calme le contrôleur, après votre parole sacrée, je serais un fou si j'osais vous mentir.

« — Bon... Répondez maintenant. Madame est-elle morte empoisonnée?

« — Oui, sire.

« — Qui l'a empoisonnée?

DERNIERS MOMENTS DE LA BELLE HENRIETTE D'ANGLETERRE.

(Mystères des Vieux Châteaux de France)

« — Le marquis d'Effiat et moi. »

« Le roi frémit.

« — Qui vous avait donné cette horrible mission, et de qui teniez-vous le poison ?

« — Le chevalier de Lorraine est la cause et le premier instrument de cet attentat : c'est lui qui nous a envoyé de Rome la drogue vénéneuse que j'ai préparée, et que d'Effiat a jetée dans le breuvage de Son Altesse Royale.

« — Mon frère, continua le roi d'une voix presque éteinte, mon frère a-t-il eu connaissance du complot ?

« — Non, sire.

« — L'affirmeriez-vous par serment? poursuivit Louis XIV d'un accent plus libre.

« — Sire, j'en jure devant Dieu, que j'ai offensé... Monsieur ne connut point le secret. Nous ne pouvions compter sur lui... il nous aurait perdus.

« — Ah! je respire..., voilà tout ce qu'il m'importait de savoir... Allez, malheureux, je vous laisse la vie ; mais sortez de mon royaume. »

« Le marquis d'Effiat était en fuite, dit le mémorialiste du dix-septième siècle, et rien n'annonçait qu'on songeât à le poursuivre. La mort de Madame, après moins d'un mois, paraissait être pour Monsieur et pour le roi lui-même un événement déjà ancien... Voilà les cours ! »

Le roi, qui était toujours à Fontainebleau, avait bien appris qu'elle était malade ; mais comme il croyait que c'était un effet de sa grossesse, il ne se pressa point de venir. Le troisième courrier qui lui apporta la nouvelle de la continuation de la maladie, l'engagea à partir ; mais, comme on ne jugeait pas à propos qu'il vînt à Paris dans cette conjoncture, la Varenne alla trouver le maréchal d'Ornano, qui était au sermon à Saint-Germain-l'Auxerrois, lui apprit que la duchesse venait de rendre le dernier soupir, et le pria d'aller au-devant du roi pour l'empêcher de venir à Paris. Le maréchal pria le marquis de Bassompierre, qui était avec lui, de l'accompagner. Ils partirent sans perdre de temps, et trouvèrent Sa Majesté au delà de la Saussaye, près de Ville-Juif, qui venait à toute bride la tête pleine d'inquiétudes.

Ce prince n'eut pas plutôt aperçu le maréchal, qu'il comprit que la duchesse était morte. Sa douleur fut aussi violente que l'avait été son amour il pleura, il cria, et se plaignit d'une manière qui fit bien voir que les grands princes ont leurs faiblesses comme les autres hommes. On l'emporta dans l'abbaye de la Saussaye. On fit venir un carrosse et on le ramena à Fontainebleau ; il trouva dans son appartement la plupart des seigneurs de la cour qui y étaient accourus au bruit de cette nouvelle.

Le roi, étant dans sa chambre, pria tout le monde de s'en retourner à Paris, et de prier Dieu pour sa consolation. Il ne retint que Bellegarde, le comte de Hude, Termes, la Chalosse, Monglas et Fronteval. Bassompierre se retirait aussi ; mais il le fit rester pour lui faire dire des particularités sur la mort de la favorite, auprès de laquelle le duc avait été un des derniers. Pendant cinq à six jours, le roi ne fut visible qu'à ceux qu'il avait retenus, et à quelques ambassadeurs, dont il ne pouvait pas s'empêcher de recevoir les compliments de condoléance ; encore s'en retournèrent-ils aussitôt qu'ils eurent eu audience.

Comme il n'y a point de douleur si forte que le temps n'affaiblisse, et que le roi n'était pas d'ailleurs de ces âmes qui se plaisent à perpétuer leurs regrets et leurs larmes, on commença de s'apercevoir que son affliction diminuait. Le duc de Retz, qui lui avait laissé faire toutes ses doléances sans rien dire, se servit de l'occasion, et lui dit, presque en riant, qu'il avait plus de sujet de se réjouir que de s'affliger, et que s'il considérait ce qu'il allait faire, si la mort de la duchesse ne fût pas arrivée à point nommé, il demeurerait d'accord qu'il avait de grandes grâces à rendre à Dieu. Cette vérité, dite à propos, fit un bon effet ; car le roi, après avoir longtemps rêvé, avoua franchement que le duc avait raison, si bien que l'on vit en un moment succéder la joie à la tristesse.

La reine Marguerite, qui, comme nous avons dit, s'opposait à la dissolution de son mariage, n'eut pas plutôt appris la mort de la duchesse, qu'elle fut la première à solliciter son divorce. Elle demanda au roi la permission de s'adresser au pape pour cet effet. Le roi le lui permit. Le pape, ayant égard à la demande de l'un et de l'autre, nomma le cardinal de Joyeuse, et autres prélats, pour juger l'affaire sur les lieux, et pour casser ce mariage, si l'exposé des deux partis était véritable. Les informations requises étant faites, le mariage fut déclaré nul, et non valablement contracté, pour parler comme l'original; et il fut permis aux parties de se marier ailleurs. Le pape confirma d'autant plus volontiers cette sentence, qu'on lui faisait espérer que Sa Majesté épouserait quelqu'une de ses parentes.

Le roi, dont le cœur n'avait pas encore ressenti les atteintes d'un nouvel amour, ne pouvait s'empêcher de songer à madame de Beaufort, et de renouveler ses regrets. Ses favoris, qui le connaissaient, et qui savaient qu'il n'y avait pas de meilleur moyen, pour le tirer de son chagrin, que de le mettre aux prises avec une nouvelle beauté qui pût le consoler de celle qu'il venait de perdre, l'engagèrent à une partie de chasse auprès de Malherbe, château appartenant au marquis d'Entragues.

Avant d'aller plus loin, qu'il nous soit permis de faire ici une petite digression pour servir à la généalogie de mademoiselle d'Entragues.

Après que Catherine de Médicis eut fait déclarer Charles IX majeur, au parlement de Rouen, toutes les dames de la cour travaillèrent à l'envi pour lui donner de l'amour; mais la chasse et les autres exercices violents étaient mieux son affaire que la galanterie. Cependant, madame de Montpensier, le plaisantant un jour sur son indifférence, il lui dit, en jurant selon sa coutume, que s'il se mettait à faire le coquet, il donnerait tant d'exercices aux dames, qu'elles se repentiraient d'avoir réveillé le lion dormant. En effet, il porta depuis ses galanteries à droite et à gauche, sans pourtant s'engager dans une intrigue amoureuse. Quelque temps après, la cour étant à Orléans, le roi remarqua une jeune fille qui s'était trouvée sur son passage. Il la jugea fort belle, demanda son nom, et apprit qu'elle s'appelait Marie Touchet, fille d'un apothicaire de la ville. Latour, maître de la garde-robe, eut ordre de lui parler, et de faire en sorte qu'elle le vînt trouver dans sa chambre. La belle ne fut point cruelle, et la nuit suivante, elle alla voir le roi sous la conduite de la Tour. Charles en obtint tout ce qu'il voulut, quoiqu'elle fût déjà engagée avec Monluc, qu'elle aima toujours depuis. Mademoiselle Touchet suivit la cour, et se trouva grosse quelque temps après. Elle accoucha d'un garçon, qui fut nommé Charles, du nom de son père, et fut depuis comte d'Auvergne.

Ses relations avec Monluc continuaient toujours, et celui-ci lui écrivait souvent. Le roi ayant été averti qu'elle avait dans sa bourse un des billets de son amant, invita plusieurs dames à souper, sans oublier son infidèle. La Chambre, chef d'une troupe de bohémiens, eut ordre d'amener avec lui une douzaine des plus habiles escamoteurs qu'il y eût, de faire couper, pendant le régal, les bourses de toutes les dames, et de lui apporter fidèlement le tout à son coucher. La Chambre remplit parfaitement bien cet ordre, et toutes les bourses furent coupées et portées au roi. Le billet fut trouvé et montré le lendemain à mademoiselle Touchet. Elle voulut le désavouer, parce qu'il était sans signature; mais enfin, il fallut passer par la condamnation, et demander pardon de sa faute. Elle l'obtint, à condition de rompre tout commerce avec Monluc; et pour mieux lui faire oublier cet amant, le roi la maria avec Balzac d'Entragues, gouverneur d'Orléans; et c'est de ce mariage qu'est issue mademoiselle d'Entragues, dont nous allons parler maintenant.

D'Entragues avait deux filles, toutes deux belles et d'un esprit au-dessus du commun; mais surtout l'aînée, qui s'appelait Henriette de

Balzac. Madame d'Entragues, qui était très-intrigante et qui avait l'expérience de la cour, ayant appris qu'on avait le dessein d'engager le roi avec une de ses filles, crut qu'en bonne et sage mère elle devait faire les premiers pas. Elle envoya donc prier le roi de venir se délasser chez elle au retour d'une chasse dont on a déjà parlé. Ce prince, prévenu à l'avance en faveur de mademoiselle d'Entragues par les choses que la renommée avait publiées sur sa beauté, fut bien aise de profiter de l'occasion, et donna volontiers dans le piége qu'on tendait à sa liberté. Il trouva mademoiselle d'Entragues beaucoup au-dessus du bien qu'on lui en avait dit, et même beaucoup plus aimable qu'il ne se l'était imaginé. Ne pouvant se résoudre à s'éloigner si tôt d'une belle dont il était charmé, il passa quelques jours à Malherbe. Pendant qu'il y fut, la demoiselle mangea toujours à sa table, et ne coucha pas loin de son appartement. Henri IV se rendit ensuite au Hallier, et madame d'Entragues au Chenaut. Le roi l'alla voir tous les soirs, et avait le plaisir d'entretenir sa nouvelle maîtresse, qui, par le conseil de sa mère, jouait son rôle dans la perfection; son enjouement, son esprit, ses manières engageantes, charmèrent de plus en plus Sa Majesté.

La marquise d'Entragues s'en était retournée à Paris, le roi partit pour Orléans, où il arriva la veille de Saint-Jean. La maréchale de la Châtre, qu'il y trouva avec ses deux filles, ne purent, toutes belles qu'elles étaient, le retenir que deux jours. Il se rendit ensuite à Paris, et pour être le plus à portée de mademoiselle d'Entragues, logée à l'hôtel de Lyon, il alla descendre à celui de Goudy. Les parents de la demoiselle observaient leur fille de fort près, de peur qu'une trop grande facilité de voir celle qu'il aimait n'éteignît la passion du roi. Ils traitèrent même assez mal le comte de Lude, que le roi envoyait souvent faire des compliments à sa maîtresse. Le marquis d'Entragues ne se contenta pas de quereller ce comte, il lui dit même fort brusquement qu'il le priait de ne plus revenir chez lui, puisqu'il n'y venait que pour déshonorer sa maison. Mademoiselle d'Entragues, qui avait de l'esprit et de l'adresse, seconda parfaitement bien l'intention de ses parents, et assaisonna si bien son refus et sa modestie, que ses difficultés ne servaient qu'à rendre le roi plus amoureux. Elle fit si bien que ce prince, qui n'était pas prodigue de son naturel, lui envoya cent mille écus tout d'un coup. Elle les accepta, comme vous pouvez croire, témoigna même à ce prince beaucoup d'inclination, et s'excusa de ne pouvoir répondre, comme elle souhaiterait, à l'honneur qu'il lui faisait, à cause de ses parents qui l'observaient de si près qu'à peine pouvait-elle avoir la liberté de lui parler. Elle le pria de faire en sorte de les rendre plus traitables, et lui promit d'y travailler de son côté, étant au désespoir de leur sévérité. Après avoir fait languir le roi quelque temps, elle lui dit qu'elle ne pouvait faire entendre raison à ses parents sur un point si délicat, à moins que pour mettre leur conscience en repos, Sa Majesté ne voulût signer une promesse de mariage; que son intention n'était point de se servir d'un tel écrit, et que, quand même elle voudrait s'en prévaloir, elle savait fort bien qu'il n'y aurait point un tribunal qui osât faire citer un homme qui avait cinquante mille soldats sous son commandement; mais que, puisque ses parents le désiraient ainsi, il ne devait point faire difficulté de leur donner cette satisfaction, qui les guérirait de leurs scrupules; qu'il ne devait avoir aucune répugnance à cela, puisqu'il ne lui en coûterait qu'un peu de complaisance, en échange de la chose la plus précieuse qu'elle eût monde. Enfin elle s'y prit si adroitement qu'elle lui fit promettre de lui donner un écrit par lequel il s'obligerait à l'épouser dans un an, à condition qu'elle lui donnât un fils pour cette époque.

Le roi, ayant écrit cette promesse, fit appeler Sully, le conduisit dans la première galerie de Fontainebleau et lui montra la promesse en question écrite de sa propre main, le priant de lui en dire son avis. Sully, au lieu de répondre, la déchira en deux. Le roi, surpris d'une telle hardiesse, lui dit tout en colère :

« Je crois que vous êtes fou, Sully?

– Je voudrais l'être seul, sire, » répondit Sully.

Le roi, dont la passion n'était pas assez forte pour l'empêcher de raisonner, sentit fort bien que Sully avait raison, ne répliqua pas un mot et entra dans un cabinet pour en faire une autre.

Le marquis d'Entragues, qui voulait jouer la comédie jusqu'au bout, après avoir querellé le comte de Lude, comme on vient de le dire, avait fait atteler son carrosse, et mener sa fille à Marcoussis. Le roi, ne pouvant demeurer où sa belle n'était pas, partit quelques jours après en poste, et se rendit à Marcoussis. Sa Majesté n'y fut pas longtemps, et revint à Paris en toute diligence.

Les ministres, voyant que mademoiselle d'Entragues n'avait pas moins d'ambition que la duchesse de Beaufort, craignaient qu'il ne prît au roi fantaisie de l'épouser : de sorte qu'ils le suppliaient instamment de ne consulter, en se mariant, que le bien de l'État, et lui proposèrent en même temps Marie de Médicis, fille du grand-duc, dont il agréa la recherche. Ordre fut donné à Sillery de négocier cette affaire. Pendant cette négociation, on fit ce qu'on put pour détacher le monarque de mademoiselle d'Entragues, qui disputait le terrain pied à pied. Il n'en avait encore obtenu que de légères faveurs, soit qu'il n'eût pas encore délivré sa promesse, soit qu'il n'eût pas trouvé une occasion favorable, soit enfin que la jeune intrigante voulût se faire valoir par la difficulté, et rendre le prince plus amoureux à force de résistance.

Pour distraire quelque peu Henri IV de ses préoccupations pour mademoiselle d'Entragues, on l'engagea de passer une nuit chez Zamet avec mademoiselle de la Glandée, qui n'était pas d'une vertu si farouche; mais le prince n'eut pas le temps de jouir paisiblement de sa nuit, car il ne fut pas plutôt au lit, qu'il entendit un cliquetis d'épées. Il appela d'abord, et Bassompierre vint à lui. Le roi lui demanda la cause de ce démêlé. Il apprit de lui que les combattants étaient Bellegarde et le prince de Joinville, qu'on a depuis nommé duc de Chevreuse; que le sujet de la querelle était que Joinville prétendait que Bellegarde avait fait quelque rapport au roi sur son compte et sur celui de mademoiselle d'Entragues; que Joinville avait été atteint à la jambe dans le combat, et que le vidame du Mans, qui les avait voulu séparer, avait été dangereusement blessé. Le roi se leva en robe de chambre, prit son épée, et, précédé de Bassompierre, qui portait un flambeau, il descendit de sa chambre, et se dirigea vers le lieu de la scène. Il ne trouva que Praslin, qui venait de faire fermer les portes, car les auteurs de la querelle s'étaient déjà retirés. Il se mit en colère, et fit dire, la nuit même, au premier président, de venir le trouver le lendemain, accompagné du Parlement. Ce corps se rendit en effet, à neuf heures, chez le roi, qui lui donna ordre d'informer aussitôt sur ce combat, et de faire bonne et prompte justice. Il y eut des commissaires nommés pour procéder à l'instruction et pour recueillir les dépositions des témoins. Madame et mademoiselle de Guise, à qui les intérêts de Bellegarde étaient plus précieux que ceux de Joinville, en ayant eu avis, firent tout ce qu'elles purent pour arrêter la procédure. Elles obtinrent, comme elles le désiraient, une surséance de Sa Majesté, et le connétable eut tout le temps qu'il lui fallait pour arranger cette affaire.

Quelque temps après, le roi fit un second voyage à Blois, et, au retour, passa par Chenonceaux pour y voir la reine Louise. Il y vit en même temps mademoiselle de la Bourdaisière, qui fit quelque impression sur son cœur. Mademoiselle d'Entragues, qui avait eu la promesse de mariage qu'elle souhaitait, et qui n'ignorait pas ce qu'on faisait pour la traverser dans ses desseins, craignant que le roi ne lui échappât, résolut de changer de conduite et d'être à l'avenir plus prévenante. La première visite que le roi lui rendit la mit à la raison. Ce prince eut toute liberté, sa passion trouva de quoi se satisfaire, et tout le monde fut content. Il alla la voir souvent à Malherbe, et la fit loger à l'hôtel d'Archand. Il revint à Paris sur la fin de l'automne. Mademoiselle d'Entragues se trouva grosse, et alla faire ses couches à Monceaux, où le roi la conduisit, lui protestant de nouveau qu'il l'aimait assez pour l'épouser. Elle désirait vivement que le roi vînt à ses couches, afin d'avoir une occasion très-favorable de lui rappeler la promesse qu'il lui avait fait dans le cas où elle aurait un garçon. Il était presque résolu de lui donner cette satisfaction; mais la foudre ayant éclaté dans la chambre de la malade avec un grand coup de tonnerre, celle-ci eut tellement peur qu'elle se blessa, et accoucha d'un enfant mort. Elle en fut longtemps malade; mais, à force de soins et de remèdes, on parvint à la rétablir dans un parfait état de santé. Ce fut alors que mademoiselle d'Entragues apprit qu'on négociait à Rome le mariage de Sa Majesté avec Marie de Médicis. Elle en fut au désespoir, et traita son amant avec si peu de ménagement que tout autre en sa place s'en serait fâché. Cette conduite, au lieu d'affaiblir la passion du prince, ne fit que la rendre plus violente, car il la combla de nouveaux bienfaits, et la fit marquise de Verneuil. C'est le nom que nous lui donnerons à l'avenir.

Bien que le roi fût assez faible quand il aimait, je ne sais cependant s'il faut croire qu'il eût l'intention d'épouser la marquise de Verneuil comme il le lui avait promis. Quoi qu'il en soit, Sillery et le cardinal d'Ossar poussèrent si loin son mariage avec Marie de Médicis qu'il n'y eut plus moyen de s'en dédire. Sa Majesté envoya donc à Rome Alincour, fils de Villeroy, sous prétexte de remercier le pape des bons services qu'il lui avait rendus dans l'affaire de son mariage avec la reine Marguerite, mais en effet pour l'informer de celui qu'il voulait contracter dans la maison de Médicis. Alincour avait ordre de supplier Sa Sainteté de trouver bon que Sillery et lui allassent voir la princesse à Florence, où ils devaient négocier cette affaire, qui était bien plus avancée qu'on ne le disait au pape.

Il n'est pas possible d'exprimer le déplaisir qu'éprouva la marquise de

Verneuil en voyant toutes ses espérances déçues. Elle se trouva la dupe de ses artifices : elle avait compté sur la couronne et s'en voyait privée par ce mariage. Elle dissimula pourtant son ressentiment : mais le comte d'Auvergne, son frère utérin, d'un caractère emporté, résolut de s'en venger. Il entra dans la conspiration de Biron, dont on peut voir le détail dans les historiens, et de laquelle nous aurons peut-être encore occasion de parler. Pendant que le roi cherchait à consoler sa maîtresse, et à dissiper ses chagrins et sa colère, le duc de Savoie arriva à la cour. Ce voyage avait été concerté du vivant de la duchesse de Beaufort, dont il espérait se servir pour terminer l'affaire du marquisat de Saluces. La mort de la duchesse mit en défaut les mesures de ce duc. Le roi le reçut aussi bien qu'il pouvait l'espérer; et comme il connaissait le crédit qu'avaient les dames dans une cour aussi galante que celle de France, il offrit aux plus belles d'entre elles de magnifiques présents. Il distribua aussi ses largesses aux confidents du roi; cela fut le prélude de la conspiration de Biron. Le duc de Savoie fut cependant dupe de sa finesse, et s'en alla sans en avoir rien obtenu de satisfaisant. Le roi fit marcher ses troupes vers la frontière de Savoie, et se rendit lui-même à Lyon avec le dessein de se saisir, par les armes, du marquisat en question.

Bellegarde avait été le porteur de la procuration de mariage du roi avec Marie de Médicis, et Diègue des Ursins, duc de Bracciano, l'avait épousée au nom de ce dernier. Cette cérémonie terminée, la princesse partit pour Marseille, où elle arriva conduite par Élisabeth de Médicis, sa tante, femme du duc de ce nom; par Éléonore de Médicis, femme de Vincent, premier duc de Mantoue, et par Jourdain des Ursins, son cousin germain, qui avait, disait-on, pour elle des sentiments plus tendres que ceux que la parenté lui inspirait. Elle fut reçue dans cette ville par les cardinaux de Joyeuse, de Gondy, de Givry et de Sourdis ; par le connétable de Montmorency, par le chancelier de Bellièvre, et par le duc de

Guise, gouverneur de la province; par les duchesses douairières de Nemours et de Guise, et par plusieurs autres dames du plus haut rang. La marquise de Verneuil, qui avait suivi la cour, ayant appris que la reine devait arriver à Lyon, revint à Paris, et ne voulut pas se trouver à une cérémonie qui lui était si fatale, et où elle était à même d'éprouver toutes espèces de déplaisirs. Les deux filles du connétable se trouvèrent au mariage, et la duchesse de Vantadour, la plus jeune, plut tellement à Jourdain qu'il en devint amoureux; mais comme il ne fut pas longtemps à la cour, l'absence le guérit de cette passion, aussi bien que de celle qu'il avait eue pour la reine. Des Ursins ne fut pas la seule conquête que fit, dans cette occasion, la duchesse de Vantadour, les ducs de Guise et d'Épernon furent cités parmi ses adorateurs les plus empressés; et cet amour qu'ils ressentaient également pour cette jeune et jolie duchesse, les brouilla au point que le roi fut obligé de les réconcilier, tant disposé qu'il était lui-même à devenir leur rival.

Ce mariage ne fut pas goûté par tout le monde, et il y eut même des personnes assez audacieuses pour afficher à la porte de la chambre de la reine les paroles suivantes, écrites en gros caractère :

Non erat opus bene valentibus Medicis. (1)

Cette froide application fut méprisée, on n'en rechercha pas seulement les auteurs. Le roi témoignait en public beaucoup de satisfaction de son mariage, quoique ses sentiments ne fussent point changés à l'égard de la marquise de Verneuil, à laquelle il envoyait souvent des courriers. Ces marques d'estime données à cette dernière, dans un temps où elle les devait si peu attendre, la rendirent si fière, qu'elle en vint jusqu'à parler de la reine avec peu de respect. Cette princesse le sut et en fut piquée au vif. Toute la cour prit parti dans cette affaire, les uns pour la reine, les autres pour la maîtresse du roi.

Ce prince, après avoir conquis toute la Savoie, et contraint ce duc à

(1) Nous n'avions pas besoin des robustes Médicis

traiter pour le marquisat de Saluces, prit la poste pour revenir à Paris · mais ensuite s'étant ravisé, il s'embarqua à Rouanne, et descendit sur la Loire jusqu'à Briaire; de là il vint coucher à Fontainebleau, d'où il écrivit à sa maîtresse la lettre suivante, au sujet de certaines contestations survenues entre lui et le marquis d'Entragues :

« Mes chères amours, j'ai reçu hier au soir votre lettre par le retour de Petit. Je reçois avec plaisir l'honneur que vous me faites de m'assurer toujours de votre bonne grâce. J'ai vu en même temps l'étonnement de votre père. Il a raison, car son procédé m'a tout à fait ôté l'envie de traiter avec lui. Vous me mandez que vous espérez qu'il me contentera. Je vous supplie à mains jointes, ma chère âme, que je n'aie plus à faire à lui. Nous pouvons mieux nous accorder vous et moi, et nous en féliciter tous seuls. L'argent pour acheter une terre est prêt; rien ne vous manquera. Marchaumont viendra dans une heure. M. Fleury est ici. Je travaillerai plus pour vous que Nau; mais ne m'allez pas brouiller avec un homme qui n'a songé, depuis hier, qu'à trouver moyen d'accrocher encore quelque chose pour m'affliger. Je vous en supplie, encore un coup, à genoux; faites en sorte que nos heures ne dépendent plus que de nous deux. Je vous reverrai bientôt; cependant, aimez-moi toujours comme une personne qui n'aime et n'aimera jamais que vous. Sur cette vérité, je baise un million de fois vos belles mains blanches. »

Cette lettre de Henri IV prouve l'intervention des parents de mademoiselle d'Entragues dans ses amours avec le monarque, et tous les efforts que l'on faisait pour tirer le plus d'argent possible de cette liaison.

Le roi partit le lendemain de Fontainebleau, alla dîner à Villeneuve-Saint-Georges, et coucher à Verneuil, accompagné de quatre personnes seulement. Trois jours après il revint à Paris, et logea chez Monglas, dans le cloître Saint-Nicolas-du-Louvre, où il passa tout le temps à se divertir avec les dames, cinq ou six princes et ses favoris. La reine partit de Lyon presque aussitôt que le roi; mais elle fit son voyage avec plus de lenteur, et trouva en chemin les dames que le roi lui envoyait pour remplir les charges de sa maison. La duchesse de Nemours devait être surintendante, madame de Guercheville, que le roi avait aimée, dame d'honneur, et madame de Richelieu dame d'atour. La reine ne voulut point recevoir cette dernière, parce qu'elle destinait cette charge à Éléonore Galigay, mariée depuis à Concini, maréchal d'Ancre. Il y avait longtemps que Galigay servait la reine, qui lui avait promis cette récompense. La chose demeura incertaine jusqu'à ce que le roi en eût décidé; mais la reine en éprouva un sensible chagrin. Ce fut bien autre chose, lorsqu'elle se vit contrainte de renvoyer en Italie tous ceux qui l'avaient accompagnée. Mademoiselle de Guise, qui haïssait la marquise de Verneuil, fit tout ce qu'elle put pour faire croire à la reine que tout cela était l'ouvrage de la marquise; elle lui témoigna qu'elle prenait part à son déplaisir, et s'insinua ainsi fort avant dans ses bonnes grâces.

Le roi alla au-devant de la reine jusqu'à Nemours. Il la conduisit à Fontainebleau, où ils demeurèrent cinq ou six jours, et revinrent ensuite à Paris. Comme le Louvre n'était pas en état de loger la reine, on la conduisit chez Gondy. Le roi voulut que la marquise de Verneuil allât saluer la reine, et commanda à madame de Nemours de l'aller prendre, et de la présenter à cette princesse. Madame de Nemours fut fort embarrassée d'une telle commission. Elle eut beau représenter que c'était le véritable moyen de la perdre dans l'esprit de la princesse, le roi voulut être obéi. Elle conduisit donc la favorite chez la reine, qui ne fut pas peu surprise de voir une personne qu'elle avait tant sujet de haïr. Aussi la reçut-elle de la manière la plus froide. La marquise, naturellement hardie, ne se rebuta point pour cela; elle fit tant d'avances à cette princesse, qu'il fallut enfin qu'elle lui parlât. Comme cette visite ne répondit pas aux espérances du roi, il mit tout sur le compte de madame de Nemours, à qui la reine fit très-mauvais visage; tant il est dangereux de se mêler des intrigues de la cour, et surtout de celles où l'amour a quelque part.

C'est une vie assez plaisante que celle de la cour. L'intérêt est le point de vue sur lequel tout le monde tient les yeux attachés. C'est ce même intérêt qui brouille les gens, et qui les racommode. Peu de jours après, il se présenta une occasion qui rapprocha la reine et la maîtresse du roi. Éléonore ayant épuisé tous les moyens que son imagination lui présentait, pour se conserver la charge de dame d'atour que cette princesse lui avait donnée, s'avisa d'avoir recours au crédit de la marquise. L'événement fit voir qu'elle avait raisonné juste ; car elle obtint, par ce moyen, ce qu'elle n'aurait jamais obtenu sans cela. Le roi, qui trouvait embarrassant d'aller deux ou trois fois le jour chez la marquise, la fit venir au Louvre, dès qu'il vit que la reine commençait à s'apaiser, et lui donna un appartement magnifiquement meublé. La reine et la marquise se trouvèrent enceintes presque en même temps. Pendant leur grossesse, le roi partageait ses soins entre l'une et l'autre ; mais on le voyait plus assidu auprès de la marquise.

Éléonore faisait toujours sa cour à madame de Verneuil, et la reine n'en était pas fâchée. Elle eut encore besoin du crédit de la marquise. Concini la recherchait, et il avait besoin, pour se marier, d'avoir le consentement du roi. Éléonore n'était ni belle, ni agréable ; aussi n'était-ce pas pour ses beaux yeux que Concini s'attachait à elle ; mais il croyait qu'elle serait utile à sa fortune. Concini, de son côté, n'était aimé ni chez le roi, ni chez la reine. La reine aimait Éléonore, il est vrai, mais elle ne voulait pas courir les risques d'un refus, et n'osait en parler au roi. Il n'y avait que la marquise seule qui pût se charger d'une commission si délicate. Madame de Verneuil, qui savait que le monarque avait beaucoup d'aversion pour ces deux amants, trouvait des inconvénients à se mêler d'une telle affaire. Cependant elle se résolut de s'y employer tout de bon, dès que Éléonore lui eut dit qu'elle obligerait la reine en parlant au roi de ce mariage. Éléonore quitta la marquise, pleine d'espoir, et vint apprendre à la reine les assurances qu'elle venait d'en recevoir. Cette princesse en fut ravie, et fit faire mille honnêtetés à madame de Verneuil. Elle envoyait tous les jours savoir l'état de sa santé, ne recevait point de présent qu'elle ne lui en fît part, et la traitait comme une princesse du sang. Imaginez-vous quel plaisir devait éprouver le roi d'un tel changement opéré chez la reine à l'égard de sa maîtresse.

Le consentement du roi ne fut pas plutôt demandé qu'il fut obtenu; mais il fallut différer le mariage jusqu'après les couches de la reine et de la marquise. Ce retard ne fut pas long. La reine accoucha bientôt du Dauphin, qui remplit de joie le roi et tout le royaume. Il naquit à Fontainebleau, fut nommé Louis, et succéda depuis à son père. La marquise de Verneuil eut aussi un garçon, qui fut nommé Henri de Bourbon, duc de Verneuil, et depuis évêque de Metz. La naissance du Dauphin fut célébrée dans tout le royaume. Il y eut à la cour des fêtes splendides. La reine fit préparer deux ballets, qu'on étudia pendant deux ou trois mois. Elle voulut que la marquise en fît partie. Ce fut pour le roi un nouveau sujet de joie; il en fut si ravi, qu'il voulut que le mariage de Concini et d'Eléonore s'achevât de suite, et offrit même aux mariés de magnifiques présents. Tout le reste de l'hiver et une partie de l'été se passèrent en divertissements. Le roi ne songeait qu'à procurer de nouveaux plaisirs à sa maîtresse; mais il arriva un contre-temps qui faillit tout gâter.

La duchesse de Beaufort avait une sœur, nommée madame de Villars, pour laquelle le roi avait eu quelque inclination : cette dame n'avait de beau que les cheveux, et d'engageant qu'un certain éclat de jeunesse; cependant, comme il n'y a point femme qui n'ait bonne opinion de ses charmes, elle croyait les siens assez grands pour opérer la plus illustre conquête. L'attachement que Sa Majesté fit paraître pour madame de Verneuil, remplit la duchesse de Villars d'un dépit qui croissait à proportion de la faveur de sa rivale. La reine, qui s'aperçut de la jalousie de la duchesse, attira l'autre à elle, dans l'intention de la faire servir à sa vengeance. Éléonore, qui seule pouvait faire échouer cette conspiration, n'en eut pas la moindre connaissance. Concini, son époux, en pénétra quelque chose ; mais ne voulant point se faire d'ennemis, il prit le parti de ne se mêler de rien.

La duchesse de Villars se félicitait à l'avance de la défaite de sa rivale ; se voyant appuyée de la reine, elle mit tout en œuvre pour faire réussir son dessein. Elle savait que le prince de Joinville avait été dans le temps amoureux de madame de Verneuil, et qu'il en avait même reçu des lettres assez tendres, où le roi était traité assez cavalièrement. Madame de Villars eut bientôt captivé le prince. Elle joua si bien son personnage et profita de la circonstance, qu'elle se fit sacrifier les lettres de sa rivale. Elle ne les eut pas plutôt, qu'elle courut en avertir à la reine, qui la pressa fort de les montrer au roi. Mais, comme elle savait que la marquise de Verneuil était une redoutable ennemie, craignant d'ailleurs de succomber et de se faire une mauvaise affaire, elle fit d'abord difficulté de prendre ce parti ; mais la reine la pressa tellement, en lui promettant de la soutenir, qu'elle se laissa vaincre, fort ébranlée qu'elle était déjà, par le motif de son intérêt.

La reine ayant enfin décidé la duchesse de Villars à faire ce qu'elle souhaitait, celle-ci ne chercha plus que l'occasion de se procurer un tête-à-tête avec le roi. La duchesse ne l'attendit pas longtemps. Elle aborda le roi dans une église où il faisait ses dévotions, et lui dit qu'elle avait quelque chose d'important à lui communiquer. Tous ceux qui étaient dans la chapelle avec Sa Majesté sortirent par respect, et la duchesse se voyant seule, lui remit les lettres de sa rivale. Elle lui fit les plus grandes protestations de son attachement, lui disant que les mille faveurs qu'elle avait reçues de Sa Majesté, ainsi que l'amour sincère qu'elle avait toujours eu pour sa personne, lui faisaient un devoir de lui faire connaître l'outrage que lui avait fait la personne du monde qui lui avait les plus grandes obligations. Elle insinua au roi que la marquise l'avait traité d'autant plus indignement, qu'elle aurait dû considérer qu'il était au-dessus des autres hommes autant par ses vertus héroïques, que par son illustre naissance, et par la sacrée dignité à laquelle il était élevé.

Le perfide encens que madame de Villars lui donnait produisit l'effet qu'il produit d'ordinaire sur les princes dont on sait avec adresse relever le mérite faux ou véritable, c'est-à-dire qu'il le persuada. Le roi la remercia et lui protesta qu'il se souviendrait du service qu'elle lui rendait. Elle ne l'eut pas plutôt quitté, qu'il envoya le comte Hude chez la marquise de Verneuil pour lui reprocher son infidélité, et lui dire de sa part qu'il ne voulait plus jamais la revoir. Celle-ci fut très-surprise d'un pareil compliment; cependant elle conserva sa présence d'esprit, et ne sortit pas pour cela des bornes du respect, quoiqu'elle fût au désespoir. Elle répondit sans beaucoup d'émotion :

« Qu'elle ne croyait avoir rien fait qui pût déplaire à Sa Majesté, et que ne sachant d'où lui venait cette disgrâce, elle espérait que son innocence paraîtrait et qu'elle se verrait vengée de ses ennemis qui l'avaient noircie dans l'esprit de son prince. »

Comme elle commençait à s'évanouir et qu'elle voulait cacher son dépit et le trouble de son cœur, elle se retira dans son cabinet, après avoir écrit et envoyé cette lettre.

Quelques jours après, Bellegarde ayant pénétré les intentions de la duchesse, prit la résolution de l'empêcher d'arriver à son but : ce n'est pas qu'il aimât la marquise de Verneuil, ni le prince de Joinville, mais il était bien aise de rendre ce service à mademoiselle de Guise, sa sœur, qui pouvait en sentir le contre-coup. Voici de quelle manière il s'y prit :

Le duc de Guise avait un secrétaire qui contrefaisait parfaitement toutes espèces d'écritures. Le prince de Joinville, la marquise et lui convinrent ensemble que le prince de Joinville avouerait qu'il s'était servi de cet homme pour contrefaire celle de madame de Verneuil, et que cela s'était fait de concert avec madame de Villars, qui la haïssait mortellement. Cela étant arrêté, la marquise envoya supplier le roi de permettre qu'elle se justifiât. Il fit d'abord quelques difficultés, parce qu'il craignait de la trouver coupable. Cependant il lui rendit visite, et elle lui parla d'une manière si touchante, et produisit des raisons si plausibles, qu'il se laissa persuader tout ce qu'elle voulut. Toute la faute retomba sur les auteurs du complot. Le prince de Joinville alla servir en Hongrie; madame de Villars fut reléguée dans une de ses terres, et le secrétaire demeura prisonnier : récompense ordinaire à ceux qui se mêlent de donner à leurs maîtres des conseils qu'ils ne demandent pas. Madame de Villars eut le chagrin de perdre un amant qu'elle aimait tendrement, et fut de plus honteusement bannie de la cour, dans le moment qu'elle se promettait d'immoler sa rivale à sa jalousie.

La reine ne put s'empêcher de prendre parti dans ces brouilleries. La haine qu'elle avait pour la marquise de Verneuil éclata publiquement. Cette princesse la croyant ruinée dans l'esprit du roi, fit ce qu'elle put pour achever de la perdre, et depuis elles furent toujours mal ensemble. Ce fut à celle qui se ferait le plus de chagrin. Ce démêlé partagea toute la cour. Le roi, aussi faible dans ses passions et dans son intérieur, que vaillant et rude à la guerre, n'avait le courage ni de forcer la reine à l'obéissance, ni de se défaire de sa maîtresse; de sorte qu'il n'avait guère plus de repos avec Marie de Médicis, qu'il en avait eu avec Marguerite de Valois.

Le roi, fatigué de tous ces désordres, revit mademoiselle de la Bourdaisière, qu'il avait déjà aimée; mais il la quitta bientôt, et la maria avec le comte d'Estampes. Il fit ensuite la cour à Jacqueline de Beuil, comtesse de Moret, élevée dans la maison du prince de Condé.

Ce nouvel engagement du roi et les emportements de la reine obligèrent la marquise de Verneuil à mettre en œuvre toute son audace pour réchauffer une passion mourante. Elle fit à peu près au roi ce que la fameuse Popéa fit autrefois à Néron. Elle contrefit la sainte et la repentante, dit au roi que la crainte de Dieu ne lui permettait plus de se souvenir du passé que pour en faire pénitence ; que les remords de sa conscience, et l'amour qu'elle avait pour ses enfants, l'empêcheraient désormais de le voir en particulier, et qu'elle le priait de lui accorder d'aller avec eux chercher un asile dans les pays étrangers. Elle ne réussit pas si bien que Popéa auprès de Néron ; car soit que le roi en eût déjà quelque dégoût, soit qu'il ne fût pas fâché de la sacrifier au repos de sa maison, il la prit au mot, et lui permit de se retirer en Angleterre, auprès d'un de ses proches parents, et de laisser ses enfants en France. Pour faire plaisir à la reine et calmer son esprit irrité, le roi voulut que la marquise rendît la promesse de mariage qu'il lui avait donnée, et qu'elle faisait sonner fort haut, la montrant à tous ceux qui la voulaient voir. Il ne put la lui faire rendre par ses prières, il fallut que l'autorité s'en mêlât, qu'on lui donnât vingt mille écus d'argent comptant, et qu'on promît à son père un bâton de maréchal.

Il semblait, après cela, que la reine étant satisfaite, et la marquise ne paraissant plus, tout dût aller pour le mieux ; mais il n'en fut pas ainsi, car on découvrit alors que le marquis d'Entragues et le comte d'Auvergne avaient tramé un complot très-dangereux avec les Espagnols. Ce dernier s'était déjà trouvé engagé dans celui de Biron, et n'avait été sauvé que par les sollicitations de la marquise sa sœur. Le malheureux Biron avait eu la tête tranchée, et ses insolences avaient obligé le roi à perdre un homme qui lui avait rendu de grands services.

Il arriva dans cette circonstance ce qui arrive d'ordinaire dans les conspirations. L'affaire passa par tant de mains qu'elle vint à la connaissance du roi. Le monarque ne voulut pas recourir d'abord à la justice. Il offrit de faire grâce au comte d'Auvergne, pourvu qu'il vînt à la cour et qu'il se repentît de son crime ; mais le comte ne voulut pas se fier à la clémence du roi, et l'on prit des mesures pour le faire arrêter. D'Euce, Murat et Nérestan l'arrêtèrent en Auvergne. Ils trouvèrent moyen de l'attirer à Clermont, sous prétexte de la revue de la compagnie de Vendôme. Une dame, qui l'aimait passionnément, fut tellement affligée lorsqu'elle sut qu'il était prisonnier, qu'elle n'épargna rien pour le sauver, pendant qu'on le menait à Paris sur la Loire; mais ses efforts furent inutiles. Le marquis d'Entragues fut mis à la Conciergerie, et madame de Verneuil arrêtée par le chevalier du Guet, dans la maison d'Audicourt, rue Saint-Paul, et gardée à vue.

Quelque temps auparavant la reine était accouchée d'une fille, et depuis la disgrâce de la maison de Verneuil, le roi vivait mieux avec elle qu'à l'ordinaire. Ce n'était auparavant que désordres continuels. Les jalousies de la reine éclataient de tous côtés, et les malices de madame de Verneuil multipliaient chaque jour ses tourments. La favorite, également rusée et coquette, employait toute son adresse à perpétuer les mécontentements mutuels du roi et de la reine, parce que c'était de là que dépendait son bonheur. Elle divertissait le roi aux dépens de la reine, et mêlait à la plaisanterie et aux bons mots des traits de la dernière insolence, sans compter qu'elle se mettait souvent de pair avec elle. Elle parlait mal de l'extraction de cette princesse, et se donnait la liberté de contrefaire sa démarche, ses gestes et ses paroles. Ces offenses, qui ne se pardonnent jamais d'égal à égal entre les dames, aigrissaient si fort le caractère de la reine, qu'elle faisait éclater son ressentiment par des menaces outrageantes. La marquise, de son côté, qui craignait quelque chose de plus que des insultes, se plaignait que le roi l'abandonnait, et qu'il ne prenait pas sa défense, comme il devait : de sorte que le roi étant, pour ainsi dire, toujours en suspens, se trouvait malheureux au milieu de sa grandeur. On peut dire que la disgrâce de madame de Verneuil fut avantageuse au roi, puisqu'elle fit cesser ces troubles et ramena le calme dans son intérieur pendant quelque temps.

Mademoiselle de Guise, favorite de la reine, en profita pour se procurer un établissement, et pour faire consentir le roi à son mariage avec François de Bourbon, prince de Conti. Sa Majesté, ne trouvant personne à la cour digne de ses affections, renouvela bientôt ses liaisons avec madame de Verneuil, et la vit secrètement. Ce nouveau commerce dura quelque temps sans que la reine en eut connaissance ; mais enfin elle le découvrit, et poussa si loin son ressentiment, qu'elle défendit l'entrée de son cabinet à toutes les dames qui verraient la marquise. Cette princesse fit en cette occasion tout ce qu'une femme jalouse et violente est capable de faire. Elle mit tout en usage pour se venger. On dit même qu'elle usa de représailles, et qu'elle se consola d'une partie de ses chagrins avec le maréchal d'Ancre. Tout cela n'empêcha pas de commencer l'année par des fêtes et des bals masqués, comme on avait l'habitude de le faire depuis quelque temps.

Cependant Henri IV, pour ne pas pousser à bout la reine, et pour adoucir un peu les violents accès de son caractère, se priva quelque temps du plaisir de voir madame de Verneuil. Mais le roi avait le cœur si faible, qu'il ne pouvait le conserver libre. Il chercha donc à se river de nouvelles chaînes, et fit la cour à Catherine de Lorraine, fille du duc du Maine, et femme de Charles, duc de Nevers. Cette princesse, d'une vertu à toute épreuve, n'était pas capable d'avoir la moindre complaisance pour la passion du monarque. Celui-ci cherchait avec soin les occasions de lui parler en particulier, et la duchesse ne négligeait rien pour les éviter ; mais quelques précautions qu'elle prît, elle ne put pas toujours y réussir, à cause des grands égards qu'elle était obligée d'avoir pour un amant de cette importance. Le roi crut qu'il aplanirait les difficultés en éloignant le duc de Nevers, qu'il envoya à Rome en qualité d'ambassadeur extraordinaire ; mais la duchesse, sa femme, voulut le suivre, et le roi ne put l'en empêcher.

Cependant, on travaillait au procès du comte d'Auvergne et de ses complices, et même avec beaucoup de diligence. La reine cherchait à faire avancer ce procès le plus possible, et le roi, qui ne voulait pas l'irriter, ne témoignait pas moins de chaleur qu'elle. Le Parlement pressait aussi cette affaire avec toute l'ardeur dont il était capable ; mais le roi, la reine et le Parlement avaient des vues bien différentes. L'intention de la reine était de faire flétrir madame de Verneuil, afin qu'à l'avenir celles qui lui succéderaient apprissent à redouter les effets de sa colère. Le Parlement n'avait d'autre but en cette occasion que de faire plaisir au monarque. Mais, pour le roi, il n'avait aucun dessein de déshonorer sa maîtresse, de peur qu'un tel exemple ne rebutât celles auxquelles il pourrait offrir ses hommages. Son intention était seulement, en faisant rendre un arrêt fulminant, d'humilier cet esprit fier, qui le traitait depuis quelque temps comme un inconnu, et opposait à ses plaisirs les remords de sa conscience et les défenses de son confesseur.

Les accusés furent donc interrogés deux ou trois fois. Le comte d'Auvergne rejetait tout sur la marquise de Verneuil, sa sœur, persuadé que le roi ne se résoudrait jamais à la perdre. Le marquis d'Entragues, au contraire, disculpait la marquise, et prenait tout sur son compte, aimant mieux risquer trois ou quatre ans de vie languissante qui pouvaient lui rester (car il avait alors plus de soixante-treize ans), que de mettre sa chère fille en danger de perdre la tête sur un échafaud. Les preuves s'étaient enfin trouvées suffisantes, les intelligences des accusés avec les ambassadeurs d'Espagne étaient bien éclaircies, l'arrêt était sur le point d'être prononcé : la marquise devait être condamnée à être renfermée dans un monastère de filles, à Beaumont, près de Tours, pendant qu'il serait plus amplement informé contre elle. La reine eut beaucoup de joie de cette décision des juges ; mais elle n'en jouit pas comme elle l'avait espéré, car le roi fit dire sous main au Parlement qu'il souhaitait que la prononciation de l'arrêt fût sursise jusqu'à ce qu'il fût mieux informé de l'affaire. Après avoir humilié la marquise par un coup si terrible, il voulut lui faire grâce : dans cette intention, il fit expédier des lettres au sceau, qui furent vérifiées au Parlement, par lesquelles il permettait à sa maîtresse de se retirer à sa maison de Verneuil. Par d'autres lettres, il modéra l'arrêt du comte d'Auvergne et de d'Entragues, qui avaient été condamnés à avoir la tête tranchée, et commua cette peine en une prison perpétuelle.

Sept mois s'étant écoulés sans qu'on produisît de nouvelles preuves contre la marquise (car, qui se serait mis en peine d'en chercher ?) le roi la déclara tout à fait innocente, et défendit à son procureur général de faire, à l'avenir, aucune poursuite contre elle. Voilà comme l'amour justifie les plus grands crimes.

Le comte d'Auvergne, qui était le plus dangereux, fut aussi le plus maltraité. Il demeura douze ans à la Bastille, sans autre consolation que celle qu'il recevait des belles-lettres, agréables et fidèles compagnes pour toutes sortes d'âges, de fortunes et de lieux.

Après le départ de la duchesse de Nevers, que nous avons laissée sur le chemin de Rome, avec le duc son époux, le roi revint à la comtesse de Moret, et rappela quelque temps après sa marquise de Verneuil. Il ne trouvait qu'avec elle cet air agréable et dégagé, cette humeur enjouée, et cette conversation toujours assaisonnée de fines plaisanteries, qui délassaient agréablement son esprit fatigué du travail des affaires et des chagrins que lui causaient la mauvaise humeur de la reine ; mais en revanche, cela lui suscitait à toute heure de nouvelles brouilleries avec Marie de Médecis, et causait des démêlés continuels entre les dames de la cour, dont la reine Marguerite était venue alors grossir le nombre. Cette princesse, après avoir longtemps couru la province, avait obtenu du roi la permission de revenir à Paris. Elle demeura six semaines au château de Madrid, dans le bois de Boulogne : elle vint ensuite loger à l'hôtel de Sens. Elle acheta ensuite un autre hôtel au faubourg Saint-Germain, près de la rivière du Pré-aux-Clercs. Elle y tint sa petite cour tant qu'elle vécut, mêlant bizarrement les voluptés et la dévotion, l'amour des lettres et celui de la vanité, la charité chrétienne et l'injustice.

Depuis que le roi avait été contraint de revenir à ses anciennes maîtresses, il partageait ses soins entre la marquise de Verneuil et la comtesse de Moret. Ces deux belles, qui avaient chacune leur favori, souffraient ce partage assez volontiers. L'une était aimée du duc de Guise, et l'autre du prince de Joinville. Le roi revenait de la frontière, lorsqu'il apprit le cruel déplaisir arrivé à la reine Marguerite, par la mort de Julien Dad, amant qui lui était fort cher. Il envoya Bassompierre pour lui faire, au sujet de cette perte, ses compliments de condoléance, et le charger en même temps de deux lettres pour ses deux maîtresses. Bassompierre commença sa commission par madame de Verneuil, parce qu'il était en relation d'amour avec mademoiselle d'Entragues, sœur de la marquise qui logeait avec elle; et comme on n'a pas de secret pour ce qu'on aime, il fut assez imprudent pour dire à mademoiselle d'Entragues, qu'il avait aussi une lettre pour la comtesse de Moret. La marquise, qui ne manquait pas de curiosité, péché originel des femmes, voulut la voir, et lui fit demander instamment par sa sœur. Le moyen de refuser une lettre après avoir donné son cœur? Bassompierre donna la lettre, et trahit son maître pour ne pas déplaire à sa maîtresse. La marquise la lut et la lui rendit, en lui disant que pour se tirer d'affaire, il n'avait qu'à faire confectionner un cachet semblable à celui du roi, et recacheter sa lettre.

Bassompierre, voyant que c'était le plus court, envoya le lendemain son valet de chambre chez un graveur pour commander un cachet; et comme souvent tout arrive à contre-temps lorsqu'une fois on s'est jeté dans une mauvaise affaire, cet homme alla justement chez celui qui avait fait le cachet du roi. Le graveur croyait la chose plus mystérieuse qu'elle n'était dans le fond, demanda la lettre, comme s'il eût voulu examiner l'empreinte du cachet, se jeta en même temps sur le porteur, le prit au collet dans le dessein de l'arrêter. Ce garçon, plus vigoureux que le graveur, se débarrassa aux dépens de son chapeau et de son manteau, qui demeurèrent en dépôt, et gagna au plus vite la maison de son maître, qui ne fut pas moins surpris de l'aventure de son valet. Bassompierre, après avoir réfléchi sur ce qu'il devait faire, fit cacher son domestique, et prit le parti d'aller chez madame de Moret. Il lui dit, qu'ayant reçu un billet qu'il n'avait pu lire d'abord, il avait par mégarde décacheté la lettre du roi, pensant que c'était celle de son amie, et que craignant que la comtesse ne l'accusât de s'être trompé à dessein, il avait voulu faire imiter le cachet de Sa Majesté, pour lui rendre la lettre intacte. Il lui fit là-dessus le détail de l'aventure de son valet et de Turpin (c'est le nom du graveur), finissant par la prier d'envoyer demander à celui-ci sa lettre, cause de ses inquiétudes.

La comtesse, à qui l'indiscrétion de Bassompierre ne tenait pas fort au cœur, s'amusa de l'aventure, en rit avec le marquis, et, sans entrer dans de plus grands éclaircissements, elle envoya sur-le-champ demander sa lettre à Turpin. Le graveur lui fit réponse qu'il n'en était plus le maître et qu'il l'avait envoyée à M. Séguier, président à la Tournelle. La comtesse ni Bassompierre n'ayant jamais eu aucune espèce de relations avec ce président, homme d'ailleurs bourru et pointilleux, songèrent à trouver un moyen pour se tirer d'embarras. Après bien des expédients, proposés de part et d'autre, ils ne virent rien de mieux à faire que de prier madame de Loménie d'employer son crédit pour terminer cette affaire, soit en retirant la lettre des mains du président, ou en obligeant son mari, qui était secrétaire du roi, d'en parler à Henri IV de manière qu'elle pût excuser le marquis.

Bassompierre, après cette résolution, sortit de chez la comtesse, et courut chez madame de Loménie, qu'il trouva occupée à faire ses dépêches pour la cour. Elle le pria de s'asseoir jusqu'à ce qu'elle eut achevé une lettre fort importante qu'elle écrivait à son mari. Il se douta que cette lettre avait rapport à son affaire, et lui demanda s'il était arrivé quelque chose de si pressé qu'elle ne pût lui donner un moment d'audience. Madame de Loménie lui répondit qu'elle venait d'apprendre qu'on avait voulu contrefaire le cachet du roi ; que celui qui en avait eu le dessein s'était sauvé, mais qu'on avait la lettre écrite par le roi même. Elle ajouta qu'elle écrivait à son mari, afin qu'il sût du roi à qui la lettre s'adressait, et à qui elle avait été confiée, pour pouvoir ensuite pénétrer ce mystère ; et, comme elle en faisait une grosse affaire, elle dit qu'elle donnerait volontiers deux mille écus pour avoir sur cela des renseignements certains. Bassompierre ne put s'empêcher de rire, lorsqu'il vit que madame de Loménie traitait si sérieusement une pareille bagatelle, et lui dit qu'il lui donnerait à meilleur marché la satisfaction qu'elle désirait. Là-dessus, il lui raconta la chose comme il l'avait fait à la comtesse de Moret. Madame de Loménie était intime ami de Bassompierre, son mari l'aimait beaucoup aussi ; de sorte qu'elle lui promit d'étouffer cette affaire ; chose qu'elle fit en effet. Le roi, à qui la comtesse de Moret conta l'histoire de sa lettre décachetée, rit beaucoup de cette aventure, et de l'inquiétude qu'elle avait donnée au marquis.

Henri était alors à Saint-Germain avec la reine, le prince de Conti, les ducs de Montpensier et de Vendôme. En revenant à Paris, dans le carrosse du roi, ils faillirent se noyer en traversant la Seine : il n'y avait point alors de pont à Neuilly, et l'on passait la rivière dans un bac. En y entrant, un des chevaux se jeta dans l'eau, et entraîna le carrosse dans un endroit assez profond. Les gentilshommes qui suivaient à cheval, se jetèrent aussitôt dans la rivière et sauvèrent heureusement le roi ; ensuite ils portèrent secours aux autres personnes qu'ils parvinrent aussi à sauver. Ce fut Marie de Médicis qui courut le plus grand danger. La Chataigneraye la retira de l'eau. La marquise de Verneuil, méchante à son ordinaire, égaya malicieusement son esprit sur cette aventure ; elle dit au monarque, la première fois qu'elle le vit, que si elle avait été de la partie, lorsqu'elle aurait vu la personne du roi hors de danger, elle aurait crié :

« La reine boit. »

Comme les cours ne manquent jamais d'espions, ni de flatteurs, cette plaisanterie fut rapportée à la reine, qui entra dans une telle colère, qu'elle fut plus de quinze jours sans parler au roi, et qu'on eut toutes les peines du monde à la réconcilier avec son mari. Lorsque le rapprochement fut opéré, on proposa un ballet dont la reine voulut être ; mais le roi ayant souhaité que la comtesse de Moret y dansât la reine ne voulut jamais y consentir, et rompit ainsi la partie.

Le prince de Joinville, revenu de son voyage, continuait d'entretenir des relations avec la comtesse de Moret, qui ne lui était pas cruelle ; mais malheureusement le roi en fut averti, et fit une scène à la comtesse, à laquelle il reprocha son infidélité d'une manière très-dure. La comtesse, se voyant convaincue, s'avisa de dire pour s'excuser, que le prince lui avait promis de l'épouser. Le roi, persuadé que celle qui pouvait faire une infidélité, était aussi dans le cas de faire un mensonge, voulut s'éclaircir à ce sujet. Il envoya chercher la duchesse de Guise, à laquelle il se plaignit beaucoup de la témérité de son fils, et menaça même de faire punir le prince, s'il retombait dans la même faute, et s'il ne réparait celle qu'il avait déjà faite, en épousant la comtesse. Il finit en ajoutant, qu'il ne trouvait pas mauvais qu'on recherchât ses maîtresses pour le mariage, mais qu'il ne prétendait pas qu'on se servît de ce prétexte pour cacher des intrigues que sa dignité ne pouvait souffrir. La duchesse de Guise, fière de son naturel, reçut mal les remontrances du roi son parent, et lui répondit d'une manière un peu haute, qui acheva de l'irriter, et le mit en si mauvaise humeur, qu'il donna ordre qu'on arrêtât le prince de Joinville. Ce prince ayant eu avis de l'emportement de Sa Majesté, s'était déjà mis en mesure de passer à l'étranger. Ses parents tâchèrent de fléchir le roi ; mais tout ce qu'ils purent obtenir de moins sévère, ce fut que le prince sortît du royaume et n'y revînt plus. Le prince obéit, et ne fut rappelé de son exil que sous le règne suivant.

Le roi, songeant à se consoler de l'infidélité de la comtesse, jeta les yeux sur la duchesse de Montpensier, qui n'était veuve que de quelques jours. Il s'imaginait qu'étant aimé d'une princesse, il ne courrait pas le même risque d'être trompé. La princesse était alors à la campagne; Henri IV chargea le comte de Cramail, son voisin, de faire, pour lui, les premières avances. Le comte, bien fait de sa personne, ne manquant ni d'esprit, ni de courage, se chargea d'autant plus volontiers de la commission, qu'il espérait en profiter lui-même. Mais celui-ci, ayant senti dès le commencement de la conversation que la duchesse n'était pas disposée à rien faire contre son honneur, n'insista pas davantage, et se borna à l'attirer à la cour, pour donner au roi une espèce de satisfaction. Cependant il n'en fut rien de mieux; le comte trouva si peu d'apparence à réussir dans ce dessein, qu'il l'abandonna tout à fait.

Madame de Verneuil qui vivait avec le roi, tantôt bien, tantôt mal, et qui réglait ses caprices sur les intrigues galantes du monarque, profita du mauvais succès du roi auprès de ses autres maîtresses, et triompha de toutes ses rivales, quoique depuis peu la duchesse de Moret eût donné un fils à son royal amant. Ce fils fut Antoine de Bourbon, comte de Moret, tué sous le règne suivant à la bataille de Castelnaudari, dans l'armée du duc de Montmorency. La marquise de Verneuil, s'imaginant que le roi l'aimerait davantage si elle pouvait lui mettre une fois la jalousie en tête, fit courir le bruit que le duc de Guise lui avait promis de l'épouser, et fit même publier des bancs à l'insu de ce prince, qui ne songeait pas à elle, et qui cherchait à plaire à mademoiselle d'Entragues, sa sœur. Cependant, le duc n'était pas aimé; le marquis de Bassompierre était le favorisé, et il passait presque toutes les nuits avec elle. Il entrait par une porte secrète qui donnait dans la rue de la Coutellerie, par le troisième étage d'une maison qu'il avait fait louer par un inconnu, et mademoiselle d'Entragues s'y rendait par un escalier dérobé, après que sa mère était endormie.

Le roi qui, selon les désirs de la marquise, était devenu jaloux, averti qu'on voyait toutes les nuits entrer un homme chez madame d'Entragues, mère de la marquise, crut que ce ne pouvait être que le duc de Guise, qui allait trouver son infidèle. Henri voulut s'en assurer par lui-même. L'étonnement où il vit le duc aux premières paroles qu'il lui en dit, le guérit entièrement de ses soupçons. Sa Majesté fut si persuadée de l'innocence du duc de Guise, qu'elle lui commanda d'être aux écoutes et de chercher à connaître l'auteur de ces visites nocturnes. Dès le soir même, le duc mit plusieurs personnes en campagne. Il y en eut qui virent entrer Bassompierre par son chemin ordinaire, mais l'obscurité et le manteau dont il était enveloppé, les empêchèrent de le reconnaître. Tout ce qu'ils purent remarquer, fut l'ordre du Saint-Esprit sur son manteau, qu'il avait emprunté de Bellegarde, pour se garantir d'une forte pluie qui survint au moment où il quittait ce dernier.

Les individus appostés allèrent dire au duc de Guise qu'ils avaient vu passer par la porte de derrière un jeune chevalier. Le duc, qui ne pouvait faire aucun jugement certain sur ce rapport, envoya deux de ses domestiques sur les lieux, pour reconnaître à la sortie son heureux rival. Bassompierre, s'apercevant qu'on l'observait, se cacha du mieux qu'il pût; de sorte que les domestiques ne purent pas non plus donner à leur maître de renseignements positifs. Après avoir réfléchi longtemps sur cette aventure, le duc conclut enfin que ce ne pouvait-être que Bellegarde. Bassompierre, de son côté, ne manqua pas de faire avertir mademoiselle d'Entragues, lorsqu'elle fut éveillée, de l'aventure de la nuit, afin qu'elle se préparât à répondre au duc de Guise comme elle le jugerait à propos.

Le duc de Guise, plus jaloux encore que le roi, ne pouvant demeurer dans cette incertitude, alla dès le matin même chez Bellegarde, qui, par hasard, n'était pas visible dans ce moment. On dit au duc que Bellegarde avait passé une mauvaise nuit, à cause d'un violent mal de dent qui ne lui avait pas laissé un moment de repos, et qu'il ne serait en état d'être vu que sur le soir. Il n'en fallut pas davantage pour confirmer le duc de Guise dans ses soupçons. Il crut que Bellegarde, ayant été toute la nuit en mouvement, avait besoin de dormir tout le jour. Il passa chez Bassompierre, qu'il trouva au lit, et le fit lever en robe de chambre, afin de pouvoir lui communiquer en particulier le sujet de son inquiétude. Bassompierre, à qui la visite d'un rival n'annonçait rien de favorable, se leva tout aussitôt, ne doutant pas qu'il ne fût découvert. Il se rassura bientôt, et ses craintes ne durèrent qu'autant que le silence du duc.

« Croiriez-vous bien, marquis, lui dit ce dernier, que le grand écuyer (1) est mieux que vous, et même mieux que personne, dans l'esprit de mademoiselle d'Entragues? Que diriez-vous, si on vous assurait qu elle partage, toutes les nuits, son lit avec ce cavalier?

— Je dirais que c'est un conte, répondit froidement Bassompierre. Il n'est pas possible que cela soit, et je sais qu'ils ne s'aiment ni l'un ni l'autre.

— On croit aisément ce que l'on souhaite! répliqua le duc. Il n'y a pas longtemps que j'étais prévenu en sa faveur comme vous l'êtes à présent. Soyez sûr, et je le sais, que M. le Grand a passé cette nuit avec elle, et qu'il ne l'a quittée qu'à quatre heures du matin. Mes valets ont remarqué qu'il se mettait si peu en peine de cacher son bonheur, qu'il ne prenait même pas la précaution de dérober aux regards du public la croix de l'ordre du Saint-Esprit qui reluisait dans l'ombre sur sa poitrine. »

Le duc et le marquis se promenaient à grands pas, s'entretenant toujours du bonheur imaginaire de Bellegarde, lorsque Bassompierre aperçut sur une chaise le manteau qui l'avait empêché d'être reconnu; et comme la croix paraissait tout entière, il eut peur que ce témoin muet

(1) Bellegarde était grand écuyer de la maison du roi. Le grand écuyer s'appelait, par abréviation, *M. le Grand.*

ne trahît son secret, et il s'assit dessus. Le duc, qui n'avait rien remarqué, voulut le faire lever, et l'obliger à se promener ; mais Bassompierre eut l'adresse de donner le change à son rival, et de demeurer sur son manteau, jusqu'à ce qu'un valet de chambre, qui était aux écoutes, et qui, selon les apparences, savait tout le secret, vînt et emporta le manteau dans le moment que le duc avait le dos tourné. Bassompierre, au récit du duc, fit l'étonné, pesta de tout son cœur contre la légèreté du sexe en général, médit beaucoup expressément de mademoiselle d'Entragues, et l'appela un vrai caméléon. Le duc en fit autant de son côté, et sortit bientôt après.

Il ne fut pas plutôt parti, que Bassompierre fit savoir à mademoiselle d'Entragues l'erreur dans laquelle le duc était tombé. Cette belle, qui était intrigante de son naturel, et qui ne manquait pas d'expérience, prit la résolution de l'y confirmer, et fit en sa présence mille signes d'intelligence à Bellegarde. Le duc de Guise plaisanta, à ce sujet, le grand écuyer, qui, étant bien aise de l'entretenir dans son erreur, lui répondit d'une manière équivoque. Bassompierre rendit compte à mademoiselle d'Entragues de la conversation qu'il avait eue avec le duc. Elle le pria de continuer sur le même pied, l'assurant qu'ils y trouveraient tous les avantages qu'ils pouvaient espérer, en ce que les soupçons du roi et du duc de Guise tomberaient sur Bellegarde. Ceux-ci firent avertir madame d'Entragues du commerce que sa fille avait avec le grand écuyer, et cela fut cause qu'elle observa celle-ci de plus près. Un matin, la mère aperçut le lit de sa fille découvert, elle s'approcha et n'y vit personne. Se doutant de ce que ce pouvait être, elle passa sans bruit dans la chambre voisine, d'où elle vit que la porte de l'escalier dérobé, qu'elle croyait condamnée, était ouverte. Madame d'Entragues manifesta d'abord son indignation à haute voix. Fort heureusement sa fille l'entendit ; elle se leva aussitôt et vint à elle après avoir réveillé Bassompierre, qui dormait paisiblement à ses côtés. Madame d'Entragues ne put se contenir à la vue de sa fille, surprise pour ainsi dire sur le fait; elle commença par lui appliquer quelques vigoureux soufflets, et lorsque sa colère fut un peu apaisée, elle fit enfoncer la porte de l'escalier, que Bassompierre avait fermée pour avoir le temps de s'habiller. Cette porte étant ouverte, elle monta précipitamment jusqu'au troisième étage, et fut bien surprise de n'y voir personne, et encore plus surprise de voir la chambre du rendez-vous si magnifiquement meublée. Ce contre-temps aurait mis un terme aux relations intimes des deux amants, si l'amour, qui ne manque jamais d'expédients, ne leur eût donné les moyens de se voir ailleurs avec plus de sûreté. L'aventure que nous venons de rapporter eut pour effet de guérir le roi des soupçons qu'il avait eus des liaisons du duc de Guise avec madame de Verneuil.

Ce prince n'en vivait guère plus content. La marquise, toujours capricieuse, et s'imaginant que le roi ne l'aimait que par nécessité, et parce qu'il ne trouvait personne qui la valût, lui occasionnait à tous moments de nouveaux chagrins, ou pour avoir le plaisir de le contrarier, ou pour l'obliger par ces difficultés à l'aimer davantage. La reine était de plus mauvaise humeur que jamais, ce désordre domestique troublait ses plaisirs les plus purs, et ne lui laissait pas un moment de repos.

Les dédains, faux ou vrais, de la marquise de Verneuil, ne faisaient qu'augmenter la passion du roi; et les démarches qu'il faisait pour la revoir, les traits de satire dont la favorite était très-libérale, étaient de nouvelles étincelles qui enflammaient la jalousie de la reine; aussi faisait-elle éclater plus que jamais sa fureur et son ressentiment. Le duc de Sully et quelques autres confidents du roi travaillaient inutilement à réconcilier l'épouse et la maîtresse. Ils représentaient à celle-ci que le roi s'attacherait à une autre, qu'alors il lui ferait enlever ses enfants et la renfermerait dans un couvent. En effet, le monarque tâchait de vaincre sa passion en changeant d'objet. Il revint encore à la comtesse de Moret, il aima presque en même temps mademoiselle Des Essarts. D'un autre côté, les ministres remontraient à la reine que ses emportements ne servaient qu'à irriter l'esprit du roi ; que la douceur et les caresses étaient les seuls moyens de le retenir, et qu'en attendant qu'elle pût le détacher des objets illégitimes, elle devait avoir un peu de modération, si elle voulait obtenir des grâces pour elle et pour les siens. Mais Concini et Éléonore Galigay, bien loin de lui faire goûter ce salutaire conseil, entretenaient de plus en plus sa mauvaise humeur, et ils avaient acquis tant de pouvoir sur son esprit, qu'elle n'aimait et ne haïssait que ceux qu'ils voulaient. On dit que Galigay, craignant que la reine, sa maîtresse, ne l'aimât moins, si elle avait pour le roi l'affection qu'une épouse doit avoir pour son époux, l'en éloignait tant qu'elle pouvait, afin de la gouverner plus à son aise. On croit que cette femme et son mari travaillèrent conjointement, tant que le roi vécut, à aigrir l'esprit de la reine, et à la rendre toujours chagrine et de mauvaise humeur ; de sorte que s'il y avait entre eux un jour de calme et de plaisir, il y en avait deux de mécontentement et de fâcherie. Jean de Médicis, ayant été chargé par le roi d'exhorter la reine à les congédier, cette princesse s'emporta contre lui avec une extrême violence, n'épargna ni les injures, ni les reproches, et le maltraita tellement, quelque chose que le roi pût dire pour l'apaiser, qu'il fut contraint de sortir du royaume. L'impudence de Concini et de sa femme alla si loin, qu'ils proférèrent des menaces contre les jours du roi, s'il osait attenter aux leurs, comme plusieurs personnes l'y sollicitaient.

Sur ces entrefaites, on parla de marier mademoiselle d'Entragues avec le comte d'Aché, Auvergnat ; mais il survint quelques contestations qui rompirent ce mariage. Après cela, madame de Verneuil et mademoiselle d'Entragues, sa sœur, allèrent passer la belle saison chez la marquise de Conflans, qui avait une maison dans le voisinage de Charenton. Le duc de Guise et Bassompierre rôdaient toutes les nuits autour de la maison de la marquise ; mais ce dernier, qui avait d'autres idées, cessa de s'occuper de cette intrigue. Henriette-Charlotte, fille du connétable de Montmorency et de Louise de Budas, parut alors à la cour, comme un soleil, et effaça par son éclat toutes les autres beautés. Tout le monde avait les yeux sur ce nouvel astre, et cette belle avait autant d'adorateurs qu'il y avait de galants à la cour. Bassompierre eut le bonheur de s'en faire aimer, et il ne manquait pour l'union de ces amants que le consentement du roi. Bassompierre parla de son amour au monarque; il lui demanda la permission d'épouser mademoiselle de Montmorency, et de traiter avec le duc de Bouillon, pour la charge de premier gentilhomme de la chambre. Sa Majesté lui accorda non-seulement l'un et l'autre, mais voulut encore que le connétable, qui était disgrâcié, revînt à la cour. Le lendemain, le roi rendait visite à la duchesse d'Angoulême, où logeait mademoiselle de Montmorency. Il avait déjà vu celle-ci dans un ballet, où elle figurait habillée en Diane, tenant un dard à la main, et ce fut là qu'il commença à éprouver pour elle des sentiments tendres et passionnés.

Cependant, tout était conclu pour le mariage de Bassompierre et de mademoiselle de Montmorency; mais comme cela avait eu lieu sans la participation du duc de Bouillon, celui-ci n'en fut pas satisfait, et résolut d'empêcher cette union. Un jour que le roi venait de voir chez la reine mademoiselle de Montmorency, et qu'il parlait de sa beauté avec éloge, le duc tira le roi en particulier, et lui dit, qu'il était surpris qu'il eût voulu consentir à ce mariage, et qu'il ne voyait point d'autre parti pour le prince de Condé, son neveu, que mademoiselle de Montmorency. Le roi ne répondit rien; mais le lendemain, ayant encore vu cette demoiselle, il la trouva plus charmante que jamais, et prit la résolution de s'assurer d'une si belle conquête. Il s'agissait de réussir dans ce dessein, et, pour cet effet, il fallait faire épouser à cette belle un homme qu'elle n'aimât pas. Il était donc nécessaire de savoir quelle espèce de sentiments avaient fait naître dans son cœur les hommages de Bassompierre.

Henri IV eut occasion d'avoir quelques jours après des éclaircissements à ce sujet. Sa santé étant fort altérée, les accès de sa goutte devenaient plus fréquents. Il était retenu dans sa chambre par cette maladie, lorsque madame d'Angoulême et sa jolie nièce, mademoiselle de Montmorency, vinrent le visiter. Grammont, qui se trouvait présent, s'étant aperçu que le roi serait bien aise de causer avec la nièce, lia conversation avec la tante. Le roi profita de l'occasion, et dit à mademoiselle de Montmorency qu'il voulait l'aimer comme sa propre fille; que son intention était qu'elle logeât au Louvre pendant que Bassompierre serait aux armées. Il la pria de lui dire franchement si elle était contente de ce parti, et que, dans le cas où elle ne le fût pas, il romprait le mariage, et lui ferait même épouser le prince de Condé, son neveu. Mademoiselle de Montmorency, qui n'entrait point du tout dans les vues du roi, lui répondit naturellement que, puisque c'était la volonté de son père, elle croyait bien faire en épousant Bassompierre. Le roi fit semblant d'en être bien aise, et résolut en même temps de lui donner un autre époux. Le lendemain, il fit venir Bassompierre, auquel il fit mille caresses, et lui dit ensuite qu'il avait songé à le marier. Bassompierre, ignorant ses intentions, lui répondit que la goutte du connétable de Montmorency était cause qu'il ne l'était pas déjà.

« Ce n'est pas cela, répliqua le roi; je veux te marier avec mademoiselle d'Aumale, et faire revivre le duché de ce nom, en considération de cette demoiselle.

— Quoi! sire, répondit Bassompierre, voulez-vous donc me donner deux femmes?

— Il faut, ajouta le roi, te parler à cœur ouvert et en ami. J'aime mademoiselle de Montmorency : si tu l'épousais, et qu'elle t'aimât, je te haïrais, et si elle m'aimait, tu me haïrais. Ne rompons donc point notre bonne intelligence. Je t'aime et je ne saurais t'ôter mon amitié sans beaucoup de répugnance. Je veux marier cette demoiselle avec le prince de Condé, qui, tout jeune qu'il est, a plus d'attachement pour la chasse que pour les dames ; et comme tu sais qu'il est pauvre, et qu'il tient tout ce qu'il a de ma puissance, mon dessein est de l'enrichir par mes bienfaits, et de lui donner cent mille livres par an pour ses divertissements, pourvu qu'il n'exige qu'une affection innocente de celle que je lui destine pour femme.

Bassompierre, étant trop habile pour ne pas savoir que le véritable moyen d'augmenter une passion est de la combattre, se fit honneur de la nécessité, et prit le parti de céder un trésor qu'il ne pouvait garder.

« Je suis ravi, sire, répondit Bassompierre, que Votre Majesté me donne occasion de lui témoigner le zèle que j'ai pour son service ; je l'ai souhaité toute ma vie avec une extrême passion : mes désirs sont exaucés, et Votre Majesté peut être convaincue du respect et de l'attachement que j'ai pour elle, par le sacrifice que je vais lui faire, qui est, sans contredit, le plus grand dont un galant homme soit capable. Je renonce, sire, pour l'amour de vous, à une haute alliance, et à une épouse digne des hommages de tout ce qu'il y a de grand au monde ; j'ai pour mademoiselle de Montmorency une passion que je sens très-vivement et que je ne saurais bien exprimer ; je suis charmé de son mérite, et j'ai eu le bonheur de m'en faire aimer ; j'étais sur le point de devenir l'homme du monde le plus heureux et le plus content : je renonce à tout cela, et le fais de bon cœur, pour un maître à qui je dois tout ; et je souhaite que ces nouvelles liaisons lui apportent autant de joie et de plaisir qu'elles me causeraient de tristesse et de déplaisir, si j'étais obligé de céder à tout autre la divine Montmorency. »

Le roi pleura de joie de la soumission de Bassompierre, lui fit mille protestations, et l'entretint encore de son mariage avec mademoiselle d'Aumale. Mais comme cet amant infortuné avait encore le cœur tout gonflé de la perte qu'il faisait, et qu'il était pour le moment incapable de contracter un nouvel engagement, il supplia Sa Majesté de le laisser libre à ce sujet.

Le roi, étant toujours incommodé de sa goutte, dont les douleurs étaient cependant un peu moins fortes, voulut avoir compagnie, et envoya chercher Bassompierre et quelques autres seigneurs.

Le monarque jouait aux dés dans son lit avec le premier, lorsque madame d'Angoulême et sa nièce entrèrent. Il quitta d'abord le jeu pour entretenir madame d'Angoulême.

Mademoiselle de Montmorency, qui ne savait rien de ce changement, parlait cependant à Bassompierre. Le roi lui fit signe de s'approcher, lui apprit son intention, et continua d'entretenir sa tante. Mademoiselle de Montmorency montra assez sa mauvaise humeur en se retirant, pour faire connaître à Bassompierre que son cœur n'était pas en meilleur état que le sien. Quoique ce signe n'offrît rien à Bassompierre qu'il ne sût, il le prit néanmoins pour une confirmation de son malheur, et comme les difficultés augmentent d'ordinaire les désirs, surtout lorsqu'on voit que l'objet qu'on adore ne cède que par violence et par nécessité, cela lui causa une si vive émotion qu'il fut obligé de sortir; et pour le faire avec bienséance, il fit semblant de saigner du nez. Cet amant au désespoir n'eut pas la force d'aller jusqu'à son carrosse, il se jeta dans le premier qu'il rencontra, et se retira chez lui, où il fut deux jours entiers à déplorer la cruauté de sa destinée, et à faire les réflexions les plus tristes et les plus affligeantes.

La première personne que Bassompierre rencontra lorsqu'il revint à la cour, fut le prince de Condé, qui avait déjà fait demander, dans les formes, mademoiselle de Montmorency en mariage, et qui partait pour aller rendre à sa future épouse sa première visite. Le prince, dans cette visite, avança tellement ses affaires, qu'il fut fiancé à mademoiselle de Montmorency quelques jours après, dans la galerie du Louvre, où le roi eut la malice de faire venir Bassompierre, et de lui faire essuyer, d'un bout à l'autre, le chagrin d'une cérémonie qu'il savait lui être très-douloureuse. Les fiancés s'épousèrent bientôt à Chantilly, où était alors la cour.

Cependant, la passion du roi pour la princesse de Condé augmentait chaque jour, et elle était même devenue si publique, qu'on ne parlait presque plus d'autre chose. Le prince de Condé qui, avec un peu de complaisance, aurait pu obtenir les premières charges du royaume, ne fut pas d'avis de s'enrichir aux dépens de son honneur. Il avait tant de délicatesse, qu'il croyait ne pouvoir plus souffrir la continuation de cette intrigue, sans se rendre le juste objet du mépris de toute la cour. D'ailleurs les scrupuleux, les mécontents et les ennemis cachés du roi, gens malins et inquiets, n'aimant que le trouble pour l'amour du trouble même, cherchaient à exciter encore la jalousie du prince, qui n'était déjà que trop grande. La reine, toujours la même, ne cessait de semer la zizanie. Le prince en vint aux emportements, et lâcha quelques paroles peu respectueuses. Le roi, pour l'en châtier, lui retira ses faveurs, et ne lui donna point l'argent qu'il lui avait promis en le mariant. Cette sévérité, bien loin d'adoucir le prince, ne fit que l'irriter davantage. Considérant que le roi, aussi passionné qu'il l'était, pourrait en venir aux violences, le jeune prince résolut de chercher son salut dans la retraite, et alla demander aux étrangers un asile garant de son honneur, que désormais la conduite de son souverain l'empêchait de trouver en France. Le jeune couple persécuté quitta Paris, incognito, à cheval, la princesse en croupe derrière le prince son époux. A quelques lieues de cette ville, ils montèrent dans un carrosse attelé de six chevaux, préparé à l'avance, et allèrent coucher à Muret, accompagnés seulement de quelques serviteurs. De Muret, ils marchèrent sur Landrecies, puis se rendirent à Bruxelles, où le nonce du pape et les archiducs les reçurent avec beaucoup de joie, et leur rendirent tous les honneurs dus à leur qualité.

A la première nouvelle de cette évasion imprévue, le roi, tout transporté de colère et d'amour, ne peut cacher son émotion, même devant la reine. Il jouait dans son cabinet, lorsque le duc d'Elbœuf vint lui annoncer cette nouvelle, qui lui fut confirmée bientôt après par le chevalier du Guet.

« Mon cher ami, je suis perdu, dit-il à Bassompierre, qui était le plus près de lui ; ce malheureux emmène sa femme dans les bois, et je ne sais si c'est pour la tuer ou pour la faire sortir du royaume : prends mon jeu pendant que j'irai savoir les particularités de cet enlèvement. »

Cela dit, le roi passa dans une autre chambre, et fit signe au marquis de Cœuvres, au comte de Crémail, au duc d'Elbœuf et à Loménie de le suivre. Ce conseil extraordinaire étant ainsi assemblé, chacun dit son avis. Le roi, qui ne se possédait pas, adoptait tout ce qu'on lui proposait, et voulait qu'on l'exécutât incessamment. Un moment après, il changeait d'idée, et jugeait que ces moyens étaient impraticables. Les uns étaient d'avis qu'on courût après le prince, et qu'on envoyât sur ses traces le chevalier du Guet avec ses archers ; les autres croyaient qu'il valait mieux ordonner à Vaubecourt, qui était alors à Paris, de se rendre sans retard sur la frontière de Lorraine pour empêcher que le prince ne passât à l'étranger. Le roi, qui voulait tout et ne se fixait à rien, fut obligé de faire venir ses principaux ministres pour les consulter sur une affaire où son cœur avait une si grande part. Ce n'était pas la première fois qu'ils avaient été consultés sur des matières d'amour, dans lesquelles on faisait entrer des raisons d'État. Le chancelier fut le plus diligent ; et lorsque Sa Majesté lui eut appris de quoi il s'agissait, il répondit avec une gravité digne de son caractère, que le prince de Condé était fort condamnable d'avoir pris un parti si désespéré, mais que ceux qui lui avaient donné un semblable conseil étaient encore plus coupables que lui. Le roi, qui aurait voulu que tout le monde fût aussi bouillant que lui, répondit brusquement :

« Laissez là votre gravité, M. le chancelier, et donnez-moi votre avis ;

c'est tout ce que je vous demande. Je sais aussi bien que vous, que le prince est condamnable ; il s'agit de trouver le moyen de le châtier.

— Je suis donc d'avis, sire, reprit le chancelier avec le même flegme, qu'il faut traiter le prince comme rebelle, et rendre contre lui et ses affidés les déclarations ordinaires. »

Le roi, fatigué de ce début, vit entrer Villeroi, et lui exposa le fait en peu de mots. Villeroi fut d'avis qu'on fît savoir par des courriers, à tous les princes étrangers, que le prince de Condé était sorti de France sans la permission du monarque, même malgré sa défense, et qu'on ordonnât à tous les ambassadeurs de Sa Majesté, de prier les souverains, auprès desquels ils se trouvaient en mission, de ne pas recevoir le rebelle, et de le remettre entre les mains de Sa Majesté, qui regarderait comme ses ennemis ceux qui en useraient autrement. Lorsque Villeroi eut cessé de parler, le roi fit signe au président Jannin d'opiner.

« Mon sentiment, sire, dit le président, est qu'il faut faire courir après le prince un capitaine des gardes du corps, qui tâchera de le ramener; et que s'il ne peut l'atteindre, il le suive jusque dans sa retraite, et déclare de la part de Votre Majesté, aux puissances chez lesquelles il se sera réfugié, que vous leur ferez la guerre, s'ils ne vous livrent le rebelle. »

Le roi, dont l'irritation commençait à se calmer, goûta fort l'avis du président Jannin ; mais comme il ne prenait jamais aucune détermination importante sans avoir consulté le duc de Sully, il ne voulut rien conclure avant que ce dernier fût venu. Le ministre parut enfin, le front portant l'empreinte de sa mauvaise humeur.

« Mon neveu s'en est allé, M. de Sully, lui dit le roi, et le mal est qu'il a emmené la princesse.

— Je n'en suis point surpris, sire; mais je le serais beaucoup si le prince fût parti sans sa femme. Si vous vouliez l'empêcher de quitter Paris, il fallait le mettre à la Bastille.

— Ne parlons point du mal qui est fait, répliqua le roi ; mais cherchons les moyens de le réparer. Que jugez-vous qu'il faille faire ?

— Je meure, sire, si j'en sais quelque chose, répartit Sully : j'y penserai cette nuit, et, demain matin, je vous dirai ce que je crois convenable de faire.

— Point de retard, M. de Sully, dit encore le roi ; vous savez combien cette affaire me touche, et je désire que vous me disiez de suite votre sentiment.

— Un moment de méditation, s'il vous plaît, sire, » répondit Sully.

Et en disant cela, il fit plusieurs tours de chambre, à pas précipités, puis il revint vers le roi, qui lui dit :

« Eh bien, avez-vous songé ? Que faut-il donc faire ?

— Rien, répondit Sully.

— Comment rien ? répartit le roi.

— Oui, rien, ajouta Sully : en ne faisant rien, vous témoignerez par-là que vous ne faites pas grand cas du prince de Condé ; et cela étant, personne ne le secourera, ses amis mêmes l'abandonneront, tout le monde le raillera, et en moins de trois mois il sera forcé de revenir de lui-même. Mais si, au contraire, vous montrez de l'empressement à le ravoir, il n'en faudra pas davantage pour lui donner de la considération. Alors des gens même de la cour lui prêteront de l'argent, et tel qui l'aurait abandonné, si vous n'en eussiez pas fait de cas, le soutiendra pour avoir le plaisir de vous chagriner. »

L'avis était excellent ; mais le roi n'était pas en état d'en profiter. Comme celui du président Jannin était plus violent, et par conséquent plus conforme à sa passion, ce fut aussi celui qu'il suivit ; et, dès le lendemain, il fit partir le marquis de Praslin, pour courir après le prince.

Le marquis de Praslin n'ayant pas réussi à atteindre le prince sur la route de Bruxelles, pénétra jusque dans cette ville, et là fit plusieurs tentatives pour enlever la princesse. Les bourgeois de Bruxelles, offensés de cet attentat, prirent les armes pour la défense du prince de Condé et de son épouse. Cette démonstration de zèle et de bonne volonté ne fut pas néanmoins capable de rassurer le prince; car, craignant qu'il ne lui arrivât quelque chose de pis, il sortit des Pays-Bas et se retira dans le Milanais. Le comte de Fuentés, ennemi juré de Henri IV, reçut le prince de Condé à bras ouverts. Il fit courir le bruit que le roi avait mis à prix la tête du fugitif, et sous ce prétexte il donna à celui-ci des gardes à pied et à cheval.

Henri IV, voyant que l'artifice ne lui avait pas réussi dans son projet, voulut revoir la princesse à quelque prix que ce fût, et résolut en conséquence de déclarer la guerre aux Espagnols. Pour faire cette guerre avec succès, il commença par se fortifier le plus qu'il put d'alliances étrangères. Il envoya, pour cet effet, des ambassadeurs à Jacques VI, premier roi d'Écosse, d'Angleterre et d'Irlande, avec ordre d'engager ce prince, par toutes sortes de moyens, à rompre avec les Espagnols. Cette négociation n'eut pas un très-grand succès, car le roi d'Angleterre, déjà vieux, ne put jamais se décider à faire une guerre qu'il ne prévoyait pas devoir lui être bien fructueuse. Henri IV se tourna alors du côté du duc de Savoie, des Vénitiens et des Provinces-Unies. Comme toutes ces puissances avaient intérêt à abaisser la maison d'Autriche, il se forma bientôt contre les Espagnols une ligue formidable, ligue dont la France était le mobile et dont un amour insensé était la véritable cause.

Il n'était question que de trouver un prétexte pour prendre les armes. La mort du duc de Clèves fournit bientôt ce prétexte. La succession de ce prince était fort litigieuse. Il y avait presque autant de prétendants que de princes en Allemagne; et chacun se proposait à défendre son droit par les armes. Henri, dans ces circonstances, faisait défiler des troupes vers les Pays-Bas, et travaillait sans relâche à préparer toutes choses pour se mettre à la tête de son armée au commencement du printemps.

Les Espagnols, qui voyaient venir l'orage, ne faisaient pas le moindre mouvement pour le prévenir ; ce qui a fait dire à plusieurs historiens qu'ils avaient des moyens sûrs pour le conjurer.

Cependant Concini et ceux de sa cabale ne cessaient d'irriter la jalousie de la reine, en lui faisant croire malicieusement que la passion du roi pour la princesse de Condé, le porterait à de fâcheuses extrémités, où elle, Marie de Médicis, pourrait être enveloppée. Le roi fit tous ses efforts pour détruire ces injustes soupçons, et n'oublia, pour cet effet, ni soins ni tendresses. Comme il devait partir incessamment pour la guerre, il abandonna à Marie la régence, avec un conseil dont Concini ne faisait point partie. Ce conseil ne pouvait point être du goût du favori de la reine. Après avoir cherché en vain à le faire supprimer, il avisa à un autre moyen d'étendre son autorité en augmentant celle de sa maîtresse ; il suggéra à Marie l'idée de se faire sacrer et couronner avant le départ du roi.

Les troupes étaient déjà en marche pour la campagne, et l'on avait fait demander passage sur les terres de l'archiduc. La reine pressait toujours son sacre avec une opiniâtreté qui finit par donner quelque inquiétude au roi. Cependant, comme il ne pouvait rien refuser à ses prières, lorsqu'elles étaient pressantes, il se laissa vaincre, et lui donna la satisfaction qu'elle demandait. La cérémonie du sacre se fit à Saint-Denis, avec beaucoup de pompe et de magnificence ; et trois jours après la reine devait faire son entrée à Paris, où une autre cérémonie devait avoir lieu pour le couronnement. Pendant tout ce temps, le roi paraissait chagrin et mélancolique, sans pouvoir dire les causes de sa tristesse. On l'entendit souvent soupirer, et il dit à Sully :

« Mon ami, ce sacre me sera fatal : il me tourmente. On m'a dit que je devais être tué à la première grande solennité que je ferais ; je crains, malgré moi, la journée de demain. »

Selon quelques historiens, les pressentiments de Henri IV lui furent donnés par une chute qu'il fit sur le *Pont maudit* de Rambouillet. On appelait ainsi un vieux pont de bois, extrêmement glissant, dans les temps humides, et sur lequel il fallait passer pour se rendre au château. On citait de nombreux accidents qui étaient arrivés dans cet endroit; et une croix de pierre, que l'on apercevait en passant, sollicitait des prières pour les âmes de ceux qui avaient péri dans ce passage difficile. Une croyance superstitieuse existait dans le pays au sujet de ce pont; on pensait généralement que ceux qui y faisaient une chute, en glissant, devaient périr fort peu de temps après. Le cheval de Henri IV s'étant abattu sur le *Pont maudit,* le monarque, aussi superstitieux que les paysans de Rambouillet, crut que c'était-là un présage de sa mort prochaine.

Depuis deux ans, vivait à Paris un nommé Ravaillac, natif d'Angoulême, et de basse extraction. Dans sa jeunesse, il avait été moine Feuillant. Les chaleurs de la sainte Ligue, les libelles, les sermons séditieux des prédicateurs, lui avaient inspiré une grande aversion pour le roi; et Ravaillac avait tant de fois ouï-dire qu'on pouvait tuer légitimement les princes protestants, qu'il ne pouvait entendre prononcer le nom de huguenot sans entrer en fureur. Ce malheureux prit la détermination de tuer le roi; il en chercha l'occasion et la trouva.

La veille de l'entrée de la reine à Paris, le roi monta en carrosse, sur les quatre heures du soir. Il se rendait dans la rue de l'Arsenal, où se trouvait l'hôtel de Sully; il avait à conférer avec son ministre, qui depuis quelques jours était indisposé et ne pouvait point quitter sa chambre. Le roi n'avait point voulu de gardes; il était accompagné dans sa voiture des ducs d'Épernon, de Montbason, de Lavardin, de Roquelaure et de la Force. Ravaillac suivait la voiture, épiant le moment favorable pour accomplir son affreux dessein. Il y eut dans la rue de la Ferronnerie un embarras de charrettes, qui fit arrêter le carrosse du roi. Comme les valets de pied avaient passé sous le charnier des Saints-Innocents, l'as-

LE PONT-BENOIT.

Mystères des Vieux Châteaux de France.

sassin profita de ce moment; il se glissa entre les boutiques et le carrosse, monta sur une des roues et frappa le roi de deux coups de couteau, dont l'un atteignit le cœur de Sa Majesté.

Ainsi finit Henri IV, à l'âge de cinquante-sept ans, après en avoir régné vingt-deux. Henri avait certainement de grandes qualités; mais il avait aussi de bien grands défauts. Il était intrépide dans l'action; mais hors de là, il avait beaucoup de peine à quitter ses maîtresses. Ses passions favorites étaient l'amour, le jeu et la chasse. L'amour lui fit commettre mille fautes. Au jeu, il était âpre au gain, timide dans les grands coups, et sensible à la perte. Il parlait bien, et était doué d'un esprit grand et élevé. Il avait une fermeté admirable, et les disgrâces de la fortune n'étaient que de nouveaux aiguillons à son courage.

Il pardonnait aisément, et laissait apaiser les passions pour donner lieu à la répentance. Malgré les désordres auxquels il se livrait, à cause de ses galanteries, il était bon au fond, et religieux observateur des traités. Il ne faisait pas consister la véritable politique dans une profonde dissimulation. Il donnait assez d'application à ce qu'il faisait; mais, comme il avait l'esprit fort vif, il ne pouvait pas pousser fort loin cette application, et ne suivait qu'avec une extrême peine un long raisonnement. Aussi le duc de Sully, surintendant de ses finances, avait-il soin de ne lui donner que des états fort abrégés des recettes et des dépenses, et de lui éviter tout travail un peu long.

On lui a reproché que, pour amasser de l'argent dont il était fort avide, il avait exposé son royaume à l'avarice des partisans; que la recherche qu'il avait faite des pillards, avait plus servi à les confirmer dans leurs brigandages, qu'à les en punir; qu'aimant un peu trop à être flatté, il recevait plus volontiers les charlatans et les flatteurs, que les bons et fidèles conseillers; qu'il accordait souvent aux importunités ce qu'il refusait au mérite; qu'il caressait les gens pendant qu'il en avait besoin; mais que, le péril passé, il oubliait incontinent les services qu'on lui avait rendus; qu'il récompensait souvent ceux qui lui avaient fait du mal, et négligeait ceux qui s'étaient sacrifiés pour son service; qu'il ne se souciait pas de réprimer les concussions des gens de justice, qui faisaient tout impunément, pouvu qu'ils eussent de la complaisance pour ses volontés ; et qu'enfin il avait souffert que les gens de finances s'alliassent avec les officiers de justice, d'où était résulté une infinité de pilleries et de malversations.

Peut-être pourrait-on le justifier de quelques-uns de ces reproches; mais on ne saurait excuser la passion qu'il avait pour le jeu, qui fut de très-pernicieuses conséquences; et encore moins sa passion pour les femmes, qui fut si publique et si scandaleuse jusqu'à l'heure de sa mort, qu'on ne peut pas même donner à cette passion le nom d'amour et de galanterie. Henri eut le malheur de passer une partie de sa jeunesse à la cour du monde la plus vicieuse et la plus corrompue en toutes manières. Ce fut là qu'il contracta ces défauts honteux qu'on a voulu vainement excuser, et qui terniront à jamais la mémoire de ce prince en ce qui touche sa vie privée. Mais, en revanche, il a fait de grandes et glorieuses actions : il a gagné plus de batailles que tous ses prédécesseurs. Sa valeur éprouvée en tant et tant d'occasions, lui a fait mériter le surnom de *Grand.*

L'histoire des amours de Henri IV ne peut mieux se terminer que par la correspondance galante de ce monarque. Nous donnons ici cette correspondance curieuse, où le sentiment du cœur, autant que l'amour des sens, a une expression assez originale.

CORRESPONDANCE GALANTE DE HENRI IV.

Lettres de Henri IV à Gabrielle d'Estrées, duchesse de Beaufort.

I.

Mon cher cœur, je n'ai rien appris de nouveau, sinon que hier je renouai le mariage de mon cousin, et tous les contrats en furent passés.

Je jouai le soir jusqu'à minuit au reversis. Voilà toutes les nouvelles de Saint-Germain. Mon menon, j'ai un extrême désir de vous voir, ce ne sera avant que vous soyez relevée, car je ne puis commencer ma diète que dimanche, à cause de l'ambassadeur du duc de Savoie, qui me vient faire jurer la paix ; ce qui ne peut se faire que samedi. Mes chères amours, aimez-moi toujours bien, et soyez assurée que vous serez la seule qui posséderez mon amour. Sur cette vérité, je vous baise un million de fois, et le petit homme. Ce 15 de novembre.

II.

Mon cher cœur, vous vous êtes plainte d'avoir été deux jours sans savoir de mes nouvelles. Ce fut quand je couchai dehors, et que j'en fus si malade ; encore quand je fus ici, le soir je vous écrivis un mot. Je ne puis me ravoir de mon humeur mélancolique, et je crois que mardi je prendrai médecine ; mais rien ne me servira tant que votre vue. Je vous fusse allé voir demain, si ce n'étaient les extrêmes affaires que j'ai avec mon conseil sur l'état de l'année qui vient. Je remettrai toutes nouvelles à notre première rencontre : seulement je vous dirai que je vous envoie la lettre de Fourci pour les marbres, et que M. de la Rivière sera à vous dès que vous le voudrez. Bonjour, mon cher cœur, je te baise un million de fois.

III.

Mon cher cœur, je ne faudrai d'être demain à six heures et demie ou sept entre vos bras. Ne vous levez pas plutôt ; car quand vous partirez à neuf heures de Coutance, c'est assez tôt. Je serai une heure avec vous, vous chérissant comme il faut. Je sais force nouvelles de Paris. Ce porteur me fait écrire en si grand'hâte pour être avant votre coucher, qu'il ne me donne le loisir que de vous faire ce mot. Bonsoir, mon menon, je vous baise un million de fois.

IV.

Mes chères amours, votre père a résolu tout ce que je voulais. Demain au soir mes petits garçons seront bien caressés de moi. Il faut faire semblant que tout est rompu ; mais je plierai plutôt que de rompre. La joie que j'ai ne se peut écrire ; je vous la témoignerai demain. Cette lettre est courte, afin que vous vous rendormiez après l'avoir lue. Je vous donne mille bonsoirs, et un million de baisers, et me recommande à madame de Sourdis. Qu'elle se souvienne de faire coucher la veuve dans la chambre. Ce 14 d'octobre.

V.

Mon cher cœur, j'ai pris le cerf, en une heure, avec tout le plaisir du monde. Je ne suis arrivé en ce lieu qu'à quatre heures. Je suis descendu à mon petit logis, où il fait admirablement beau. Mes enfants m'y sont venus trouver, ou, pour mieux dire, on les y a apportés. Ma fille amende fort et se fait belle ; mais mon fils sera plus beau que son aîné. Vous me conjurez, mes chères amours, d'emporter autant d'amour que je vous en laisse. Ah ! que vous m'avez fait de plaisir ! car j'en ai tant eu, que croyant avoir tout emporté, je pensais qu'il ne vous en fût point demeuré. Je m'en vais entretenir Morphée ; mais s'il me représente autre songe que de vous, je fuirai à tout jamais sa compagnie. Bonsoir pour moi ; bonjour pour vous, ma chère maîtresse. Je baise un million de fois vos beaux yeux.

VI.

Mon cher cœur, on vient de me faire prendre médecine, qui m'empêchera de vous faire plus long discours. Après dîner, je vous écrirai des nouvelles d'ici : contentez-vous de ce mot : que je vous aime plus que ma vie, et baise un million de fois vos beaux yeux.

VII.

Mes belles amours, deux heures après de ce porteur, vous verrez un cavalier qui vous aime fort, que l'on appelle le roi de France et de Navarre, titre certainement honorable, mais bien pénible : celui de votre sujet est bien plus délicieux. Tous trois sont bons, à quelque sauce qu'on les puisse mettre, et je ne suis pas d'avis de les céder à personne. J'ai vu par votre lettre la hâte qu'avez d'aller à Saint-Germain. Je suis fort aise que vous aimez bien ma sœur, c'est un des plus assurés témoignages que vous me pouvez rendre de votre bonne grâce, que je chéris plus que ma vie, encore que je l'aime bien. Bonjour, mon tout ; je baise vos beaux yeux un million de fois. Ce 14 de septembre, de nos délicieux déserts de Fontainebleau.

VIII.

Mon cher cœur, comme j'ai pensé à vous envoyer Bidet, j'ai trouvé que Loménie et toutes mes hardes étaient parties ; de sorte que je n'ai pu trouver un morceau de papier. Cela est vrai, mes chères amours ; car ce n'est point une excuse. J'ai failli de ne vous laisser pas un laquais, non faute de m'en souvenir, mais parce qu'ils étaient tous devant avec nos chevaux : vous avez suppléé à ce défaut en m'obligeant extrêmement. Je vous payerai d'une plus haute récompense, c'est que je mènerai à Pé-quigny une assez bonne bande de violons pour vous réjouir, et votre sujet qui vous chérit extrêmement. Il m'est arrivé quelque chose de plaisant à l'église : une vieille de quatre-vingts ans m'est venue prendre par la tête, et m'a baisé. Je n'en ai pas ri le premier. Demain vous dépoluerez ma bouche. Le laquais que j'ai envoyé à Paris en est de retour. Je vous envoie la lettre de Guérin. Roquelaure est borgne, à ce qu'il me mande. Bonjour, mes seules et très-chères amours : je baise un million de fois vos pieds.

IX.

Mes chères amours, il faut dire vrai, nous nous aimons bien ; car pour femme, il n'en est point de pareille à vous ; pour homme, nul ne m'égale à savoir bien aimer. Ma passion est toute telle que quand je commençai à vous aimer, et encore plus violente qu'alors. Bref, je vous chéris, adore et honore miraculeusement. Pour Dieu, que toute cette absence finisse comme elle a commencé. Elle est bien avancée ; car dans dix jours j'espère mettre fin à ce mien exil. Préparez-vous, mon tout, à partir dimanche pour être lundi à la Fère. Si vous y voulez être, il y aura bien des affaires, ou je m'y trouverai. Donan est ici : je ne l'ai point vu, ni le verrai : à moins que ne me le commandiez. Bonsoir, mon cœur ; je vous baise un million de fois les mains.

X.

Mes chères amours, ce courrier est arrivé ce soir, je vous l'ai soudain dépêché, parce qu'il m'a dit que vous lui aviez commandé d'être demain de retour auprès de vous, et qu'il vous rapportât de mes nouvelles. Je me porte bien, Dieu merci, je ne suis malade que d'un violent désir de vous voir. On m'a écrit de Paris, que les dames disent que j'emploie trois ou quatre heures tous les jours à médire d'elles ; vous pouvez leur témoigner que mes affaires ne me donnent pas une heure de relâche, laquelle j'ai toujours employée auprès de vous, où étant, mes yeux ni ma langue ne pensent pas à elles. Bien ai-je un registre des méchants contes qu'elles font de vous. Vous me ferez plaisir de leur dire que je saurai bien rendre la pareille en temps et lieu. Notre fils se porte bien. Demain, je pars pour la Fère, je vous en manderai des nouvelles. Je baise un million de fois vos belles mains. Faites mes recommandations à madame de Sourdis.

XI.

Mon vrai cœur, la Varenne vient d'arriver, qui ma apporté de vos lettres, où vous me mandez que vous m'aimez mille fois plus que je vous aime. Vous en avez menti, et je vous le soutiendrai avec les armes que vous avez choisies. Soudain que j'ai résolu ce que je deviendrai, je vous ai dépêché ce courrier, pour vous dire que jeudi, pour le plus tard, je partirai de Rennes, pour nous acheminer vers la grande cité, et que je serai lundi 18 à la Flèche. Ajustez votre voyage à vous y trouver ce jour-là. Je suis bien marri que vous ne soyez pas revenue à Rennes; car aujourd'hui MM. de Laval et de Thouaras y sont venus. Demain, je les verrai et vous en manderai des nouvelles. Envoyez par ce courrier les lettres du gouvernement de notre fils, afin que je les fasse vérifier par ce Parlement. Mon menon, je ne vous verrai de dix jours; c'est pour mourir. Je ne vous mande pas mon déplaisir, vous seriez trop glorieuse. Jamais je ne vous ai aimé tant que je fais : c'est vous en dire trop. Je vous donne le bonsoir, et des baisers par millions.

XII.

Mon bel ange, si à toutes les heures il m'était permis de vous importuner de la mémoire de votre fidèle sujet, je crois que la fin d'une lettre serait le commencement d'une autre; ainsi, je vous entretiendrai incessamment, puisque l'absence m'empêche de le pouvoir faire autrement. Mais les affaires, ou, pour mieux dire, les importunités sont en plus grand nombre qu'elles n'étaient à Chartres; elles m'arrêtent encore demain, que je devrais partir. Dieu sait les bénédictions que ma sœur leur baille. Souvré nous fait demain festin, où seront toutes les dames. Je ne suis vêtu que de noir; aussi suis-je veuf de ce qui me peut porter de la joie et de contentement. Il ne se vit oncques une fidélité comme la mienne. Glorifiez-vous-en, puisque c'est pour vous. Si d'O est où vous êtes, avertissez-le quand mes laquais partent, afin qu'il me mande des nouvelles des ennemis. Dès que j'aurai vu ma sœur, je vous enverrai la Varenne, qui vous apporte le jour assuré de mon retour, que j'avancerai comme la personne du monde qui a le plus d'amour, et qui est absent de sa divinité. Croyez-le, ma chère souveraine, et recevez les baise-mains d'aussi bon cœur que je vous les fis hier. Ce 24 de février.

LETTRES DE HENRI IV

A Henriette d'Entragues, marquise de Verneuil.

I.

J'ai bien connu par votre lettre, que vous n'avez pas les yeux bien ouverts, ni les conceptions aussi; car vous avez pris la mienne d'un autre biais que je ne l'entendais. Il faut cesser ces brusqueries, si vous voulez l'entière possession de mon amour : car, comme roi et Gascon, je suis mal endurant. Aussi ceux qui aiment parfaitement comme moi, veulent être flattés, et non rudoyés. Quand M. d'Entragues sera ici, je vous témoignerai si je vous aime; cependant il vous sied mal d'en douter, et cela m'offense. Hier au soir, votre diamant tomba hors d'œuvre, et fort heureusement je l'ai retrouvé. Dieu sait si j'en fus en peine; car j'eusse mieux aimé perdre le doigt, tenant si cher tout ce qui vient de vous, que rien n'en approche en comparaison. Nau n'est pas encore venu. J'espère vous voir dimanche en public, puisque vous n'avez daigné me voir en particulier. Bonjour, mes chères amours. Je ne suis pas bien satisfait : je ne puis vous le taire. Je baise vos beaux yeux un million de fois. Ce 7 d'octobre.

II.

Mon cher cœur, j'étais ce matin pour aller reconnaître les passages que je vous ai mandés, et cela me retarde jusqu'à cette heure le contentement de savoir de vos nouvelles. Ayant trouvé à mon retour votre laquais arrivé, j'ai baisé un million de fois votre lettre, puisque ce ne pouvait être vous. Ne doutez pas que je ne vous trouve fort à dire. Nous sommes fort bien ensemble ; pour moi, je puis être autrement : je vous le montrerai bien par mon prompt retour. En mon voyage nous n'avons pas seulement vu la neige, mais nous en avons été couverts trois heures, d'aussi épaisse qu'elle est en France en janvier ; et descendant à la vallée, ce n'a été que pluie. Ces messieurs, qui ne voient que la guebelette, disent que le chemin que nous avons fait aujourd'hui, est plus haut et plus mauvais. Certes, en toutes les Alpes il n'y en a pas un pire. Je pars demain, et espère vendredi être si près de vous, que je vous sommerai de la promesse que vous me fîtes en partant, si j'arrivais sans bagage. C'est trop causer pour être mouillé comme je suis. Bonjour, le cœur à moi ; je te baise un million de fois. Ce 20 d'octobre.

III.

Mon cher cœur, il n'y a plus que demain entre deux, pour avoir la joie de nous voir. J'ai été extrêmement marri de vous avoir renvoyé Petit sans lettre ; mais il m'a trouvé à cheval. Le maître de céans nous a fort bien traité. Monsieur de Nemours a rompu son mariage. J'ai peur que j'aurai été prophète. Demain je saurai plus de nouvelles de Paris, car le maréchal de Biron sera à l'assemblée d'Iverny. Bonsoir, mon menon ; je baise un million de fois les petits garçons. Ce 24 d'octobre.

IV.

Cette lettre sera bien plus heureuse que moi, car elle couchera avec vous. Jugez si je lui en porte envie. Le sommeil m'a fait arrêter ici, et par conséquent est cause que je vous fais savoir de mes nouvelles. Voyez comme, dormant et veillant, toutes mes actions se rapportent à vous plaire. Je m'en vais à Fontainebleau, d'où, à votre réveil, vous saurez ce que je résoudrai de faire. Bonsoir, mon tout ; je vous baise, et vos petits garçons, un million de fois. Ce 21 d'octobre.

V.

Mon âme, il me semble qu'il y a déjà mille ans que je ne vous ai vue. J'ai envoyé la Varenne voir le logis de Saint-Pierre, pour savoir s'il sera propre pour vous. Le conseil ne viendra que mardi ; il n'y a rien de nouveau. Je m'en vais à la chasse pour m'y divertir du déplaisir que me donne votre absence. Je suis au milieu de mes marmots, qui m'ont fait faire cette lettre à cent fois. Bonsoir, le menon à moi ; je vous baise un million de fois. Le 30 d'octobre.

VI.

Mes chères amours, votre lettre a fait le même en moi que la mienne a fait en vous ; car j'étais tout estomaqué. Votre père arriva de bonne heure. Je l'ai fort entretenu et mis sur tous propos ; il m'a remis de tout à la revenue de Nau. J'ai encore dépêché pour le faire venir. Cependant, il dit à tous ceux qu'il pense ses amis, que tout ce que je lui dis est pour le tromper, et que vous agissez en cela de concert avec moi. Pour moi, je ne m'en offense pas ; mais ces discours vous font tort. J'aurai l'honneur de vous voir dimanche ; je m'en vais courir le cerf. Monsieur du Maine est arrivé à Paris pour l'accord. Bonjour, mon menon, je vous baise un million de fois.

A mon retour de la chasse, je vous envoyerai encore un courrier.

VII.

Mes chères amours, vous aurez vu, par ma lettre d'hier, que mon déplaisir ne procédait que de force de vous aimer ; mon inclination et toutes mes résolutions m'y portent tellement, qu'il faudrait de grands efforts d'ingratitude pour m'ébranler. Bien, dirai-je, comme je ne veux rien faire qui vous déplaise, ni recevoir de vous chose qui puisse m'apporter du mécontentement. Monsieur de la Chastre est parti ce matin bien à regret; il m'a parlé en partant ; je remets à vous le dire. Monsieur de la Rivière part aussi. C'est tout ce que je puis vous dire ce matin, sinon que je vous baise, mon cher cœur, un million de fois. Ce 20 d'octobre.

VIII.

Mes chères amours, la Varenne et le laquais sont arrivés à la même heure. Vous me commandez de surmonter, si je vous aime, toutes les difficultés que l'on pourra apporter à notre contentement. J'ai assez montré la force de mon amour par les propositions que j'ai faites, pourvu que du côté des vôtres ils n'y apportent plus de difficultés. Ce que j'ai dit devant vous, je n'y manquerai point, mais rien de plus. Le comte de Lude part demain matin ; il a, dès après dîner, toutes ses dépêches. Je verrai de bon cœur M. d'Entragues ; et ne me verrai guère en repos que notre affaire ne soit faite ou faillie. Cet homme de Normandie est venu ici, et vient de me dire qu'entre-ci et quinze jours nous devons avoir la plus grande brouillerie du monde, qui sera causée par vos père, mère ou frère, et sera tramée à Paris ; que vous et moi tiendront tout pour rompu, et que demain il me dira le moyen de l'empêcher. M. le cardinal de Joyeuse entre, qui rompt notre propos. Bonsoir, le cœur à moi, je vous baise un million de fois (1). Le 6 d'octobre.

IX.

Mes chères amours, je me suis levé de bon matin, et me suis allé promener à la forêt, à cheval. Je vous jure que je me suis trouvé si faible, que je n'ai su endurer l'amble de ma haquenée. De mal, je n'en sens plus, Dieu merci ; mais autrefois j'ai été malade un mois que je ne demeurais pas si faible. Si mon mal eût continué, je vous eusse envoyé quérir. Je suis si triste de ne vous voir point, que rien ne m'apporte du contentement. Aimez-moi bien hardiment, car je vous chéris plus que je ne fis jamais. Votre frère le comte et moi, pourrions bien vous témoigner que

(1) Cette lettre paraît avoir été écrite dans le temps que mademoiselle d'Entragues, de connivance avec ses parents, cherchait à avoir du roi une promesse de mariage.

ce matin, à cheval, nous nous sommes entretenus une heure de vous. Bonjour, le tout à moi; je vous baise un million de fois.

X.

Nous arrivâmes hier, mon menon, en ce lieu de Beaufort, à nuit fermante : nos bagages ne sont pas encore arrivés; cependant nous partons pour aller à Colcarmel reconnaître le passage. Il nous fallut hier mettre vingt fois pied à terre, et aujourd'hui le chemin est cent fois pire. La France m'est bien obligée, car je travaille bien pour elle. Je remets mille bons contes à vous faire, que j'ai appris de MM..., qui sont venus à Chambéry, et quand j'aurai l'honneur de vous voir, qui ne sera, je crois, que dimanche. Ce temps me durera plus qu'à vous. Aimez-moi bien, mes chères amours à moi. Je vous baise un million de fois, etc. Ce 11 d'octobre.

XI.

Mon cher cœur, je résolus hier, avec Nau, que j'irais coucher ce soir à Malherbe, où je ferai toutes mes affaires d'une main. M. d'Entragues m'en a parlé ce matin fort honnêtement; et comme je voulais monter à cheval, il m'est venu supplier de ne vouloir point aller à Malherbe, où je ne vous trouverais pas, et que je voulusse remettre le tout à Orléans, où je sais qu'il ne vient pas. Cela me fait toujours croire qu'il ne veut qu'allonger; et croyez qu'il vous trompe aussi bien que Nau; mais non moi, qui ai toujours cru ce que je vois. Comme j'ai été à cheval, il a dit tout haut, MM. le Grand et Praslin l'ont ouï : « Par là, morbleu, il sera bien trompé, car il ne trouvera pas ma fille à Orléans : ma femme ira; ma fille demeurera avec moi. » Toutefois, je lui ai dit en partant que j'y serais ce soir. Je n'y suis allé que ce matin, pour les raisons que je vous dirai. Montrez cette lettre à Nau. Bonjour, le tout à moi; je vous baise un million de fois. Ce 25 d'octobre.

XII.

Mon cher cœur, j'arrivai hier entre onze et douze, las et avec un extrême mal d'estomac. Ma femme se porte bien, et mon fils, Dieu merci. Il est crû et rempli de moitié en ces cinq jours, que je ne l'avais point vu. Pour moi, j'ai fort bien dormi, et suis exempt de toutes douleurs, fors celle d'être absent de vous, qui, bien qu'elle me soit griève, est modérée par l'espérance de vous revoir bientôt. J'ai déjà commencé l'affaire de M. de la Chastre ; vous en serez contente. Bonjour, mes amours ; aimez-moi bien toujours, qui baise un million de fois les mains et la bouche, etc. Ce 6 d'octobre.

XIII.

Mon cœur, je ne plains point votre mal : si je l'ai fait, je le guérirai. Je suis arrivé en ce lieu si triste, qu'il ne se peut dire plus, de me voir privé de ce que j'aime tant ; mais, dès demain, j'aurai l'honneur de vous voir, et vous baiserai pour deux jours. Je dînerai ici avant que de partir, et n'arriverai qu'à cinq heures à Orléans, afin de vous donner le loisir d'être chez la reine quand j'y arriverai. Je m'en vais jouer à la paume, à mon jeu qui vient d'être achevé. Je baise les mains un million de fois à ma chère maîtresse, et la supplie de me tenir toujours chèrement en sa bonne grâce. Bonsoir, le menon à moi. Je me recommande aux petits garçons. Ce 16 d'octobre.

XIV.

Mon cher cœur, nous arrivâmes hier devant la nuit à souper chez Zamet. Pour votre fils, le retour de M. de la Rivière m'en apportera des nouvelles. Je serai bien aise d'en savoir ; mais vous ne me dites rien de Verneuil. Je vous le renvoierai aujourd'hui. Je le fais chercher partout, pour lui commander. Il croit, comme moi, que ce ne sera qu'au mois qui vient. Vous m'entendez. Je ne puis vous mander quand je vous verrai, n'ayant encore vu ni M. le chancelier, ni M. de Rosni, pour savoir mes affaires; mais bien vous assurerai-je que je ferai en un jour ce que les autres feraient en hùit, pour m'avancer ce contentement. Bonjour, le cher menon à moi, que je baise un million de fois. Faites mes recommandations à votre mère. Ce 29 d'octobre.

XV.

Mes chères amours, je viens de recevoir celle dont vous m'avez honoré. Sans votre commandement, je n'eusse failli à vous dépêcher quelqu'un. Je suis arrivé sauf et sain, fors le mal d'amour, qui m'est doux à supporter, pour m'être si agréable, que si je faisais élection d'une mort, je choisirais celle-là. J'entends comme tirer mon cœur. Il me semble qu'il y a déjà un siècle que je vous ai laissée : pourvoyez aux moyens d'abréger cet exil. J'attends extraordinairement. M. de Guise est arrivé, mais non encore les dames. M. de Retz n'y est point. Ce soir, je vous écrirai ce que la journée m'aura produit de sujet. Bonsoir, mon tout : aimez-moi chèrement, et croyez ma fidélité inviolable pour vous, que je baise un million de fois. Ce 4 d'octobre.

XVI.

Mon cher cœur, j'ai pris aujourd'hui un cerf avec plaisir. J'ai reçu deux lettres de vous par les combattants. S'ils vous avaient donné à entendre la vérité, vous ne m'écririez pas en leur faveur ; car il y va trop de mon honneur, et vous m'aimez mieux qu'eux. Ne vous embarquez pas au Jubilé. Je vous verrai demain au soir, s'il plaît à Dieu, et vous écris comme à ce que j'aime le plus au monde, je dis mille fois plus que moi-même. Croyez-le, mon cher menon, que je baise un million de fois. Ce 16 d'octobre.

XVII.

Mon cher cœur, vous m'aviez tant promis d'être sage, que vous ne devez douter que le style de votre autre lettre ne m'ait offensé. Je vous la porterai, et vous jugerez que je n'en pouvais attribuer la cause au Jubilé. Ç'a été la crainte que j'ai toujours eue de votre manque d'amour, qui m'a rendu plus facile à supporter vos promptitudes. Je vous l'ai dit souvent, non comme pointilleux, mais comme la craignant plus que la perte de ma vie. Rapportez cela à mon extrême passion, non à avoir envie de vous en manquer; Dieu m'envoie plutôt la mort. Je vous eusse envoyé M. de la Rivière; mais il a fallu qu'il soit demeuré pour pourvoir à mon fils, qui a tarri sa nourrice. Après dîner, il partira, et sera demain à votre lever. Mandez-moi quand vous aurez achevé votre Jubilé, et quand vous voudrez me voir : ce que je désire extrêmement pour vous aimer bien. Bonjour, le tout à moi, que je baise un million de fois. Le 19 d'octobre.

X

Mon menon, j'ai vu la lettre de votre frère. Je crois qu'il a jugé que vous me la montreriez, ou qu'il en a écrit deux; car au langage que m'a tenu M. de Guise, à Nuits, ses propos ne sont point pareils à Paris. Mais que je vous voie, je vous en dirai davantage. Il a l'âme mauvaise, vous l'avouerez enfin. Je vous envoyerai demain la petite chienne de M. le connétable. Mon cœur, je vous aime si fort, que je ne puis plus vivre absent de vous. Je vous verrai cette semaine, mais je désirerais plus que ce fût en particulier qu'autrement. Donnez-moi quelque moyen, afin que je vous baise en effet un million de fois, comme je fais en imagination. Ce 1er d'octobre.

(Il n'est point douteux que cette lettre n'ait été écrite au commencement de leurs amours, où l'on chicanait les conditions.)

XIX.

Mes chères amours, j'avais assigné M. d'Entragues à six heures; il en est huit, et il n'est pas encore venu. Je viens de l'envoyer quérir. Cependant je vais voir une dépêche de Rome, dont je vous donnerai avis après dîner. Je vous envoie des ortolans que l'on m'a envoyés de Lyon. Il ne tiendra qu'à votre père que je n'en baille demain à votre aîné, qu'il avalerait plus doucement. Bonjour, le cœur à moi. Devant que je boive ni mange, je résoudrai d'une façon ou d'autre avec M. d'Entragues. Je baise mes petits garçons un million de fois. Ce 9 d'octobre.

XX.

Mes chères amours, je ne serai pas à mon aise que je n'aie su votre arrivée à Verneuil. Je crois que vous vous trouverez bien de ce conseil que je vous donne, de vous hâter d'y aller. Nous sommes arrivés de bonne heure en ce lieu, où il fait très-beau. Nous irons demain à Paris. J'ai toujours mal à l'estomac. Il n'y a rien de nouveau, ni digne de vous être mandé. Bonsoir, les chères amours à moi ; je te baise un million de fois. Le 27 d'octobre.

XXI.

Mon cœur, ce fut par omission que je ne vous mandai point que j'avais vu cette belle fille ; aussi pensais-je l'avoir dit à votre frère de Marcoussis pour vous le dire. J'ai trouvé qu'elle avait les yeux bien abattus et fort pâles depuis le carême prenant qu'Amiens fut pris, qui est la seule fois que je l'avais jamais vue. Beringhen vient d'arriver, qui m'a rapporté le diamant fort secrètement mis en œuvre. Demain je fais mes pâques ; mais cela n'empêchera pas que je ne vous mande demain matin de mes nouvelles. Je ne me trouve guère bien. Je crains de tomber malade. Monsieur du Maine vient d'arriver. Je ne l'ai pas encore vu. Bonsoir, le cher menon à moi ; je te baise un milion de fois. Ce dernier d'octobre.

XXII.

Mon tout, je pensais vous servir ce soir de valet de chambre ; mais nous nous sommes embarqués à une partie de paume où il y a bien de l'argent. Cela ne m'aurait point retenu, si j'eusse pensé que vous eussiez eu besoin de moi. Ce sera donc pour demain matin, que j'espère ouvrir votre rideau, et vous témoigner que je vous aime plus que je ne fis jamais. Sur cette vérité, je vous baise un million de fois. Ce 21 d'octobre.

XXIII.

Mon cœur, m'en allant vendredi, je vous fais ce mot, pour vous dire que je n'attends rien de l'affaire pour laquelle est allé Nau, que des longueurs et des traverses : et je m'assure que vous reconnaîtrez que le dessein de votre père n'est que de faire durer ceci, pour empêcher votre contentement et le mien. Dieu veuille que je me trompe, et vous en fasse connaître la vérité. La marquise de Bellejoie s'est rendue religieuse. Voilà tout ce que je sais. La reine sera mardi à Orléans. Je baise vos belles mains un million de fois. Ce 14 d'octobre.

XXIV.

Mon cher cœur, je pris hier deux cerfs, avec beaucoup de plaisir ; au soir, je vis jouer les comédiens, où je m'endormis. Il était minuit quand ils achevèrent. J'étais si las que je n'ai su vous écrire. Je ne me suis levé qu'à onze heures, me portant très-bien, Dieu merci. J'ai fait tout ce que vous désirez : elle s'en ira bientôt. Toutes les dames sont bien étonnées, et ne savent d'où le malheur vient ; mais elles ne parleront plus à l'oreille : n'en dites rien ; car on leur mande de Paris tout ce que vous dites. Assurez-vous, mon cœur, que je vous aime de tout le mien, et avec plus de passion que je fis jamais. Sur cette vérité, je baise un million de fois vos beaux yeux. Le 7 d'octobre.

XXV.

Mes chères amours, j'aurai le contentement de vous voir demain sans faillir ; je le désire plus que vous ne m'aimez : d'aujourd'hui je ne bougerai du conseil pour avoir les journées de demain et de vendredi libres. Certes, les affaires m'accablent. Je pris hier le cerf, et je fus à la mort. Je remets toutes choses à demain, que je tiendrai mes amours entre mes bras chèrement. Faites la malade, et ayez votre manteau blanc, et vous résolvez de payer la bien-venue dès l'arrivée. Sur cette vérité, je finirai en baisant mes petits garçons un million de fois. Ce 3 de novembre.

XXVI.

Mon menon, je viens de prendre médecine, afin d'être plus gaillard pour exécuter toutes vos volontés ; c'est mon plus grand soin que de vous plaire et affermir votre amour, étant le comble de mes félicités. Je saurai aujourd'hui bien amplement des nouvelles de Paris ; car M. Bouillon, qui partit hier, m'en doit mander. Il fait beau ici ; mais partout, hors d'auprès de vous, il m'ennuie si fort, que je ne puis durer. Trouvez un moyen que je vous voie en particulier ; et que, devant que les feuilles tombent, je vous les fasse voir à l'envers. Bonjour, mon cher cœur, que je baise un million de fois. Ce 16 d'octobre.

XXVII.

Mes chères amours, j'espère de vous voir dans quatre jours, pour le plus tard. Demain, je donnerai audience aux ambassadeurs et tiendrai conseil. Jeudi est la Toussaint. Vendredi, j'irai voir mon fils, et samedi mon menon, que j'aime plus que tout le monde ensemble. J'ai pris trois cerfs aujourd'hui, de quoi je suis bien marri, car je suis fort las, et c'est ce qui me fait finir, vous baisant un million de fois. Ce 30 d'octobre.

XXVIII.

Mon cœur, je suis extrêmement marri de ce que vous ne pouvez voir Fontainebleau, car vous y eussiez pris plaisir. Je trouve bon que vous vous reposiez aujourd'hui et demain, et qu'après vous veniez à Marcoussis. Mercredi, j'espère d'avoir l'honneur de vous y voir. Mais souvenez-vous de vous loger en quelques chambres où nous puissions être ensemble jusqu'à neuf heures. Vous avez raison de conformer vos volontés aux miennes, en ce qui me touche; car je vous aime plus que vous ne vous aimez vous-même. Envoyez-nous, par qui je vous manderai, ce que je veux faire pour vous. Je partirai demain pour aller à Villeroi, extrêmement mélancolique de penser que je ne vous verrai de trois jours. Bonjour, mon menon, je te baise un million de fois. Ce 13 d'octobre.

XXIX.

Mes chères amours, mais que je sois à Paris, je saurai ce que c'est de cet homme de Périgueux, et votre recommandation ne lui peut apporter que bonne fortune. J'ai reçu trois lettres de vous aujourd'hui, sans celle que j'espère recevoir, avant que de dormir, par Nau. Croyez que c'est le seul temps où j'ai reçu contentement; car, hors de votre personne, ou de vos nouvelles, je n'ai non plus de joie, qu'il y a de salut hors de l'Eglise. Soyez, mardi, sans manquer, à Marcoussis. Si vous pensez que votre dîner fût à propos à Villeroi, je vous y ferais bonne chère, et irais avec vous à Marcoussis, et vous prêtant la moitié de mon carrosse, le vôtre serait déchargé, et en échange, au logis où vous logerez, vous me prêterez la moitié de votre lit. Bonjour, l'âme à moi; je te baise un million de fois. Ce 13 d'octobre.

XXX.

Mon menon, j'avais déjà essuyé mes larmes, lorsque votre lettre est arrivée, ramentevant mes chères amours, a du tout banni de moi le déplaisir qui me venait de la cause de mes larmes. Il fait très-beau ici, et tous les ouvrages y sont fort avancés. Mercredi, je serai à vous, si inconvénient n'arrive : ne doutez point que ce ne soit mon plus agréable séjour. J'avais oublié de vous demander les couleurs dont il vous plaît que mes suisses soient habillés; mandez-le-moi demain, car la venue de

M. de Savoye me presse. Je savais déjà la querelle du petit Saint-Antoine. 'Attrapez des lettres de M. de Guise, si vous pouvez. Bonsoir, mon cher cœur, je te baise cinq cent mille fois. Le 28 de novembre.

XXXI.

Si mon cœur se gouvernait suivant les occasions que l'on m'en donne, vous recevriez de moi une aussi froide réponse qu'ont été les deux lettres que j'ai reçues de vous : je ne laisse pas de m'en plaindre ; et, certes, je n'avais pas mérité cela de vous. Pour ce que m'a apporté Nau, il vous en fera la réponse plus pleine d'amour, peut-être, que je ne dois. Le sommeil me fait remettre le tout sur lui, et finis, vous baisant un million de fois les mains. Le 13 d'octobre.

LETTRE DE GABRIELLE D'ESTRÉES AU ROI.

Paris, 25 janvier 1596.

Je meurs de peur, rassurez-moi, en me disant comment se porte le plus brave du monde (1). Je crains qúe son mal ne soit grand, puisque autre chose ne devroit me priver de sa présence. Dis-m'en des nouvelles, mon cavalier, d'autant que tu sais combien le moindre de tes maux m'est mortel.

Quoique aujourd'hui j'aie reçu deux fois de vos nouvelles, je ne saurois dormir sans vous envoyer mille bonsoirs : car je ne suis pas douée d'une ladre constance. Je m'appelle la princesse Constante, et je vis sensible pour tout ce qui vous touche ; insensible à tout ce qui reste au monde.

(1) « Le mardi 23 janvier, dit l'Estoile, la cour étant en Picardie, arriva un notable accident à la personne du roi, que Dieu préserva miraculeusement. Car étant allé visiter Madame sa sœur, dans son lit, malade, voilà le plancher de la chambre qui vint à s'ébouler et fondre, de façon qu'il ne demeura rien d'entier que la place du lit de Madame, sur lequel, pour se garantir, fut contraint le roi de se jeter, tenant son petit César entre ses bras. »

LETTRE DE LA MARQUISE DE VERNEUIL A HENRI IV.

. . . . . juillet 1600.

Sire, je suis réduite au malheur qu'un grand héros m'a toujours fait craindre!

Il faut pourtant que je confesse que je devois cette crainte à la connaissance de moi-même, puisque si grande différence de ma qualité à la vôtre me menaçoit toujours du changement qui m'a précipitée du ciel où vous m'aviez élevée, en la terre où vous m'aviez trouvée.

Ce n'est pas, sire, qu'en cette chute mortelle je connaisse qu'il y ait été plus de ma fortune que du mécontentement, qui n'a rien de commun avec les œuvres du sort; car ma félicité dépendoit plutôt de vous que de la puissance du destin, auquel je n'attribuerai point la cause de ma douleur, puisqu'il vous plaît qu'elle soit le prix des vœux publics de la France pour votre mariage. Douleur, à la vérité, que je suis contrainte d'avouer, non parce que vous devrez accomplir le vœu de vos sujets; mais parce que vos noces sont les funérailles de ma vie, et qu'elles m'assujettissent au pouvoir d'une cruelle discrétion qui me va bannir de votre royale présence, ainsi que de votre cœur, pour n'être dorénavant offensée des œillades dédaigneuses de ceux et de celles qui m'ont vue au rang de vos bonnes grâces, aimant trop mieux souffrir en liberté dans ma solitude, que respirer avec crainte en grande compagnie. C'est une humeur que votre générosité a nourrie, et un courage que vous m'aviez inspiré, lequel ne m'ayant pas apprise à m'humilier aux infortunes ni à leur faire joug, ne peut permettre que je retourne à ma première condition.

Je ne vous parle ici que par soupirs, ô mon roi, mon amant, mon tout; car pour mes autres plaintes secrètes, Votre Majesté les peut sourdement entendre de ma pensée, puisque vous connaissez aussi bien mon âme que mon corps.

Or, sire, en mon exil inévitable, il me demeure cette seule gloire, que d'avoir été aimée du plus grand monarque de la terre, d'un roi qui s'est voulu tant abaisser que de donner le titre de maîtresse à sa servante et sujette ; d'un roi de France, dis-je, qui ne reconnoît que celui des cieux, et qui n'a rien ici-bas égal à lui. Ce qui m'étonne, sire, quand je considère la splendeur de Votre Majesté, c'est de ne me trouver qu'avec peine dans mes ténèbres, et qu'il me semble que ce n'est qu'une prospérité imaginaire que celle-là d'avoir eu autrefois quelque part en votre bienveillance.

Je suis, toutes voies, par trop frappée au vif de vos dernières volontés, pour m'arrêter par cette fausse erreur ; et mon souvenir m'éveille avec trop de violence, pour longtemps sommeiller en cet agréable songe, que je croirois plus avantageux que la vérité même de son objet, qui, en mourant, a étouffé l'espérance que je nourrissois sur votre parole.

Si c'est une action familière aux rois de garder la mémoire de ce qu ils ont aimé, souvenez-vous, sire, d'une demoiselle que vous avez possédée, et (ce qu'elle ne pouvoit souffrir que sur votre unique foi) qui a eu autant de pouvoir sur son honneur, que Votre royale Majesté en a sur la vie, sire,

De votre humble servante, sujette créature, dirai-je amante oubliée,

HENRIETTE D'ENTRAGUES.

Après Henri IV, d'autres personnages historiques succédèrent dans le château de Rambouillet. Le duc de Montansier et surtout sa femme, Julie de Montansier, donnèrent au nom de Rambouillet un éclat extraordinaire. L'hôtel que le duc avait à Paris acquit, sous le nom de Rambouillet, une illustration que lui donnèrent alors tous les savants et les poëtes de l'époque. Le duc de Penthièvre, puis Louis XVI furent possesseurs de ce château. Aujourd'hui, il fait partie de la dotation de la couronne.

FIN DE RAMBOUILLET.

TABLE DES MATIÈRES.

FIN DE LA TABLE DES MATIÈRES.

PLACEMENT DES GRAVURES.

Paris. — Imprimerie d'ALEXANDRE BAILLY, 10, rue du Faubourg-Montmartre.

www.ingramcontent.com/pod-product-compliance
Ingram Content Group UK Ltd.
Pitfield, Milton Keynes, MK11 3LW, UK
UKHW021101220726
13924UKWH00005B/2186

9 782019 940409